2022年度の記述式問題は、伊藤塾の講座や書籍を利用しておけば、3題とも正解できた！！

うかる！行政書士 総合テキスト2022年度版

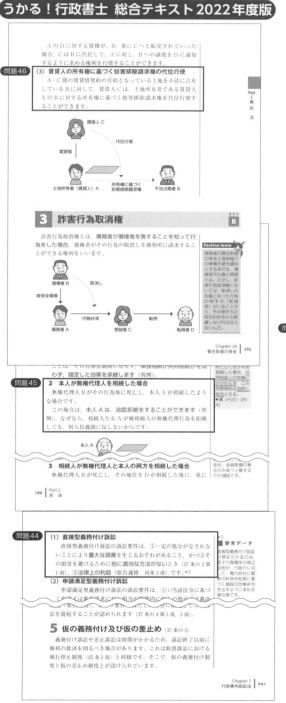

AのDに対する債権が、B、更にCへと転売されていった場合、CはBに代位して、Aに対し、Bへの譲渡をDに通知するように求める権利を行使することができます。

問題46 **(3) 賃貸人の所有権に基づく妨害排除請求権の代位行使**

A・C間の賃貸借契約の目的となっている土地を不法に占有しているBに対して、賃借人Cは、土地所有者である賃貸人AのBに対する所有権に基づく妨害排除請求権を代位行使することができます。

3 詐害行為取消権 B

詐害行為取消権とは、債務者が債権者を害することを知って行為をした場合、債権者がその行為の取消しを裁判所に請求することができる権利をいいます。

Festina lente

債権者の責任財産の保全と強制執行の準備手続を確保しようとする点で、債権者代位権と同様だよ。ただし、詐害行為取消権においては、取消しの対象となった行為の相手方（受益者）がいることから、その相手方の取引の安全にも配慮しなければならないんだ。

Chapter 24
責任財産の保全 285

問題45 **2 本人が無権代理人を相続した場合**

無権代理人Bがその行為後に死亡し、本人Aが相続したような場合です。

この場合は、本人Aは、追認拒絶をすることができます（判例）。なぜなら、本人Aが被相続人の無権代理行為を拒絶しても、何ら信義則に反しないからです。

3 相続人が無権代理人と本人の両方を相続した場合

無権代理人Bが死亡し、その地位をDが相続した後に、更に

186 Part 2
民法

問題44 **(1) 直接型義務付け訴訟**

直接型義務付け訴訟の訴訟要件は、①一定の処分がなされないことにより重大な損害を生じるおそれがあること、かつ②その損害を避けるために他に適当な方法がないとき（37条の2第1項）、③法律上の利益（原告適格 同条3項）です。*2

(2) 申請満足型義務付け訴訟

申請満足型義務付け訴訟の訴訟要件は、①(i)当該法令に基づく申請又は審査請求に対し相当の期間内に何らの処分又は裁決がされないとき、(ii)（略）、②処分又は裁決に係る取消訴訟、無効等確認の訴えが併合提起されていること、訴えを提起することが認められます（37条の4第1項、3項）。

5 仮の義務付け及び仮の差止め（37条の5）

義務付け訴訟や差止訴訟は時間がかかるため、訴訟終了以前に権利の救済を図るべき場合があります。これは取消訴訟における執行停止制度（25条2項）と同様です。そこで、仮の義務付け制度と仮の差止め制度とが設けられています。

Chapter 7
行政事件訴訟法 647

伊藤塾 合格テキスト

伊藤塾

❷ 不法占拠者に対する関係 H20-30

例えば、AがBに対して土地を賃貸している場合において、Zが土地を不法占拠しているとき、Bは、いかなる手段によってZを排除することができるか。

1 賃借権に基づく妨害停止請求等 H14-40-A・H29-31-4

不動産の賃借人は、対抗要件を備えた場合において、次のような請求をすることができる（605条の4）。

① その不動産の占有を第三者が妨害しているときは、その第三者に対する妨害の停止の請求（同条1号）

② その不動産を第三者が占有しているときは、その第三者に対する返還の請求（同条2号）

したがって、Bが土地賃借について対抗要件を備えていれば、Bは、Zに対して、賃借権に基づく妨害停止請求等をすることができる。

2 占有訴権に基づく妨害排除請求

Bが土地を占有している場合において、ZがBの占有を妨害したときは、Bは、Zに対して、占有訴権に基づき妨害の除去を請求することができる（197条以下）。

3 所有権に基づく妨害排除請求権の代位行使

問題46 Bが土地を占有していなかったとしても、Aに対して賃貸人の使用収益させる義務　　してZの占有を排除するように請求することがで　　　　　地の明渡しを請求できるときは、Bは、Aの　　　　　　　　　　代位行使することができる　　

キスト

問題45 この　　　　　　　　　なぜ　　　　　　　　　ても、何ら　　　　　　　ただし、追認拒絶　　　　　　る本人に対して、無権代理人　　賠償義務）の承継を主張することはで　　

※ なお、無権代理行為は本人の不動産の売買を　　無権代理人の責任を相続により承継した本人は、不動産　　渡しについては拒め、金銭賠償の責任のみ負うと解するのが通説である。

裁判所が特定の処分の発動を求めることは、処分の内容を決定する行政の権限を侵すことにもなりかねない。そこで、義務付け訴訟を提起するのはいかなる場合でも可能とするわけにはいかず、次の要件を満たすことが必要となる（37条の2）。

1 非申請型義務付け訴訟

問題44 非申請型義務付け訴訟の訴訟要件は、①一定の処分がなされないことにより重大な損害を生じるおそれがあること、かつ、②その損害を避けるために他に適当な方法がないとき（37条の2第1項）である。

-325- 合格テキスト

うかる！行政書士

2023年度版
直前模試

伊藤塾編

日本経済新聞出版

CONTENTS

本書の使い方

行政書士の本試験と同形式の問題を2回分掲載。まさに本番の試験を体感することができます。

本書の特長と利用法

本書を使用するにあたっては、以下の **1**〜**6** を読み、本番の試験に向けて本書を効果的に利用してください。

1 行政書士試験対策の決定版

2023（令和5）年度行政書士本試験で出題が予想され、実力養成にも役立つ良問を2回分収録。

2 行政書士試験と同一形式

出題形式、難易度、体裁などが本試験とほぼ同一となっています。実戦練習を積むことで、ケアレスミスなどを防ぎ、本試験で持てる力を100%発揮するためのコツを習得することができます。

3 弱点分野のチェックや実力判定に最適な「弱点克服シート」

問題を解き終えたら「弱点克服シート」に、まずご自身の解答を書き込んでください。そして、それが正解だったのか誤りだったのかを正確に書いてください。

次に、その問題のランクを見てください。重要度が一目でわかるようになっています。復習の目安として、確実に正解すべきAランク問題で間違えていなかったか、Bランク問題をどれだけ正解すれば合格点である6割に達していたかなど、自己分析をしてください。Cランク問題は、正解できなくても構いませんが、必要以上に時間をかけなかったかどうかをチェックしましょう。

これにより、どの科目のどの分野が弱いのかがはっきりわかります。

間違えた問題については、本書とリンクしている『うかる！ 行政書士 総合テキスト 2023年度版』の該当項目で確認し、本試験までに必ず克服しておきましょう。

4 詳しい解説付き

　解答だけでは自分がどこで間違ったのかがわかりません。原則として、各問の選択肢ごとに解説を付けていますので、正誤の判断ポイントを明確にすることができます。

　また、問題解説中にある正答率は、伊藤塾内で行った模擬試験の結果をもとに推定した数値を示しています。他の受験生がどの程度正解できるのかの目安となります。勉強の指針となるランクと併せて弱点を補強するために、活用しましょう。

5 「合格への特別講義」を巻末に収録

　特別付録として、行政書士試験対策指導のプロである伊藤塾のノウハウを凝縮した「合格への特別講義」を巻末に収録しました。

　ここでは、試験の出題傾向やそれぞれの科目を学習する際に注意するべき点などについて解説しています。多肢選択式や記述式についても、直前期の学習方法を伝授します。さらに、本書の問題に関連した知識を表にまとめてあります。試験直前期には特に役立ちますので、これらを活用し、直前期に効率的な学習を行いましょう。

6 効果的な利用法

　本書を最も効果的に活用するために、以下の点を必ず実行しましょう。

① 本試験に臨むつもりで各回とも時間を厳守し、真剣に取り組んでください。

② なるべく本試験に近づけるために、解けなくても合否に影響しない問題も出題しています。本試験の合格基準は、例年６割であり、解けなくても合否に影響しない問題の出題があります。そのような問題の対処方法は、いかに惑わされずに、いかに時間を取られずに、次の問題へ進むかを見極めることです。そして、正解しないと合否に影響する別の問題へいち早く臨むことができるかが重要です。本書でその訓練もしてください。

③ 問題を解き終わった後は、必ず自己採点し、「弱点克服シート」に記録してください。

＊収録されている問題は、過去に伊藤塾の公開模擬試験において使用した問題を素材として、2023年度行政書士試験向けに編集したものです。

レベル達成度表

★この表は、あなたのレベルが今どこに位置しているかを判断するものです。「本書の使い方」にならって、各回の問題を解き終わったら、まずは「弱点克服シート」（P.12、P.72）にご自身の解答と点数を記入してください。その後、この表を利用して、ご自身の弱点を克服していきましょう。

全体版

180点～	合格レベルです。現状の力をキープしていってください。公開模試などでご自身の実力をさらにアップさせてください。
164点～179点	もう一歩です。基本的な知識はあるのですが、それを得点に結びつける力が弱いかもしれません。演習問題を多くこなし、解答力アップに力を入れてください。
146点～163点	苦手な科目や分野を中心に復習し、弱点を補強してください。
法令等科目 ～120点 一般知識等 ～20点	まだまだ基本的な知識が足りません。早急に基礎固めを行ってください。

科目別レベル達成度

科目	基礎力不足です	もう少し努力が必要です	現状の力をキープしましょう！
基礎法学	0点	4点	8点
憲　法	～4点	8点	12点～
行政法	～32点	36～44点	48点～
民　法	～12点	16～20点	24点～
商　法	～4点	8点	12点～
多肢選択式	～6点	8～14点	16点～
記述式	～20点	21～40点	41点～
一般知識等	～16点	20点	24点～

「基礎力不足です」だった科目は

【伊藤塾】「行政書士 合格講座」などの講座や『うかる！ 行政書士 総合テキスト』（日本経済新聞出版）で、基本事項のインプットを徹底してください。

「もう少し努力が必要です」だった科目は

【伊藤塾】「行政書士 中上級講座」などや『うかる！ 行政書士 総合問題集』（日本経済新聞出版）で、解答力を鍛えましょう。

「現状の力をキープしましょう！」だった科目は

本試験まで何が起こるかわかりません。全国で通信または通学で実施される直前講座・公開模試などを利用して、今の実力を維持していきましょう。

行政書士試験の概要

（令和5年度予定）

❶ 試　験　日　令和5年11月12日（日）

❷ 試　験　時　間　午後1時〜午後4時（3時間）

❸ 試　験　科　目　●行政書士の業務に関し必要な法令等（出題数46題）
　　　　　　　　→憲法、行政法（行政法の一般的な法理論、行政手続法、行政不服審査法、行政事件訴訟法、国家賠償法及び地方自治法を中心とする）、民法、商法及び基礎法学の中からそれぞれ出題され、法令については、令和5年4月1日現在施行されている法令に関して出題されます。
　　　　　　　　●行政書士の業務に関連する一般知識等（出題数14題）
　　　　　　　　→政治・経済・社会、情報通信・個人情報保護、文章理解

❹ 試　験　方　法　出題の形式は、「行政書士の業務に関し必要な法令等」は択一式及び記述式、「行政書士の業務に関連する一般知識等」は択一式です。
　　　　　　　　※記述式は、40字程度で記述するものが出題されます。

❺ 受験申込期間　●インターネット
　　　　　　　　令和5年7月24日（月）午前9時〜8月22日（火）午後5時
　　　　　　　　●郵送
　　　　　　　　令和5年7月24日（月）〜8月25日（金）
　　　　　　　　※8月25日（金）の消印があるものまで受付

❻ 受　験　資　格　年齢、学歴、国籍等に関係なく、だれでも受験することができます。

❼ 合　格　発　表　日　令和6年1月31日（水）

＊令和 5 年度試験の詳細については、一般財団法人行政書士試験研究センターのホームページにてご確認ください（7月3日（月）に掲示されます）。
https://gyosei-shiken.or.jp/index.html

お問い合わせは伊藤塾へ
https://www.itojuku.co.jp/shiken/gyosei/index.html

合格を確実にするために！ 一歩進んだ 効果的 学習法

合格を確実なものにするために 伊藤塾からWのお得なお知らせ

1 伊藤塾講師による 『うかる！ 行政書士 直前模試 2023年度版』の 動画解説あり！

本書を利用される受験生のための特別講義を、Web上でご視聴いただけます。『うかる！ 行政書士 直前模試 2023年度版』の解説講義を聞くことで、出題のポイントがわかり、本試験に通ずる出題者側の意図を知ることができます。

また、間違った箇所を正しく理解でき、知識の把握につながります。問題を解いた後が一番記憶に残りますので、解説講義を聞いて、本試験で使える知識を習得してください。

＊配信開始は、2023年7月下旬からとなります。

【受 講 料】　無料
【受講方法】　次のQRコードまたはURLより伊藤塾ホームページ上にある特設コーナーにアクセスの上、必要事項を入力して動画再生URLを取得

スマホより → 伊藤塾ホームページ → 必要事項を入力

PCより　https://www.itojuku.co.jp/shiken/gyosei/feature/DOC_018658.html

★❷ 伊藤塾　模擬試験ラインナップ

　伊藤塾では、学習の進み具合に合わせた4回の模擬試験を用意しました。本試験は年に1度しか行われません。知識面の準備だけではなく、試験本番同様のシミュレーションを行って、本試験の現場で実力を発揮できるように備えましょう。

【実施日】　5月　4日（木・祝日）：第1回実力診断模試
　　　　　　8月11日（金・祝日）：第2回実力診断模試
　　　　　　9月10日（日）：第1回公開模擬試験
　　　　　10月　8日（日）：第2回公開模擬試験

── 伊藤塾ならではの公開模擬試験のメリット ──

伊藤塾の模擬試験の **5つのできる！**

できる！1　本試験の疑似体験ができる！
本番同様の緊迫した雰囲気の中、本試験形式のシミュレーションができます。

できる！2　伊藤塾専任講師の講義で、「出題予想＆総整理」ができる！

できる！3　詳細な解答解説冊子付き！間違えた問題も確実に復習できる！

★特に、公開模擬試験では★

できる！4　コンピュータによる実力判定ができる！
個人・総合成績表が出るため、苦手分野の確認ができます。

できる！5　伊藤塾講師、合格者による記述式の添削で実力が客観的に把握できる！

+α　公開模試の解説冊子には伊藤塾オリジナル「最終チェックシート」が付きます！

No.7	国　会　の　種　類　等			
種類	性　質	召集の要件等	召集権者等	備　考
常会	毎年1回定期的に召集される。	会期制	天　皇	会期とは、国会が活動能力を有する一定の限られた期間をいう。
臨時会	① 臨時の必要に応じて召集される。② 衆議院の任期満了による総選挙後・参議院の通常選挙後に召集される。	召集の決定権は内閣にあり、いずれかの議院の総議員の4分の1以上の要求があれば、必ず召集の決定をしなければならない。	天　皇	
特別会	衆議院が解散され総選挙が行われた後に召集される。	選挙の日から30日以内に召集される。	天　皇	
緊急集会	衆議院が解散されて総選挙が施行され、特別会が召集されるまでの間に、国会の開会を要する緊急の事態が生じたとき、それにこたえて参議院が国会を代行する制度	① 衆議院の解散中で、② 国に緊急の必要がある場合に、③ 内閣の求めによって行われる。	内　閣（緊急集会は、国会ではないので、天皇による召集はない）	緊急集会でとられた措置は、臨時のもので、次の国会開会の後10日以内に、衆議院の同意がない場合には、将来に向かってその効力を失う。

※教材は見本です。

合格に向けてラストスパート！

　伊藤塾の公開模擬試験は、本試験と同一の時間帯・形式（法令等46問・一般知識等14問を3時間）で実施します。出題する問題は、全て試験委員や過去問などを徹底的に分析し、本試験の出題傾向を予想した良問ばかりです。
　伊藤塾の公開模擬試験を利用して、2023年の合格をぜひ勝ち取ってください。

　★❶❷の内容は、予告なく変更になる場合があります。あらかじめご了承願います。

第1回

模擬試験
解答・解説

第1回

弱点克服シート

（5肢択一式）1問につき4点

科目	問題番号	テーマ	正解	ご自身の解答	正誤	ランク	『総合テキスト』とのリンク ＊C＝Chapter
法学基礎	1	下級裁判所	5			C	—
	2	法令の形式	2			A	—
憲法	3	経済的自由・財産権	2			A	C6 1
	4	昭和女子大事件	2			C	C2 4
	5	国会	4			A	C8 2
	6	内閣	2			A	C9 1 2 3
	7	博多駅テレビフィルム提出命令事件	2			B	C5 2
行政法	8	法律の留保	2			A	C1 1
	9	取消しと撤回	2			B	C3 2
	10	行政調査	5			B	C3 5
	11	行政庁等の義務	4			A	C4 2 3 4 7
	12	標準処理期間	5			B	C4 2
	13	意見公募手続	5			B	C4 7
	14	審査請求の対象	4			A	C6 2 3 4
	15	再調査の請求	4			A	C6 3 4 5
	16	教示	3			B	C6 7
	17	処分性	1			A	C7 4
	18	審理手続	1			B	C7 5
	19	取消訴訟の規定の準用	3			A	C7 7
	20	国家賠償法 総合	2			A	C8 1 2 3 4
	21	損失補償 総合	4			B	C9 1 2 3
	22	公の施設	5			B	C13 3
	23	直接請求	5			C	C11 1 2
	24	普通地方公共団体の長	3			A	C12 2
	25	行政の法律関係	1			B	C1 2
	26	行政法総合	5			A	C4 3 5 、6 7
民法	27	保佐・補助	4			A	C3 1
	28	意思表示	2			A	C6 2
	29	占有権の効力	1			A	C13 2
	30	不動産先取特権	1			B	C18 2 3
	31	詐害行為取消権	5			A	C24 3
	32	相殺	4			B	C27 4
	33	贈与契約	5			B	C32 3
	34	不法行為	3			A	C37 2 3
	35	婚姻	5			B	C39 1 2
商法	36	商人・商行為	2			B	C1 1
	37	設立における発起人等の責任等	1			B	C7 2
	38	取締役の報酬等	4			B	C6 3
	39	監査等委員会設置会社・指名委員会等設置会社	4			C	C6 9 10
	40	剰余金の配当	1			C	C10 1

Aランク：条文や基本判例を中心とした基本知識に関する問題。必ず正解すべき問題
Bランク：比較的細かい条文や判例の知識に関する応用的な問題。半分以上は正解したい問題
Cランク：一定の知識があっても解答が困難な問題

政治・経済・社会	47	戦後の歴代内閣	1			B	C1**6**
	48	核をめぐる動き	5			B	—
	49	金　融	5			A	—
	50	RCEP 協定・TPP 協定	3			B	C2**5**
	51	近年の日本の食料・環境	4			B	C3**2**
	52	交通等	4			C	—
	53	日本の宇宙開発	2			B	—
情報通信・個人情報保護	54	次世代技術・デジタル技術	3			B	—
	55	著作権法	5			C	—
	56	マイナンバー制度	5			A	C4**5**
	57	個人情報保護法	2			B	C4**4**
文章理解	58	文章整序	4			A	—
	59	短文挿入	1			B	—
	60	空欄補充	5			A	—

（多肢選択式）1 問につき 8 点　空欄（ア〜エ）1 つにつき 2 点

科目	問題番号		テーマ	正解	ご自身の解答	正誤	ランク	『総合テキスト』とのリンク
憲法	41	ア	地方議会の懲罰と司法権	1			A	C10**1**
		イ		7				
		ウ		10				
		エ		13				
行政法	42	ア	行政契約	12			A	C1**1**、3**5**
		イ		19				
		ウ		7				
		エ		17				
	43	ア	ふるさと納税制度	9			B	C3**5**
		イ		11				
		ウ		20				
		エ		7				

（記述式）1 問につき 20 点

科目	問題番号	テーマ	解答例	配点基準	正誤	ランク	『総合テキスト』とのリンク
行政法	44	行政法総合（行政行為・取消訴訟等）	処分②は、撤回と呼ばれ、Aは、処分②の取消訴訟を提起し、執行停止の申立てをすればよい。（43字）	「撤回（8点）」、「取消訴訟（6点）」、「執行停止（6点）」		A	C3**2**、C7**3 4 5**
民法	45	契約不適合責任	Cが問題を重過失により知らない場合を除き、問題を知った時から1年以内に通知していないから。（45字）	「重過失により知らない場合（8点）」、「問題を知った時から1年以内（4点）」、「通知（8点）」		B	C32**2**
	46	配偶者居住権	配偶者居住権と呼び、相続開始時にAが甲建物に居住し、遺産分割により当該権利を取得したとき。（45字）	「配偶者居住権（8点）」、「相続開始の時にA（配偶者）が甲（居住）建物に居住（6点）」、「遺産分割により取得（6点）」		B	C43**2**

正答率：問題解説中にある正答率は、伊藤塾内で行った模擬試験の結果を元に推定した数値です。他の受験生がどの程度正解できるのかの目安となります。勉強の指針となるランクと併せて弱点を補強するために、ご活用ください。

5 肢択一式

❖ 基礎法学 ❖

| 問題 1 | 正解 5 | 下級裁判所 | ランク C | 正答率 24.3% |

1 妥当でない

　裁判所法33条1項柱書は、「簡易裁判所は、次の事項について第一審の裁判権を有する。」と規定し、同項1号は「訴訟の目的の価額が140万円を超えない請求（行政事件訴訟に係る請求を除く。）」とし、同項2号は「罰金以下の刑に当たる罪、選択刑として罰金が定められている罪又は刑法第186条、第252条若しくは第256条の罪に係る訴訟」と規定しているから、簡易裁判所は、行政事件については裁判権を有しない。

2 妥当でない

　裁判所法31条の3第1項柱書は、「家庭裁判所は、次の権限を有する。」と規定し、同項1号は「家事事件手続法で定める家庭に関する事件の審判及び調停」とし、同項2号は「人事訴訟法で定める人事訴訟の第一審の裁判」とし、同項3号は「少年法で定める少年の保護事件の審判」と規定しているから、家庭裁判所は、少年法で定める少年の保護事件の審判を行う権限を有する。

3 妥当でない

　地方裁判所は、裁判所法16条1号の控訴〔簡易裁判所の刑事に関する判決に対する控訴〕を除いて、簡易裁判所の判決に対する控訴について裁判権を有し（24条3号）、高等裁判所は、地方裁判所の第一審判決、家庭裁判所の判決及び簡易裁判所の刑事に関する判決に対する控訴について裁判権を有するから（16条1号）、刑事事件については、簡易裁判所が第一審の判決を行った場合でも、高等裁判所が第一審の判決に対する控訴について裁判を行う権限を有する。

4 妥当でない

　簡易裁判所は、1人の裁判官でその事件を取り扱う（裁判所法35条）。家庭裁判所は、審判又は裁判を行うときは、31条の4第2項に規定する場合を除いて、1人の裁判官でその事件を取り扱う（31条の4第1項）。地方裁判所は、26条2項に規定する場合を除いて、1人の裁判官でその事件を取り扱う（26条1項）。これに対して、18条1項は、「高等裁判所は、裁判官の合議体でその事件を取り扱う。但し、法廷ですべき審理及び裁判を除いて、その他の事項につき他の法律に特別の定があるときは、その定に従う。」と規定している。

5 妥当である

　裁判所法76条は、全ての裁判所について、「裁判官は、評議において、その意見を述べなければならない。」と規定している。他方、下級裁判所における裁判の評議においては、

最高裁判所とは異なり、裁判書には、各裁判官の意見を表示しなければならないとする規定はない（11 条参照）。したがって、下級裁判所では、裁判官の意見が一致しないときであっても、裁判書に少数意見を付すことはできない。

| **問題 2** | **正解** 2 | 法令の形式 | ランク A | 正答率 81.9% |

1　誤り

法令は、内容が複雑であるため、その内容を分類する意味で「条」に分けて規定されている。条には、「第○○条」という条名をつけ、原則としてかっこ書で見出しをつけることとされている。

2　正しい

「項」番号については、問題文記載のとおりとされている。なお、「項」の扱いは、本則においても附則においても同じである。

3　誤り

条又は項の中において多くの事項を列挙する場合、「号」を用いて分類する。

4　誤り

条又は項の中において多くの事項を列挙する場合、「号」を用いて分類する。そして、号を列記する場合、一・二・三を用いてあらわす。さらに、号の中で区分して列記する場合、イ・ロ・ハ、(1)・(2)・(3)などの方法を用いてあらわす。

5　誤り

法令を改正する場合、改正により条数を増減するために、「第○条の二」という条の枝番号を用いて追加する方法や「第○条　削除」という抜け殻の条を残したかたちで既存の条を廃止する方法がある。条を移動させると改正が複雑になったり、条名の変更によってその条を引用している他の規定についてさらに改正が必要になったりする。この手数を避けるため、条の枝番号などが用いられている。

❖ 憲　法 ❖

| **問題 3** | **正解** 2 | 経済的自由・財産権 | ランク A | 正答率 76.4% |

➡ 総合テキスト　Chapter 6 **1**

ア　明らかに矛盾する内容を含む

最高裁判所の判例によれば、経済活動に対する規制には、社会政策ないしは経済政策上の積極的な目的のための措置と、自由な職業活動が社会公共に対してもたらす弊害を防止するための消極的、警察的措置とがある（最大判昭 47.11.22 参照）。そして、前者の場合、裁判所としては、立法府がその裁量権を逸脱し、当該法的規制措置が著しく不合理であることの明白である場合に限って、これを違憲として、その効力を否定することができる（前掲最大判昭 47.11.22 参照）のに対し、後者の場合には、許可制等の規制に比べて職業

の自由に対するより緩やかな制限である職業活動の内容及び態様に対する規制によっては規制目的を十分に達成することができないと認められるか否かによって、その合憲性が判断されると解されている（最大判昭50.4.30参照）。そのため、合憲性の判断にあたっては、前者（積極目的規制）より、後者（消極目的規制）のほうがより厳格な基準によって判断されることになる。したがって、積極目的規制について、より厳格な基準によって合憲性を判断すべきとする本記述は、最高裁判所の判例の趣旨と明らかに矛盾する。

イ　明らかに矛盾する内容を含んでいるとはいえない

最高裁判所の判例によれば、憲法22条1項が職業選択の自由を保障するというなかには、広く一般に、いわゆる営業の自由を保障する趣旨を包含している（小売市場事件　最大判昭47.11.22）。

ウ　明らかに矛盾する内容を含んでいるとはいえない

最高裁判所の判例によれば、憲法29条は、私有財産制度を保障しているのみでなく、社会的経済的活動の基礎をなす国民の個々の財産権につきこれを基本的人権として保障している（森林法違憲判決　最大判昭62.4.22）。

エ　明らかに矛盾する内容を含んでいるとはいえない

最高裁判所の判例によれば、財産権の種類、性質等が多種多様であり、また、財産権に対し規制を要求する社会的理由ないし目的も種々様々であり得るから、財産権に対して加えられる規制が憲法29条2項にいう公共の福祉に適合するものとして是認されるべきものであるかどうかは、規制の目的、必要性、内容、その規制によって制限される財産権の種類、性質及び制限の程度等を比較考量して決せられる（森林法違憲判決　最大判昭62.4.22）。

オ　明らかに矛盾する内容を含む

最高裁判所の判例によれば、法令の規定が財産上の特別の犠牲を課するものである場合、直接憲法29条3項を根拠にして補償請求をする余地が全くないわけではなく、損失補償に関する規定を欠くことをもって直ちに当該法令が違憲とされるものではない（河川附近地制限令事件　最大判昭43.11.27）。したがって、損失に関する補償規定を欠いている点をもって、本件規制措置が憲法29条3項の規定に直ちに違反するとしている本記述は、最高裁判所の判例の趣旨と明らかに矛盾する。

以上により、明らかに矛盾する内容を含むものの組合せは選択肢2であり、正解は2となる。

問題4　**正解2**　昭和女子大事件　　ランク **C**　正答率 **33.5%**

→ 総合テキスト　Chapter 2 4

昭和女子大事件（最高裁判所第三小法廷昭和49年7月19日（民集28巻5号790頁））は、「論旨は、要するに、学生の署名運動について事前に学校当局に届け出てその指示を受けるべきことを定めた被上告人大学の原判示の生活要録六の六の規定は憲法15条、16

条、21 条に違反するものであり、また、学生が学校当局の許可を受けずに学外の団体に加入することを禁止した同要録八の一三の規定は憲法 19 条、21 条、23 条、26 条に違反するものであるにもかかわらず、原審が、これら要録の規定の効力を認め、これに違反したことを理由とする本件退学処分を有効と判断したのは、憲法及び法令の解釈適用を誤つたものである、と主張する。

しかし、右生活要録の規定は、その文言に徴しても、被上告人大学の学生の<u>選挙権</u>若しくは請願権の行使又はその<u>教育を受ける権利</u>と直接かかわりのないものであるから、所論のうち右規定が憲法 15 条、16 条及び 26 条に違反する旨の主張は、その前提において既に失当である。また、憲法 19 条、21 条、23 条等のいわゆる自由権的基本権の保障規定は、国又は公共団体の統治行動に対して個人の基本的な自由と平等を保障することを目的とした規定であつて、専ら国又は公共団体と個人との関係を規律するものであり、<u>私人相互間</u>の関係について当然に適用ないし類推適用されるものでないことは、当裁判所大法廷判例……の示すところである。したがつて、その趣旨に徴すれば、私立学校である被上告人大学の学則の細則としての性質をもつ前記生活要録の規定について直接憲法の右基本権保障規定に違反するかどうかを論ずる<u>余地はない</u>ものというべきである。所論違憲の主張は、採用することができない。」と判示した。

以上により、空欄に当てはまる語句の組合せとして、妥当なものは選択肢 2 であり、正解は 2 となる。

| **問題 5** | **正解** 4 | 国　会 | ランク **A** | 正答率 **71.6%** |

➡ 総合テキスト　Chapter 8 **2**

1　妥当でない

憲法 59 条 3 項は、「前項の規定は、法律の定めるところにより、衆議院が、両議院の協議会を開くことを求めることを妨げない。」と規定している。

2　妥当でない

憲法 59 条 2 項は、「衆議院で可決し、参議院でこれと異なつた議決をした法律案は、衆議院で出席議員の 3 分の 2 以上の多数で再び可決したときは、法律となる。」と規定している。

3　妥当でない

憲法 59 条 4 項は、「参議院が、衆議院の可決した法律案を受け取つた後、国会休会中の期間を除いて 60 日以内に、議決しないときは、衆議院は、参議院がその法律案を否決したものとみなすことができる。」と規定している。

4　妥当である

憲法 67 条 1 項は、「内閣総理大臣は、国会議員の中から国会の議決で、これを指名する。この指名は、他のすべての案件に先だつて、これを行ふ。」と規定し、同条 2 項は、「衆議院と参議院とが異なつた指名の議決をした場合に、法律の定めるところにより、両

議院の協議会を開いても意見が一致しないとき、又は衆議院が指名の議決をした後、国会休会中の期間を除いて10日以内に、参議院が、指名の議決をしないときは、衆議院の議決を国会の議決とする。」と規定している。

5　妥当でない

憲法60条1項は、「予算は、さきに衆議院に提出しなければならない。」とし、同条2項は、「予算について、参議院で衆議院と異なつた議決をした場合に、法律の定めるところにより、両議院の協議会を開いても意見が一致しないとき、又は参議院が、衆議院の可決した予算を受け取つた後、国会休会中の期間を除いて30日以内に、議決しないときは、衆議院の議決を国会の議決とする。」と規定している。

問題6　**正解 2**　内　閣　｜ ランク **A** ｜ 正答率 **80.4%**

➡ 総合テキスト　Chapter 9 **1** **2** **3**

1　妥当でない

憲法68条1項は、「内閣総理大臣は、国務大臣を任命する。但し、その過半数は、国会議員の中から選ばれなければならない。」と規定している。

2　妥当である

憲法69条は、「内閣は、衆議院で不信任の決議案を可決し、又は信任の決議案を否決したときは、10日以内に衆議院が解散されない限り、総辞職をしなければならない。」と規定している。

3　妥当でない

憲法71条は、「前2条の場合には、内閣は、あらたに内閣総理大臣が任命されるまで引き続きその職務を行ふ。」と規定している。そして、70条は、「内閣総理大臣が欠けたとき、又は衆議院議員総選挙の後に初めて国会の召集があつたときは、内閣は、総辞職をしなければならない。」と規定している。

4　妥当でない

憲法73条柱書は、「内閣は、他の一般行政事務の外、左の事務を行ふ。」と規定し、同条3号は、「条約を締結すること。但し、事前に、時宜によつては事後に、国会の承認を経ることを必要とする。」を掲げている。

5　妥当でない

憲法75条は、「国務大臣は、その在任中、内閣総理大臣の同意がなければ、訴追されない。但し、これがため、訴追の権利は、害されない。」と規定している。

問題7　**正解 2**　博多駅テレビフィルム提出命令事件　｜ ランク **B** ｜ 正答率 **68.9%**

➡ 総合テキスト　Chapter 5 **2**

判例（最大決昭和44年11月26日）は、「報道機関の報道は、民主主義社会において、

国民が国政に関与するにつき、重要な判断の資料を提供し、国民の『知る権利』に奉仕するものである【選択肢1】。したがつて、思想の表明の自由とならんで、事実の報道の自由は、表現の自由を規定した憲法21条の保障のもとにあることはいうまでもない【選択肢2】。また、このような報道機関の報道が正しい内容をもつためには、報道の自由とともに、報道のための取材の自由も、憲法21条の精神に照らし、十分尊重に値いするものといわなければならない。

　ところで、本件において、提出命令の対象とされたのは、すでに放映されたフィルムを含む放映のために準備された取材フィルムである。それは報道機関の取材活動の結果すでに得られたものであるから、その提出を命ずることは、右フイルムの取材活動そのものとは直接関係がない【選択肢3】。もつとも、報道機関がその取材活動によつて得たフイルムは、報道機関が報道の目的に役立たせるためのものであつて、このような目的をもつて取材されたフイルムが、他の目的、すなわち、本件におけるように刑事裁判の証拠のために使用されるような場合には、報道機関の将来における取材活動の自由を妨げることになるおそれがないわけではない。

　しかし、取材の自由といつても、もとより何らの制約を受けないものではなく、たとえば公正な裁判の実現というような憲法上の要請があるときは、ある程度の制約を受けることのあることも否定することができない【選択肢4】。

　本件では、まさに、公正な刑事裁判の実現のために、取材の自由に対する制約が許されるかどうかが問題となるのであるが、公正な刑事裁判を実現することは、国家の基本的要請であり、刑事裁判においては、実体的真実の発見が強く要請されることもいうまでもない。このような公正な刑事裁判の実現を保障するために、報道機関の取材活動によつて得られたものが、証拠として必要と認められるような場合には、取材の自由がある程度の制約を蒙ることとなつてもやむを得ないところというべきである【選択肢5】。しかしながら、このような場合においても、一面において、審判の対象とされている犯罪の性質、態様、軽重および取材したものの証拠としての価値、ひいては、公正な刑事裁判を実現するにあたつての必要性の有無を考慮するとともに、他面において、取材したものを証拠として提出させられることによつて報道機関の取材の自由が妨げられる程度およびこれが報道の自由に及ぼす影響の度合その他諸般の事情を比較衡量して決せられるべきであり、これを刑事裁判の証拠として使用することがやむを得ないと認められる場合においても、それによつて受ける報道機関の不利益が必要な限度をこえないように配慮されなければならない」と判示した。

　同決定は、選択肢2のように「事実の報道の自由は、……表現の自由を規定した憲法21条の保障のもとにはない。」とは判示していない。

　以上により、この判決の論旨として妥当でないものは選択肢2であり、正解は2となる。

❖ 行政法 ❖

問題 8 | **正解** 2 | 一般的法理論（法律の留保） | ランク **A** | 正答率 **64.0**%

➡ 総合テキスト　Chapter 1 **1**

　本問は、具体的な行政作用について、法律の留保に関する侵害留保説からの帰結を問うものである。

ア　不　要

　国の将来の基本的な政策について、その在り方を規定するような事項は、国民に義務を課したり、国民の権利を制限したりする侵害的な行政作用には該当しないから、侵害留保説によれば、法律の根拠は不要となる。

イ　必　要

　隔離を要する疾病に罹患した患者について、強制隔離の措置を執る場合、強制隔離の措置は国民の権利を制限する侵害的な行政作用に該当するから、侵害留保説によれば、法律の根拠が必要となる。

ウ　不　要

　国が補助金の交付を行う場合、補助金の交付は国民に義務を課したり、国民の権利を制限したりする侵害的な行政作用には該当しないから、侵害留保説によれば、法律の根拠は不要となる。

エ　不　要

　行政契約は、行政主体等が行政目的を達成するために締結する契約であり、当事者の意思の合致によって成立する。そして、侵害留保説によれば、相手方の合意なく、行政機関が一方的に権利を制限したり、義務を課したりする行政作用については法律の根拠が必要とされるのに対し、行政契約のように、当事者間の合意に基づくものについては、その内容が国民に義務を課したり、その権利を制限するものであっても、法律の根拠は必要とされない。したがって、国が国民に義務を課したり、その権利を制限する内容の行政契約を締結する場合、侵害留保説によれば、法律の根拠が不要となる。

　以上により、**空欄に当てはまる語句の組合せとして妥当なものは選択肢 2 であり、正解は 2 となる。**

問題 9 | **正解** 2 | 一般的法理論（取消しと撤回） | ランク **B** | 正答率 **48.1**%

➡ 総合テキスト　Chapter 3 **2**

1　誤　り

　判例は、農業委員会による旧自作農創設特別措置法に基づく「買収計画、売渡計画のごとき行政処分が違法または不当であれば、それが、たとえ、当然無効と認められず、また、すでに法定の不服申立期間の徒過により争訟手続によつてその効力を争い得なくなつたものであつても、処分をした行政庁その他正当な権限を有する行政庁においては、自ら

その違法または不当を認めて、処分の取消によつて生ずる不利益と、取消をしないことによつてかかる処分に基づきすでに生じた効果をそのまま維持することの不利益とを比較考量し、しかも該処分を放置することが公共の福祉の要請に照らし著しく不当であると認められるときに限り、これを取り消すことができる」としている（最判昭43.11.7）。

2 正しい

判例は、「本件埋立承認取消しは、前知事がした本件埋立承認に瑕疵があるとして上告人が職権でこれを取り消したというものである。一般に、その取消しにより名宛人の権利又は法律上の利益が害される行政庁の処分につき、当該処分がされた時点において瑕疵があることを理由に当該行政庁が職権でこれを取り消した場合において、当該処分を職権で取り消すに足りる瑕疵があるか否かが争われたときは、この点に関する裁判所の審理判断は、当該処分がされた時点における事情に照らし、当該処分に違法又は不当（以下『違法等』という。）があると認められるか否かとの観点から行われるべきものであり、そのような違法等があると認められないときには、行政庁が当該処分に違法等があることを理由としてこれを職権により取り消すことは許されず、その取消しは違法となるというべきである。したがって、本件埋立承認取消しの適否を判断するに当たっては、本件埋立承認取消しに係る上告人の判断に裁量権の範囲の逸脱又はその濫用が認められるか否かではなく、本件埋立承認がされた時点における事情に照らし、前知事がした本件埋立承認に違法等が認められるか否かを審理判断すべきであり、本件埋立承認に違法等が認められない場合には、上告人による本件埋立承認取消しは違法となる」としている（最判平28.12.20）。

3 誤 り

判例は、「恩給受給者に対しては恩給を担保に貸付けをすることが法によって義務付けられているものであるところ、恩給裁定の有効性については上告人〔旧国民金融公庫（現在の日本政策金融公庫）〕自らは審査することができず、これを有効なものと信頼して扱わざるを得ないものであるから、被上告人〔国〕がA〔恩給受給者〕に対して不当利得の返還を請求することは当然として、本件裁定取消しの効果を右のような利害関係に立つに至った上告人に及ぼすことは、被上告人のした恩給裁定の有効性を信頼して義務的に恩給担保貸付けを実行し、かつ、弁済された旨の処理をしている上告人に対して著しい不利益を与えるもの」等を理由として「被上告人が上告人に対して、本件裁定取消しの効果を主張し、本件払渡しに係る金員の返還を求めることは、許されない」としている（最判平6.2.8）。

4 誤 り

判例は、「元来許可が行政庁の自由裁量に属するものであつても、それはもともと法律の目的とする政策を具体的の場合に行政庁をして実現せしめるために授権されたものであるから、処分をした行政庁が自らその処分を取消すことができるかどうか、即ち処分の拘束力をどの程度に認めうるかは一律には定めることができないものであつて、各処分について授権をした当該法律がそれによつて達成せしめんとする公益上の必要、つまり当該処分の性質によつて定まる」としている（最判昭28.9.4）。

5　誤　り

　判例は、「実子あっせん行為のもつ……法的問題点、指定医師の指定の性質等に照らすと、指定医師の指定の撤回によって上告人の被る不利益を考慮しても、なおそれを撤回すべき公益上の必要性が高いと認められるから、法令上その撤回について直接明文の規定がなくとも、指定医師の指定の権限を付与されている被上告人医師会は、その権限において上告人に対する右指定を撤回することができる」としている（最判昭63.6.17）。

| 問題10 | 正解 5 | 一般的法理論（行政調査） | ランク B | 正答率 55.5% |

➡ 総合テキスト　Chapter 3 5

1　妥当である

　判例は、「法人税法（平成13年法律第129号による改正前のもの）156条によると、同法153条ないし155条に規定する質問又は検査の権限は、犯罪の証拠資料を取得収集し、保全するためなど、犯則事件の調査あるいは捜査のための手段として行使することは許されないと解するのが相当である。しかしながら、上記質問又は検査の権限の行使に当たって、取得収集される証拠資料が後に犯則事件の証拠として利用されることが想定できたとしても、そのことによって直ちに、上記質問又は検査の権限が犯則事件の調査あるいは捜査のための手段として行使されたことにはならないというべきである」と判示した（最決平16.1.20）。

2　妥当である

　判例は、「憲法35条1項の規定は、本来、主として刑事責任追及の手続における強制について、それが司法権による事前の抑制の下におかれるべきことを保障した趣旨であるが、当該手続が刑事責任追及を目的とするものでないとの理由のみで、その手続における一切の強制が当然に右規定による保障の枠外にあると判断することは相当ではない。しかしながら、……諸点を総合して判断すれば、旧所得税法70条10号、63条に規定する検査は、あらかじめ裁判官の発する令状によることをその一般的要件としないからといつて、これを憲法35条の法意に反するものとすることはできず、前記規定を違憲であるとする所論は、理由がない」と判示した（最大判昭47.11.22）。

3　妥当である

　判例は、「所得税法234条1項の規定〔質問検査権、平成23年法律第114号改正前のもの〕は、国税庁、国税局または税務署の調査権限を有する職員において、当該調査の目的、調査すべき事項、申請、申告の体裁内容、帳簿等の記入保存状況、相手方の事業の形態等諸般の具体的事情にかんがみ、客観的な必要性があると判断される場合には、前記職権調査の一方法として、同条1項各号規定の者に対し質問し、またはその事業に関する帳簿、書類その他当該調査事項に関連性を有する物件の検査を行なう権限を認めた趣旨であつて、この場合の質問検査の範囲、程度、時期、場所等実定法上特段の定めのない実施の細目については、右にいう質問検査の必要があり、かつ、これと相手方の私的利益との衡

量において社会通念上相当な限度にとどまるかぎり、権限ある税務職員の合理的な選択に委ねられている」と判示した（最決昭 48.7.10）。

4　妥当である

判例は、「警察法2条1項が『交通の取締』を警察の責務として定めていることに照らすと、交通の安全及び交通秩序の維持などに必要な警察の諸活動は、強制力を伴わない任意手段による限り、一般的に許容されるべきものであるが、それが国民の権利、自由の干渉にわたるおそれのある事項にかかわる場合には、任意手段によるからといつて無制限に許されるべきものでないことも同条2項及び警察官職務執行法1条などの趣旨にかんがみ明らかである。しかしながら、自動車の運転者は、公道において自動車を利用することを許されていることに伴う当然の負担として、合理的に必要な限度で行われる交通の取締に協力すべきものであること、その他現時における交通違反、交通事故の状況などをも考慮すると、警察官が、交通取締の一環として交通違反の多発する地域等の適当な場所において、交通違反の予防、検挙のための自動車検問を実施し、同所を通過する自動車に対して走行の外観上の不審な点の有無にかかわりなく短時分の停止を求めて、運転者などに対し必要な事項についての質問などをすることは、それが相手方の任意の協力を求める形で行われ、自動車の利用者の自由を不当に制約することにならない方法、態様で行われる限り、適法なものと解すべきである」と判示した（最決昭 55.9.22）。

5　妥当でない

判例は、「憲法 31 条の定める法定手続の保障は、直接には刑事手続に関するものであるが、行政手続については、それが刑事手続ではないとの理由のみで、そのすべてが当然に同条による保障の枠外にあると判断することは相当ではない。しかしながら、同条による保障が及ぶと解すべき場合であっても、一般に、行政手続は、刑事手続とその性質においておのずから差異があり、また、行政目的に応じて多種多様であるから、行政処分の相手方に事前の告知、弁解、防御の機会を与えるかどうかは、行政処分により制限を受ける権利利益の内容、性質、制限の程度、行政処分により達成しようとする公益の内容、程度、緊急性等を総合較量して決定されるべきものであって、常に必ずそのような機会を与えることを必要とするものではないと解するのが相当である」と判示した（最大判平 4.7.1）。

問題11　**正解 4**　行政手続法（行政庁等の義務）　ランク **A**　正答率 **82.2%**

➡ 総合テキスト　Chapter 4 **2** **3** **4** **7**

1　誤　り

行政手続法5条3項は、「行政庁は、行政上特別の支障があるときを除き、法令により申請の提出先とされている機関の事務所における備付けその他の適当な方法により審査基準を公にしておかなければならない。」と規定している。

2　誤　り

行政手続法 10 条は、「行政庁は、申請に対する処分であって、申請者以外の者の利害を

考慮すべきことが当該法令において許認可等の要件とされているものを行う場合には、必要に応じ、公聴会の開催その他の適当な方法により当該申請者以外の者の意見を聴く機会を設けるよう努めなければならない。」と規定し、公聴会の開催等は努力義務にとどめている。

3 誤り

行政手続法12条1項は、「行政庁は、処分基準を定め、かつ、これを公にしておくよう努めなければならない。」と規定し、処分基準の設定と公表について努力義務にとどめている。そのため、処分基準の設定並びに公表がなされていなくとも、処分を行うことはできるとされている。

4 正しい

行政手続法35条1項は、「行政指導に携わる者は、その相手方に対して、当該行政指導の趣旨及び内容並びに責任者を明確に示さなければならない。」と規定している。

5 誤り

行政手続法41条は、「命令等制定機関は、意見公募手続を実施して命令等を定めるに当たっては、必要に応じ、当該意見公募手続の実施について周知するよう努めるとともに、当該意見公募手続の実施に関連する情報の提供に努めるものとする。」と規定し、意見公募手続の周知等については努力義務にとどめている。

問題12 **正解 5** 行政手続法（標準処理期間） ランク **B** 正答率 **72.3%**

➡ 総合テキスト　Chapter 4 **2**

1 誤り

行政手続法6条前段は、「行政庁は、申請がその事務所に到達してから当該申請に対する処分をするまでに通常要すべき標準的な期間……を定めるよう努める」と規定しており、標準処理期間を定めることは努力義務とされている。

2 誤り

行政手続法上、標準処理期間を超えた場合の理由の通知について、本記述のような規定は存在しない。

3 誤り

行政手続法6条前段は、選択肢1の解説のとおり、標準処理期間を定めることは努力義務であるとしている。もっとも、同条後段は、「これ〔申請がその事務所に到達してから当該申請に対する処分をするまでに通常要すべき標準的な期間〕を定めたときは、これらの当該申請の提出先とされている機関の事務所における備付けその他の適当な方法により公にしておかなければならない。」と規定している。

4 誤り

行政手続法6条前段は、「行政庁は、申請がその事務所に到達してから当該申請に対する処分をするまでに通常要すべき標準的な期間（法令により当該行政庁と異なる機関が当

該申請の提出先とされている場合は、併せて、当該申請が当該提出先とされている機関の事務所に到達してから当該行政庁の事務所に到達するまでに通常要すべき標準的な期間）を定めるよう努める」と規定し、法令により申請に対する処分をする行政庁と異なる機関が申請の提出先とされている場合、「当該申請が当該提出先とされている機関の事務所に到達してから当該行政庁の事務所に到達するまでに通常要すべき標準的な期間」の設定は努力義務とされている（同条前段かっこ書）。

5 正しい

　情報公開法10条1項本文は、「前条各項の決定（以下『開示決定等』という。）は、開示請求があった日から30日以内にしなければならない。」と規定している。

問題13	正解 5	行政手続法（意見公募手続）	ランク B	正答率 50.4%

➡ 総合テキスト　Chapter 4 ⑦

ア　誤り

　行政手続法39条1項は、「命令等制定機関は、命令等を定めようとする場合には、当該命令等の案……及びこれに関連する資料をあらかじめ公示し、意見（情報を含む。以下同じ。）の提出先及び意見の提出のための期間……を定めて広く一般の意見を求めなければならない。」と規定している。もっとも、同条4項柱書は、「次の各号のいずれかに該当するときは、第1項の規定は、適用しない。」と規定し、同項3号では「予算の定めるところにより金銭の給付決定を行うために必要となる当該金銭の額の算定の基礎となるべき金額及び率並びに算定方法その他の事項を定める命令等を定めようとするとき。」を掲げている。

イ　誤り

　行政手続法39条1項は、「命令等制定機関は、命令等を定めようとする場合には、当該命令等の案……及びこれに関連する資料をあらかじめ公示し、意見（情報を含む。以下同じ。）の提出先及び意見の提出のための期間（以下『意見提出期間』という。）を定めて広く一般の意見を求めなければならない。」と規定し、これは努力義務ではない。

ウ　誤り

　行政手続法39条3項は、「第1項の規定により定める意見提出期間は、同項の公示の日から起算して30日以上でなければならない。」と規定している。もっとも、40条1項は、「命令等制定機関は、命令等を定めようとする場合において、30日以上の意見提出期間を定めることができないやむを得ない理由があるときは、前条第3項の規定にかかわらず、30日を下回る意見提出期間を定めることができる。この場合においては、当該命令等の案の公示の際その理由を明らかにしなければならない。」と規定している。

エ　正しい

　行政手続法45条1項は、「第39条第1項〔意見公募手続〕……の規定による公示は、電子情報処理組織を使用する方法その他の情報通信の技術を利用する方法により行うもの

とする。」と規定し、同条2項は、「前項の公示に関し必要な事項は、総務大臣が定める。」と規定している。

オ 正しい

行政手続法42条は、「命令等制定機関は、意見公募手続を実施して命令等を定める場合には、意見提出期間内に当該命令等制定機関に対し提出された当該命令等の案についての意見……を十分に考慮しなければならない。」と規定している。

以上により、正しいものの組合せは選択肢5であり、正解は5となる。

問題14 **正解** 4 行政不服審査法(審査請求の対象) ランク **A** 正答率 **54.9%**

➡ 総合テキスト Chapter 6 **2 3 4**

1 誤 り

行政不服審査法2条は、「行政庁の処分に不服がある者は、……審査請求をすることができる。」と規定している。もっとも、7条1項柱書は、「次に掲げる処分及びその不作為については、第2条……の規定は、適用しない。」と規定し、同項5号は、「当事者間の法律関係を確認し、又は形成する処分で、法令の規定により当該処分に関する訴えにおいてその法律関係の当事者の一方を被告とすべきものと定められているもの」を掲げている。これは、形式的当事者訴訟のことを指している。そして、土地収用法133条2項は、「収用委員会の裁決のうち損失の補償に関する訴えは、裁決書の正本の送達を受けた日から6月以内に提起しなければならない。」と規定し、同条3項は、「前項の規定による訴えは、これを提起した者が……土地所有者……であるときは起業者を、それぞれ被告としなければならない。」と規定している。このように、収用委員会の裁決のうち、不服の内容が損失の補償に関するものであるときは、形式的当事者訴訟によるべき旨が規定されていることから、本記述の不服の内容について、審査請求をすることができない。

2 誤 り

行政不服審査法は、原則としてすべての行政庁の処分を審査請求の対象としており（一般概括主義 2条参照）、例外的に適用除外となる処分を列挙している（7条1項各号参照）。したがって、本記述のように、審査請求の対象となる処分を具体的に列挙しているわけではない。

3 誤 り

行政不服審査法7条2項は、「国の機関又は地方公共団体その他の公共団体若しくはその機関に対する処分で、これらの機関又は団体がその固有の資格において当該処分の相手方となるもの及びその不作為については、この法律の規定は、適用しない。」と規定している。したがって、本記述の場合には、審査請求をすることができない。

4 正しい

行政不服審査法上の審査請求の対象は、行政庁の処分及び不作為である（2条、3条参照）。行政指導は、その対象とされていないため、本記述のような審査請求をすることが

できない。なお、本記述の場合には、行政手続法36条の2が規定する行政指導の中止等の求めをすることができる。

5　誤り

　行政不服審査法5条1項本文は、「行政庁の処分につき処分庁以外の行政庁に対して審査請求をすることができる場合において、法律に再調査の請求をすることができる旨の定めがあるときは、当該処分に不服がある者は、処分庁に対して再調査の請求をすることができる。」と規定している。この場合、審査請求をするか再調査の請求をするかは、当事者が自由に選択することができる（自由選択主義）。なお、同条2項柱書本文は、「前項本文の規定により再調査の請求をしたときは、当該再調査の請求についての決定を経た後でなければ、審査請求をすることができない。」と規定している。

問題15　**正解 4**　**行政不服審査法(再調査の請求)**　ランク **B**　正答率 **60.8%**

➡ 総合テキスト　Chapter 6 **3 4 5**

1　誤り

　行政不服審査法5条1項本文は、「行政庁の処分につき処分庁以外の行政庁に対して審査請求をすることができる場合において、法律に再調査の請求をすることができる旨の定めがあるときは、当該処分に不服がある者は、処分庁に対して再調査の請求をすることができる。」と規定している。

2　誤り

　行政不服審査法5条1項本文は、「行政庁の処分につき処分庁以外の行政庁に対して審査請求をすることができる場合において、法律に再調査の請求をすることができる旨の定めがあるときは、当該処分に不服がある者は、処分庁に対して再調査の請求をすることができる。」と規定しているところ、3条は、「法令に基づき行政庁に対して処分についての申請をした者は、当該申請から相当の期間が経過したにもかかわらず、行政庁の不作為（法令に基づく申請に対して何らの処分をもしないことをいう。……）がある場合には、次条の定めるところにより、当該不作為についての審査請求をすることができる。」と規定しており、3条の「不作為」は5条1項の「処分」に含まれないので、行政庁の不作為については再調査の請求をすることができない。

3　誤り

　行政不服審査法61条前段は、「第9条第4項……の規定は、再調査の請求について準用する。」と規定しており、再調査の請求について9条1項の規定は準用していないから、再調査の請求がされた行政庁は、審査庁に所属する職員のうちから審理手続を行う者を指名するとともに、その旨を再調査の請求人及び処分庁等に通知しなければならないわけではない。

4　正しい

　行政不服審査法61条前段は、「……第31条（第5項を除く。）……の規定は、再調査の

請求について準用する。」と規定しており、31条1項本文は、「審査請求人又は参加人の申立てがあった場合には、審理員は、当該申立てをした者……に口頭で審査請求に係る事件に関する意見を述べる機会を与えなければならない。」と規定している。

5 誤 り

行政不服審査法61条前段は、「……第25条（第3項を除く。）……の規定は、再調査の請求について準用する。」と規定しており、25条2項は、「処分庁の上級行政庁又は処分庁である審査庁は、必要があると認める場合には、審査請求人の申立てにより又は職権で、処分の効力、処分の執行又は手続の続行の全部又は一部の停止その他の措置……をとることができる。」と規定している。

問題16 **正解 3** 行政不服審査法（教示） **ランク B** **正答率 62.7%**

➡ 総合テキスト　Chapter 6 **7**

1 正しい

行政不服審査法85条は、「不服申立てにつき裁決等をする権限を有する行政庁は、当該行政庁がした裁決等の内容その他当該行政庁における不服申立ての処理状況について公表するよう努めなければならない。」と規定している。

2 正しい

行政不服審査法82条2項は、「行政庁は、利害関係人から、当該処分が不服申立てをすることができる処分であるかどうか並びに当該処分が不服申立てをすることができるものである場合における不服申立てをすべき行政庁及び不服申立てをすることができる期間につき教示を求められたときは、当該事項を教示しなければならない。」と規定している。

3 誤 り

行政不服審査法83条1項は、「行政庁が前条の規定による教示をしなかった場合には、当該処分について不服がある者は、当該処分庁に不服申立書を提出することができる。」と規定し、同条3項前段は、「第1項の規定により不服申立書の提出があった場合において、当該処分が処分庁以外の行政庁に対し審査請求をすることができる処分であるときは、処分庁は、速やかに、当該不服申立書を当該行政庁に送付しなければならない。」と規定している。

4 正しい

行政不服審査法83条1項は、「行政庁が前条の規定による教示をしなかった場合には、当該処分について不服がある者は、当該処分庁に不服申立書を提出することができる。」と規定し、同条4項は、「……不服申立書が送付されたときは、初めから当該行政庁に審査請求又は当該法令に基づく不服申立てがされたものとみなす。」と規定している。

5 正しい

行政不服審査法57条は、「処分庁は、再調査の請求がされた日……の翌日から起算して3月を経過しても当該再調査の請求が係属しているときは、遅滞なく、当該処分について

直ちに審査請求をすることができる旨を書面でその再調査の請求人に教示しなければならない。」と規定している。

| 問題17 | 正解 1 | 行政事件訴訟法（処分性） | ランク A | 正答率 81.5% |

➡ 総合テキスト　Chapter 7 4

1 妥当である

判例は、「医療法30条の7の規定〔平成9年法律第125号による改正前のもの〕に基づく病院開設中止の勧告は、……行政指導として定められているけれども、当該勧告を受けた者に対し、これに従わない場合には、相当程度の確実さをもって、病院を開設しても保険医療機関の指定を受けることができなくなるという結果をもたらすものということができる。そして、いわゆる国民皆保険制度が採用されている我が国においては、健康保険、国民健康保険等を利用しないで病院で受診する者はほとんどなく、……保険医療機関の指定を受けることができない場合には、実際上病院の開設自体を断念せざるを得ないことになる。このような医療法30条の7の規定に基づく病院開設中止の勧告の保険医療機関の指定に及ぼす効果及び病院経営における保険医療機関の指定の持つ意義を併せ考えると、この勧告は、行政事件訴訟法3条2項にいう『行政庁の処分その他公権力の行使に当たる行為』に当たると解するのが相当である」と判示した（最判平17.7.15）。

2 妥当でない

判例は、「都市計画区域内において高度地区を指定する決定は、都市計画法8条1項3号に基づき都市計画決定の一つとしてされるものであり、右決定が告示されて効力を生ずると、当該地区内においては、建築物の高さにつき従前と異なる基準が適用され（建築基準法58条）、これらの基準に適合しない建築物については、建築確認を受けることができず、ひいてその建築等をすることができないこととなるから（同法6条4項、5項）、右決定が、当該地区内の土地所有者等に建築基準法上新たな制約を課し、その限度で一定の法状態の変動を生ぜしめるものであることは否定できないが、かかる効果は、あたかも新たに右のような制約を課する法令が制定された場合におけると同様の当該地区内の不特定多数の者に対する一般的抽象的なそれにすぎず、このような効果を生ずるということだけから直ちに右地区内の個人に対する具体的な権利侵害を伴う処分があつたものとして、これに対する抗告訴訟を肯定することはできない」と判示した（最判昭57.4.22）。

3 妥当でない

判例は、「条例の制定は、普通地方公共団体の議会が行う立法作用に属するから、一般的には、抗告訴訟の対象となる行政処分に当たるものでないことはいうまでもないが、本件改正条例は、本件各保育所の廃止のみを内容とするものであって、他に行政庁の処分を待つことなく、その施行により各保育所廃止の効果を発生させ、当該保育所に現に入所中の児童及びその保護者という限られた特定の者らに対して、直接、当該保育所において保育を受けることを期待し得る上記の法的地位を奪う結果を生じさせるものであるから、そ

の制定行為は、行政庁の処分と実質的に同視し得るものということができる。また、市町村の設置する保育所で保育を受けている児童又はその保護者が、当該保育所を廃止する条例の効力を争って、当該市町村を相手に当事者訴訟ないし民事訴訟を提起し、勝訴判決や保全命令を得たとしても、これらは訴訟の当事者である当該児童又はその保護者と当該市町村との間でのみ効力を生ずるにすぎないから、これらを受けた市町村としては当該保育所を存続させるかどうかについての実際の対応に困難を来すことにもなり、処分の取消判決や執行停止の決定に第三者効（行政事件訴訟法32条）が認められている取消訴訟において当該条例の制定行為の適法性を争い得るとすることには合理性がある。以上によれば、本件改正条例の制定行為は、抗告訴訟の対象となる行政処分に当たると解するのが相当である」と判示した（最判平21.11.26）。

4　妥当でない

判例は、「市町村の施行に係る土地区画整理事業の事業計画の決定は、施行地区内の宅地所有者等の法的地位に変動をもたらすものであって、抗告訴訟の対象とするに足りる法的効果を有するものということができ、実効的な権利救済を図るという観点から見ても、これを対象とした抗告訴訟の提起を認めるのが合理的である。したがって、上記事業計画の決定は、行政事件訴訟法3条2項にいう『行政庁の処分その他公権力の行使に当たる行為』に当たると解するのが相当である」と判示した（最大判平20.9.10）。

5　妥当でない

判例は、「本件ごみ焼却場は、被上告人都がさきに私人から買収した都所有の土地の上に、私人との間に対等の立場に立つて締結した私法上の契約により設置されたものであるというのであり、原判決が被上告人都において本件ごみ焼却場の設置を計画し、その計画案を都議会に提出した行為は被上告人都自身の内部的手続行為に止まると解するのが相当であるとした判断は、是認できる。それ故、仮りに右設置行為によつて上告人らが所論のごとき不利益を被ることがあるとしても、右設置行為は、被上告人都が公権力の行使により直接上告人らの権利義務を形成し、またはその範囲を確定することを法律上認められている場合に該当するものということを得ず、……行政事件訴訟特例法にいう『行政庁の処分』にあたらない」と判示した（最判昭39.10.29）。

問題18　**正解 1**　行政事件訴訟法（審理手続）　ランク **B**　正答率 **65.8%**

→ 総合テキスト　Chapter 7 **5**

1　妥当でない

行政事件訴訟法23条1項は、「裁判所は、処分又は裁決をした行政庁以外の行政庁を訴訟に参加させることが必要であると認めるときは、当事者若しくはその行政庁の申立てにより又は職権で、決定をもつて、その行政庁を訴訟に参加させることができる。」と規定している。

2　妥当である

　行政事件訴訟法24条は、「裁判所は、必要があると認めるときは、職権で、証拠調べをすることができる。ただし、その証拠調べの結果について、当事者の意見をきかなければならない。」と規定している。

3　妥当である

　行政事件訴訟法25条4項は「執行停止は、公共の福祉に重大な影響を及ぼすおそれがあるとき、又は本案について理由がないとみえるときは、することができない。」と規定している。

4　妥当である

　行政事件訴訟法16条1項は、「取消訴訟には、関連請求に係る訴えを併合することができる。」と規定している。そして、同条2項は、「前項の規定により訴えを併合する場合において、取消訴訟の第一審裁判所が高等裁判所であるときは、関連請求に係る訴えの被告の同意を得なければならない。被告が異議を述べないで、本案について弁論をし、又は弁論準備手続において申述をしたときは、同意したものとみなす。」と規定している。

5　妥当である

　行政事件訴訟法19条1項は、「原告は、取消訴訟の口頭弁論の終結に至るまで、関連請求に係る訴えをこれに併合して提起することができる。この場合において、当該取消訴訟が高等裁判所に係属しているときは、第16条第2項の規定を準用する。」と規定している。なお、同条2項は、「前項の規定は、取消訴訟について民事訴訟法……第143条の規定〔訴えの変更〕の例によることを妨げない。」と規定している。

問題19　**正解 3**　行政事件訴訟法（取消訴訟の規定の準用）　ランク **A**　正答率 **52.8%**

➡ 総合テキスト　Chapter 7 **7**

1　妥当である

　行政事件訴訟法は、事情判決の規定（31条）を無効等確認訴訟に準用していない（38条参照）。準用されない根拠としては、学説上、当然無効の行政処分は法的には無であり、事情判決によって存続を図るべき行政処分がないなどと主張されている。

2　妥当である

　執行停止決定にも、取消判決と同じく拘束力が認められている（33条4項）。本記述と同様の事案において、最高裁判所は、関係行政庁である町選挙管理委員会は効力停止決定に拘束され、繰上補充による当選人の決定を撤回し、その当選を将来に向かって無効とすべき義務を負うと判示している（最決平11.1.11）。

3　妥当でない

　無効等確認訴訟には、実際問題として執行停止が認められないと、無効等確認訴訟の重要な機能である予防訴訟としての機能が損なわれることから、執行停止に関する規定（25条〜29条、32条2項）が準用されている（38条3項）。

4 妥当である

無効等確認訴訟には、原処分主義の規定（10条2項）が準用されている（38条2項）。そのため、処分の無効等確認訴訟と同じ処分についての審査請求を棄却した裁決を争う抗告訴訟においては、原処分の無効を主張することができず、裁決固有の瑕疵のみを主張することができる。

5 妥当である

不作為の違法確認訴訟における違法確認の判決は形成判決ではないため、不作為の違法確認訴訟には、取消判決の第三者効に関する規定（32条1項）は準用されない（38条1項、4項参照）。また、第三者の再審の訴えに関する規定（34条）も、第三者効が及ぶ第三者を救済するためのものであるから、準用されない（38条1項、4項参照）。

問題20 **正解 2** **国家賠償法（総合）** **ランク A** **正答率 50.3%**

➡ 総合テキスト　Chapter 8 **1 2 3 4**

1 誤 り

国家賠償法3条1項は、「前2条の規定によつて国又は公共団体が損害を賠償する責に任ずる場合において、公務員の選任若しくは監督又は公の営造物の設置若しくは管理に当る者と公務員の俸給、給与その他の費用又は公の営造物の設置若しくは管理の費用を負担する者とが異なるときは、費用を負担する者もまた、その損害を賠償する責に任ずる。」と規定している。

2 正しい

判例は、「都道府県警察の警察官がいわゆる交通犯罪の捜査を行うにつき故意又は過失によつて違法に他人に損害を加えた場合において国家賠償法1条1項によりその損害の賠償の責めに任ずるのは、原則として当該都道府県であり、国は原則としてその責めを負うものではない」としている（最判昭54.7.10）。

3 誤 り

国家賠償法3条1項は、「前2条の規定によつて国又は公共団体が損害を賠償する責に任ずる場合において、公務員の選任若しくは監督又は公の営造物の設置若しくは管理に当る者と公務員の俸給、給与その他の費用又は公の営造物の設置若しくは管理の費用を負担する者とが異なるときは、費用を負担する者もまた、その損害を賠償する責に任ずる。」と規定している。

4 誤 り

判例は、国が、地方公共団体に対し、国立公園に関する公園事業の一部の執行として周回路の設置を承認し、その際当該設置費用の半額相当の補助金を交付し、また、その後の改修にも補助金を交付して、当該周回路に関する設置費用の2分の1近くを負担しているときには、国は、当該周回路については、国家賠償法3条1項所定の公の営造物の設置費用の負担者に当たるとしている（最判昭50.11.28）。

5 誤り

国家賠償法４条は、「国又は公共団体の損害賠償の責任については、前３条の規定によるの外、民法の規定による。」と規定し、５条は、「国又は公共団体の損害賠償の責任について民法以外の他の法律に別段の定があるときは、その定めるところによる。」と規定している。

問題21 　**正解 4**　損失補償（総合）　**ランク B**　**正答率 49.9%**

➡ 総合テキスト　Chapter 9 ❶❷❸

1 誤り

判例は、国家賠償法１条１項の規定に基づく損害賠償請求に憲法29条３項の規定に基づく損失補償請求を予備的、追加的に併合することが申し立てられた場合において、右予備的請求が、主位的請求と被告を同じくする上、その主張する経済的不利益の内容が同一で請求額もこれに見合うものであり、同一の行為に起因するものとして発生原因が実質的に共通するなど、相互に密接な関連性を有するものであるときは、右予備的請求の追加的併合は、請求の基礎を同一にするものとして民事訴訟法232条〔現143条〕の規定による訴えの追加的変更に準じて許されると判示している（最判平5.7.20）。

2 誤り

判例は、都有行政財産である土地について建物所有を目的とし期間の定めなくされた使用許可が当該行政財産本来の用途又は目的上の必要に基づき将来に向かって取り消されたときは、使用権者は、特別の事情のないかぎり、右取消による土地使用権喪失についての補償を求めることはできないと判示している（最判昭49.2.5）。

3 誤り

判例は、「私有財産の収用が正当な補償のもとに行なわれた場合においてその後にいたり収用目的が消滅したとしても、法律上当然に、これを被収用者に返還しなければならないものではない」と判示している（最大判昭46.1.20）。

4 正しい

判例は、「土地収用法における損失の補償は、特定の公益上必要な事業のために土地が収用される場合、その収用によつて当該土地の所有者等が被る特別な犠牲の回復をはかることを目的とするものであるから、完全な補償、すなわち、収用の前後を通じて被収用者の財産価値を等しくならしめるような補償をなすべきであり、金銭をもつて補償する場合には、被収用者が近傍において被収用地と同等の代替地等を取得することをうるに足りる金額の補償を要する」と判示している（最判昭48.10.18）。

5 誤り

判例は、「警察法規が一定の危険物の保管場所等につき保安物件との間に一定の離隔距離を保持すべきことなどを内容とする技術上の基準を定めている場合において、道路工事の施行の結果、警察違反の状態を生じ、危険物保有者が右技術上の基準に適合するように

工作物の移転等を余儀なくされ、これによつて損失を被つたとしても、それは道路工事の施行によつて警察規制に基づく損失がたまたま現実化するに至つたものにすぎず、このような損失は、道路法70条1項の定める補償の対象には属しない」と判示している（最判昭58.2.18）。

問題22 **正解 5** **地方自治法（公の施設）** ランク **B** 正答率 **62.1%**

➡ 総合テキスト　Chapter 13 **3**

1 正しい

地方自治法244条の2第1項は、「普通地方公共団体は、法律又はこれに基づく政令に特別の定めがあるものを除くほか、公の施設の設置及びその管理に関する事項は、条例でこれを定めなければならない。」と規定している。

2 正しい

地方自治法244条3項は、「普通地方公共団体は、住民が公の施設を利用することについて、不当な差別的取扱いをしてはならない。」と規定し、同条2項は、「普通地方公共団体（次条第3項に規定する指定管理者を含む。次項において同じ。）は、正当な理由がない限り、住民が公の施設を利用することを拒んではならない。」と規定している。

3 正しい

地方自治法244条の2第3項は、「普通地方公共団体は、公の施設の設置の目的を効果的に達成するため必要があると認めるときは、条例の定めるところにより、法人その他の団体であつて当該普通地方公共団体が指定するもの（……『指定管理者』という。）に、当該公の施設の管理を行わせることができる。」と規定し、同条第4項は、「前項の条例には、指定管理者の指定の手続、指定管理者が行う管理の基準及び業務の範囲その他必要な事項を定めるものとする。」と規定している。

4 正しい

地方自治法244条の2第6項は、「普通地方公共団体は、指定管理者の指定をしようとするときは、あらかじめ、当該普通地方公共団体の議会の議決を経なければならない。」と規定している。

5 誤り

地方自治法244条の3第1項は、「普通地方公共団体は、その区域外においても、また、関係普通地方公共団体との協議により、公の施設を設けることができる。」と規定し、同条2項は、「普通地方公共団体は、他の普通地方公共団体との協議により、当該他の普通地方公共団体の公の施設を自己の住民の利用に供させることができる。」と規定している。

→ 総合テキスト　Chapter 11 **1** **2**

1 誤り

　地方自治法11条は、「日本国民たる普通地方公共団体の住民は、この法律の定めるところにより、その属する普通地方公共団体の選挙に参与する権利を有する。」と規定し、75条1項は、「選挙権を有する者……は、政令で定めるところにより、その総数の50分の1以上の者の連署をもつて、その代表者から、普通地方公共団体の監査委員に対し、当該普通地方公共団体の事務の執行に関し、監査の請求をすることができる。」と規定しているから、普通地方公共団体に居住する外国人は事務監査請求をすることはできない。

2 誤り

　地方自治法74条1項は、「普通地方公共団体の議会の議員及び長の選挙権を有する者（……『選挙権を有する者』という。）は、政令で定めるところにより、その総数の50分の1以上の者の連署をもつて、その代表者から、普通地方公共団体の長に対し、条例（地方税の賦課徴収並びに分担金、使用料及び手数料の徴収に関するものを除く。）の制定又は改廃の請求をすることができる。」と規定している。

3 誤り

　地方自治法81条1項は、「選挙権を有する者は、政令の定めるところにより、その総数の3分の1……以上の者の連署をもつて、その代表者から、普通地方公共団体の選挙管理委員会に対し、当該普通地方公共団体の長の解職の請求をすることができる。」と規定している。普通地方公共団体の長の解職請求をする相手方は、普通地方公共団体の議会ではなく選挙管理委員会である。

4 誤り

　地方自治法76条1項は、「選挙権を有する者は、政令の定めるところにより、その総数の3分の1……以上の者の連署をもつて、……当該普通地方公共団体の議会の解散の請求をすることができる。」と規定している。普通地方公共団体の議会の解散の請求をするために必要な連署の数は、原則として、選挙権を有する者の総数の3分の1以上であればよい。なお、選挙権を有する者が40万人以上いる普通地方公共団体においては、連署の要件が緩和されている（同項かっこ書参照）。

5 正しい

　地方自治法19条2項は、「日本国民で年齢満30年以上のものは、別に法律の定めるところにより、都道府県知事の被選挙権を有する。」と規定し、同条3項は、「日本国民で年齢満25年以上のものは、別に法律の定めるところにより、市町村長の被選挙権を有する。」と規定している。

1　正しい

地方自治法139条1項は、「都道府県に知事を置く。」と規定し、同条2項は、「市町村に市町村長を置く。」と規定している。

2　正しい

地方自治法140条1項は、「普通地方公共団体の長の任期は、4年とする。」と規定し、同条2項は、「前項の任期の起算については、公職選挙法第259条及び第259条の2の定めるところによる。」と規定している。

3　誤り

地方自治法141条2項は、「普通地方公共団体の長は、地方公共団体の議会の議員並びに常勤の職員及び短時間勤務職員と兼ねることができない。」と規定している。

4　正しい

地方自治法141条1項は、「普通地方公共団体の長は、衆議院議員又は参議院議員と兼ねることができない。」と規定している。

5　正しい

地方自治法143条1項前段は、「普通地方公共団体の長が、被選挙権を有しなくなつたとき……は、その職を失う。」と規定している。

1　誤り

判例は、「租税法規に適合する課税処分について、法の一般原理である信義則の法理の適用により、右課税処分を違法なものとして取り消すことができる場合があるとしても、法律による行政の原理なかんずく租税法律主義の原則が貫かれるべき租税法律関係においては、右法理の適用については慎重でなければならず、租税法規の適用における納税者間の平等、公平という要請を犠牲にしてもなお当該課税処分に係る課税を免れしめて納税者の信頼を保護しなければ正義に反するといえるような特別の事情が存する場合に、初めて右法理の適用の是非を考えるべきものである。そして、右特別の事情が存するかどうかの判断に当たっては、少なくとも、税務官庁が納税者に対し信頼の対象となる公的見解を表示したことにより、納税者がその表示を信頼しその信頼に基づいて行動したところ、のちに右表示に反する課税処分が行われ、そのために納税者が経済的不利益を受けることになったものであるかどうか、また、納税者が税務官庁の右表示を信頼しその信頼に基づいて行動したことについて納税者の責めに帰すべき事由がないかどうかという点の考慮は不可欠のものであるといわなければならない」と判示した（最判昭62.10.30）。

2　正しい

　判例は、「自作農創設特別措置法（以下自作法と略称する）は、今次大戦の終結に伴い、我国農地制度の急速な民主化を図り、耕作者の地位の安定、農業生産力の発展を期して制定せられたものであつて、政府は、この目的達成のため、同法に基いて、公権力を以て同法所定の要件に従い、所謂不在地主や大地主等の所有農地を買収し、これを耕作者に売渡す権限を与えられているのである。即ち政府の同法に基く農地買収処分は、国家が権力的手段を以て農地の強制買上を行うものであつて、対等の関係にある私人相互の経済取引を本旨とする民法上の売買とは、その本質を異にするものである。従つて、かかる私経済上の取引の安全を保障するために設けられた民法177条の規定は、自作法による農地買収処分には、その適用を見ないものと解すべきである」と判示した（最大判昭28.2.18）。

3　正しい

　判例は、「公営住宅の使用関係については、公営住宅法及びこれに基づく条例が特別法として民法及び借家法〔現・借地借家法。以下同〕に優先して適用されるが、法及び条例に特別の定めがない限り、原則として一般法である民法及び借家法の適用があり、その契約関係を規律するについては、信頼関係の法理の適用があるものと解すべきである」と判示した（最判昭59.12.13）。

4　正しい

　判例は、原子爆弾被爆者に対する援護に関する法律等に基づき健康管理手当の支給認定を受けた被爆者が外国へ出国したことに伴いその支給を打ち切られたため未支給の健康管理手当の支払を求める訴訟において、「上告人が消滅時効を主張して未支給の本件健康管理手当の支給義務を免れようとすることは、違法な通達を定めて受給権者の権利行使を困難にしていた国から事務の委任を受け、又は事務を受託し、自らも上記通達に従い違法な事務処理をしていた普通地方公共団体ないしその機関自身が、受給権者によるその権利の不行使を理由として支払義務を免れようとするに等しいものといわざるを得ない。そうすると、上告人の消滅時効の主張は、402号通達が発出されているにもかかわらず、当該被爆者については同通達に基づく失権の取扱いに対し訴訟を提起するなどして自己の権利を行使することが合理的に期待できる事情があったなどの特段の事情のない限り、信義則に反し許されないものと解するのが相当である」と判示した（最判平19.2.6）。

5　正しい

　判例は、「上告人が失職事由の発生後も長年にわたりA郵便局において郵便集配業務に従事してきたのは、上告人が禁錮以上の刑に処せられたという失職事由の発生を明らかにせず、そのためA郵便局長においてその事実を知ることがなかったからである。上告人は、失職事由発生の事実を隠し通して事実上勤務を継続し、給与の支給を受け続けていたものにすぎず、仮に、上告人において定年まで勤務することができるとの期待を抱いたとしても、そのような期待が法的保護に値するものとはいえない。このことに加え、上告人が該当した国家公務員法38条2号〔令和元年法律第37号改正前のもの、現：同条1号〕の欠格事由を定める規定が、この事由を看過してされた任用を法律上当然に無効とするよ

うな公益的な要請に基づく強行規定であることなどにかんがみると、被上告人郵便事業株式会社において上告人の失職を主張することが信義則に反し権利の濫用に当たるものということはできない」と判示した（最判平 19.12.13）。

問題26 **正解 5** 行政法総合 ランク **A** 正答率 **73.3**%

➡ 総合テキスト　Chapter 4 **3** **5**、6 **7**

ア 誤 り

指定の効力の一部停止処分は、行政手続法 13 条 1 項 1 号イからハに規定する不利益処分に該当しないので、Y 県知事が X 社に対して指定の効力の一部停止処分をしようとする場合には、原則として聴聞手続を執る必要はない。なお、例外的に、同号イからハまでに掲げる場合以外の場合であって行政庁〔Y 県知事〕が相当と認めるときには、聴聞の手続を執らなければならない（同号ニ）。

イ 誤 り

ライバル事業者 A は、X 社に不利益処分がされた場合に自己の利益を害されるわけではなく、行政手続法 18 条 1 項前段の「当該不利益処分がされた場合に自己の利益を害されることとなる参加人」には該当しないので、聴聞手続において、Y 県知事に対し、当該不利益処分の原因となる事実を証する資料の閲覧を求めることはできない。

ウ 正しい

X 社からサービスを受けられなくなると日常生活に困難を来す高齢者 B は、行政手続法 17 条 1 項の「当事者以外の者であって当該不利益処分の根拠となる法令に照らし当該不利益処分につき利害関係を有するものと認められる者（……『関係人』という。）」に該当するから、聴聞の主宰者は、B に対し、当該聴聞に関する手続に参加することを求め、又は当該聴聞に関する手続に参加することを許可することができる。そして、20 条 2 項は、「当事者又は参加人は、聴聞の期日に出頭して、意見を述べ……ることができる。」と規定しているから、B は、聴聞手続において口頭で意見を述べることができる。

エ 誤 り

行政手続法 36 条の 3 第 1 項は、「何人も、法令に違反する事実がある場合において、その是正のためにされるべき処分又は行政指導（その根拠となる規定が法律に置かれているものに限る。）がされていないと思料するときは、当該処分をする権限を有する行政庁又は当該行政指導をする権限を有する行政機関に対し、その旨を申し出て、当該処分又は行政指導をすることを求めることができる。」と規定しているから、C は、Y 県知事に対して、処分をすることを求めることができる。

オ 正しい

行政不服審査法 82 条 1 項本文は、「行政庁は、審査請求若しくは再調査の請求又は他の法令に基づく不服申立て（以下この条において『不服申立て』と総称する。）をすることができる処分をする場合には、処分の相手方に対し、当該処分につき不服申立てをするこ

とができる旨並びに不服申立てをすべき行政庁及び不服申立てをすることができる期間を書面で教示しなければならない。」と規定しているところ、Y県知事がX社に対して指定の取消処分をしようとする場合、当該処分は「不服申立てをすることができる処分」に該当するから、上記事項について書面で教示しなければならない。

　以上により、正しいものの組合せは選択肢5であり、正解は5となる。

❖ 民　法 ❖

| 問題27 | 正解 4 | 保佐・補助 | ランク A | 正答率 77.3% |

➡ 総合テキスト　Chapter 3 **1**

1　妥当でない

　被保佐人が元本を領収し、又は利用するには、その保佐人の同意を得なければならない（民法13条1項1号）。そして、保佐人の同意を得なければならない行為であって、その同意又はこれに代わる許可を得ないでしたものは、取り消すことができる（同条4項）。

2　妥当でない

　民法15条1項は、「精神上の障害により事理を弁識する能力が不十分である者については、……補助開始の審判をすることができる。ただし、第7条又は第11条本文に規定する原因がある者については、この限りでない。」と規定している。そして、11条本文は、保佐開始の審判に関する規定である。

3　妥当でない

　民法15条3項は、「補助開始の審判は、第17条第1項の審判又は第876条の9第1項の審判とともにしなければならない。」と規定し、876条の9第1項は、「家庭裁判所は、第15条第1項本文に規定する者又は補助人若しくは補助監督人の請求によって、被補助人のために特定の法律行為について補助人に代理権を付与する旨の審判をすることができる。」と規定している。そして、876条の9第1項の補助人に代理権を付与する旨の審判がされた場合には、被補助人は単独で法律行為をすることができるから、特定の法律行為について補助人に代理権を付与する旨の審判がされた場合であっても、被補助人は、自らその法律行為をすることができる。

4　妥当である

　民法17条3項は、「補助人の同意を得なければならない行為について、補助人が被補助人の利益を害するおそれがないにもかかわらず同意をしないときは、家庭裁判所は、被補助人の請求により、補助人の同意に代わる許可を与えることができる。」と規定している。

5　妥当でない

　民法20条4項は、「制限行為能力者の相手方は、被保佐人又は第17条第1項の審判を受けた被補助人に対しては、第1項の期間内にその保佐人又は補助人の追認を得るべき旨の催告をすることができる。この場合において、その被保佐人又は被補助人がその期間内にその追認を得た旨の通知を発しないときは、その行為を取り消したものとみなす。」と

規定している。

問題28　正解 2　意思表示

ランク **A**　正答率 **85.9%**

➡ 総合テキスト　Chapter 6 **2**

ア　妥当である

民法93条1項は、「意思表示は、表意者がその真意ではないことを知ってしたときであっても、そのためにその効力を妨げられない。ただし、相手方がその意思表示が表意者の真意ではないことを知り、又は知ることができたときは、その意思表示は、無効とする。」と規定している。

イ　妥当でない

民法94条1項は、「相手方と通じてした虚偽の意思表示は、無効とする。」と規定している。

ウ　妥当でない

民法95条1項柱書は、「意思表示は、次に掲げる錯誤に基づくものであって、その錯誤が法律行為の目的及び取引上の社会通念に照らして重要なものであるときは、取り消すことができる。」と規定している。そして、同条3項柱書は、「錯誤が表意者の重大な過失によるものであった場合には、次に掲げる場合を除き、第1項の規定による意思表示の取消しをすることができない。」と規定し、同項2号は、「相手方が表意者と同一の錯誤に陥っていたとき。」を掲げている。

エ　妥当でない

民法95条2項は、「前項第2号の規定〔表意者が法律行為の基礎とした事情についてのその認識が真実に反する錯誤〕による意思表示の取消しは、その事情が法律行為の基礎とされていることが表示されていたときに限り、することができる。」と規定している。そして、判例は、「意思表示の動機の錯誤が法律行為の要素の錯誤としてその無効をきたすためには、その動機が相手方に表示されて法律行為の内容となり、もし錯誤がなかったならば表意者がその意思表示をしなかったであろうと認められる場合であることを要するところ……、右動機が黙示的に表示されているときであっても、これが法律行為の内容となることを妨げるものではない」としている（最判平元.9.14）。

オ　妥当である

民法96条2項は、「相手方に対する意思表示について第三者が詐欺を行った場合においては、相手方がその事実を知り、又は知ることができたときに限り、その意思表示を取り消すことができる。」と規定している。

以上により、妥当なものの組合せは選択肢2であり、正解は2となる。

問題29　**正解** 1　占有権の効力　ランク **A**　正答率 **70.2**%

➡ 総合テキスト　Chapter 13 **2**

1　正しい

善意の占有者は、占有物から生ずる果実を取得することができる（民法189条１項）が、本権の訴えにおいて敗訴したときは、その訴えの提起の時から悪意の占有者とみなされる（同条２項）。そして、悪意の占有者は、果実を返還し、かつ、すでに消費し、過失によって損傷し、又は収取を怠った果実の代価を償還する義務を負う（190条１項）。したがって、Ａは、Ｂの訴えの提起時から悪意の占有者とみなされ、その後にＣから受領した賃料について、Ｂに返還する義務を負う。

2　誤り

占有物が占有者の責めに帰すべき事由によって滅失し、又は損傷したときは、その回復者に対し、悪意の占有者はその損害の全部の賠償をする義務を負い、善意の占有者はその滅失又は損傷によって現に利益を受けている限度において賠償をする義務を負う（191条本文）。ただし、所有の意思のない占有者は、善意であるときであっても、全部の賠償をしなければならない（同条ただし書）。Ａは、自己の占有が賃借権に基づくものであると誤信しており、「所有の意思のない占有者」に当たるため、損害の全額をＢに賠償する義務を負う。

3　誤り

占有者が占有物の改良のために支出した金額その他の有益費については、その価格の増加が現存する場合に限り、回復者の選択に従い、その支出した金額又は増価額を償還させることができる（196条２項本文）。この場合、占有者の善意・悪意は問題とされない。なお、悪意の占有者に対しては、裁判所は、回復者の請求により、その償還について相当の期限を許与することができる（同項ただし書）。

4　誤り

占有者がその占有を奪われたときは、占有回収の訴えにより、その物の返還及び損害の賠償を請求することができる（200条１項）。すなわち、占有回収の訴えが認められるためには、占有の侵奪があったことが必要となる。物を賃借した者が賃貸借関係の終了後も占有を継続する場合には、占有の侵奪があったとはいえない（大判昭7.4.13）ため、占有回収の訴えにより返還を請求することはできない。

5　誤り

選択肢４の解説のとおり、占有回収の訴えが認められるためには、占有の侵奪があったことが必要となる。他人に欺かれて物を交付した場合には、占有者の意思に反して所持が奪われたとはいえず、占有の侵奪があったとは解されない（大判大11.11.27）ため、占有回収の訴えにより返還を請求することはできない。

➡ 総合テキスト　Chapter 18 2 3

1 誤り

民法337条は、「不動産の保存の先取特権の効力を保存するためには、保存行為が完了した後直ちに登記をしなければならない。」と規定している。

2 正しい

民法338条1項前段は、「不動産の工事の先取特権の効力を保存するためには、工事を始める前にその費用の予算額を登記しなければならない。」と規定している。

3 正しい

民法339条は、「前2条の規定に従って登記をした先取特権は、抵当権に先立って行使することができる。」と規定している。

4 正しい

民法340条は、「不動産の売買の先取特権の効力を保存するためには、売買契約と同時に、不動産の代価又はその利息の弁済がされていない旨を登記しなければならない。」と規定している。

5 正しい

民法341条は、「先取特権の効力については、この節に定めるもののほか、その性質に反しない限り、抵当権に関する規定を準用する。」と規定し、これによって準用される375条1項本文は、「抵当権者は、利息その他の定期金を請求する権利を有するときは、その満期となった最後の2年分についてのみ、その抵当権を行使することができる。」と規定している。

➡ 総合テキスト　Chapter 24 3

1 正しい

民法424条1項は、「債権者は、債務者が債権者を害することを知ってした行為の取消しを裁判所に請求することができる。ただし、その行為によって利益を受けた者（以下……『受益者』という。）がその行為の時において債権者を害することを知らなかったときは、この限りでない。」と規定し、同条3項は、「債権者は、その債権が第1項に規定する行為の前の原因に基づいて生じたものである場合に限り、同項の規定による請求（以下『詐害行為取消請求』という。）をすることができる。」と規定している。

2 正しい

民法424条2項は、「前項の規定は、財産権を目的としない行為については、適用しない。」と規定している。

3　正しい

民法424条の3第1項柱書は、「債務者がした既存の債務についての担保の供与又は債務の消滅に関する行為について、債権者は、次に掲げる要件のいずれにも該当する場合に限り、詐害行為取消請求をすることができる。」と規定し、同項1号は、「その行為が、債務者が支払不能（債務者が、支払能力を欠くために、その債務のうち弁済期にあるものにつき、一般的かつ継続的に弁済することができない状態をいう。……。）の時に行われたものであること。」、同項2号は、「その行為が、債務者と受益者とが通謀して他の債権者を害する意図をもって行われたものであること。」を掲げている。

4　正しい

民法424条の6第1項前段は、「債権者は、受益者に対する詐害行為取消請求において、債務者がした行為の取消しとともに、その行為によって受益者に移転した財産の返還を請求することができる。」と規定し、424条の9第1項前段は、「債権者は、第424条の6第1項前段……の規定により受益者……に対して財産の返還を請求する場合において、その返還の請求が金銭の支払又は動産の引渡しを求めるものであるときは、受益者に対してその支払又は引渡しを、……自己に対してすることを求めることができる。」と規定している。

5　誤　り

民法426条前段は、「詐害行為取消請求に係る訴えは、債務者が債権者を害することを知って行為をしたことを債権者が知った時から2年を経過したときは、提起することができない。」と規定している。

| 問題32 | 正解 4 | 相　殺 | ランク B | 正答率 63.4% |

➡ 総合テキスト　Chapter 27❹

1　妥当でない

民法505条1項本文は、「二人が互いに同種の目的を有する債務を負担する場合において、双方の債務が弁済期にあるときは、各債務者は、その対当額について相殺によってその債務を免れることができる。」と規定している。そして、506条1項前段は、「相殺は、当事者の一方から相手方に対する意思表示によってする。」と規定している。

2　妥当でない

民法505条2項は、「前項の規定にかかわらず、当事者が相殺を禁止し、又は制限する旨の意思表示をした場合には、その意思表示は、第三者がこれを知り、又は重大な過失によって知らなかったときに限り、その第三者に対抗することができる。」と規定している。

3　妥当でない

民法509条柱書は、「次に掲げる債務の債務者は、相殺をもって債権者に対抗することができない。ただし、その債権者がその債務に係る債権を他人から譲り受けたときは、この限りでない。」と規定し、同条1号は、「悪意による不法行為に基づく損害賠償の債務」

を掲げている。

4　妥当である

民法506条2項は、「前項の意思表示は、双方の債務が互いに相殺に適するようになった時にさかのぼってその効力を生ずる。」と規定している。

5　妥当でない

民法506条1項は、「相殺は、当事者の一方から相手方に対する意思表示によってする。この場合において、その意思表示には、条件又は期限を付することができない。」と規定している。

問題33　正解 5　贈与契約　　ランク B　正答率 50.5%

➡ 総合テキスト　Chapter 32 **3**

1　妥当である

民法550条は、「書面によらない贈与は、各当事者が解除をすることができる。ただし、履行の終わった部分については、この限りでない。」と規定している。そして、判例は、「不動産の贈与契約において、該不動産の所有権移転登記が経由されたときは、該不動産の引渡の有無を問わず、贈与の履行を終つたものと解すべきであ」るとしている（最判昭40.3.26）。

2　妥当である

民法551条1項は、「贈与者は、贈与の目的である物又は権利を、贈与の目的として特定した時の状態で引き渡し、又は移転することを約したものと推定する。」と規定している。

3　妥当である

民法552条は、「定期の給付を目的とする贈与は、贈与者又は受贈者の死亡によって、その効力を失う。」と規定している。

4　妥当である

民法553条は、「負担付贈与については、この節に定めるもののほか、その性質に反しない限り、双務契約に関する規定を準用する。」と規定し、533条本文は、「双務契約の当事者の一方は、相手方がその債務の履行（債務の履行に代わる損害賠償の債務の履行を含む。）を提供するまでは、自己の債務の履行を拒むことができる。」と規定している。

5　妥当でない

民法554条は、「贈与者の死亡によって効力を生ずる贈与については、その性質に反しない限り、遺贈に関する規定を準用する。」と規定し、992条本文は、「受遺者は、遺贈の履行を請求することができる時から果実を取得する。」と規定している。

➡ 総合テキスト　Chapter 37 **2 3**

1　妥当でない

民法712条は、「未成年者は、他人に損害を加えた場合において、自己の行為の責任を弁識するに足りる知能を備えていなかったときは、その行為について賠償の責任を負わない。」と規定している。

2　妥当でない

民法711条は、「他人の生命を侵害した者は、被害者の父母、配偶者及び子に対しては、その財産権が侵害されなかった場合においても、損害の賠償をしなければならない。」と規定している。そして、判例は、「文言上同条〔民法711条〕に該当しない者であつても、被害者との間に同条所定の者と実質的に同視しうべき身分関係が存し、被害者の死亡により甚大な精神的苦痛を受けた者は、同条の類推適用により、加害者に対し直接に固有の慰藉料を請求しうる」としている（最判昭49.12.17）。

3　妥当である

民法722条2項は、「被害者に過失があったときは、裁判所は、これを考慮して、損害賠償の額を定めることができる。」と規定している。そして、判例は、「民法722条2項に定める被害者の過失とは単に被害者本人の過失のみでなく、ひろく被害者側の過失をも包含する趣旨と解すべきではあるが、本件のように被害者本人が幼児である場合において、右にいう被害者側の過失とは、例えば被害者に対する監督者である父母ないしはその被用者である家事使用人などのように、被害者と身分上ないしは生活関係上一体をなすとみられるような関係にある者の過失をいうものと解するを相当とし、所論のように両親より幼児の監護を委託された者の被用者のような被害者と一体をなすとみられない者の過失はこれに含まれない」としている（最判昭42.6.27）。

4　妥当でない

判例は、「被用者がその使用者の事業の執行につき第三者との共同の不法行為により他人に損害を加えた場合において、右第三者が自己と被用者との過失割合に従つて定められるべき自己の負担部分を超えて被害者に損害を賠償したときは、右第三者は、被用者の負担部分について使用者に対し求償することができる」としている（最判昭63.7.1）。なお、当該判例が、不真正連帯債務の求償につき、自己の負担部分を超える額の賠償を要するとする点について、債権法改正後の民法下においてもこれが妥当するかについては争いがある。

5　妥当でない

判例は、不法行為に基づく損害賠償債務は、なんらの催告を要することなく、損害の発生と同時に遅滞に陥るとしている（最判昭37.9.4）。

ア 誤り

判例は、「内縁を不当に破棄された者は、相手方に対し婚姻予約の不履行を理由として損害賠償を求めることができるとともに、不法行為を理由として損害賠償を求めることもできる」としている（最判昭 33.4.11）。

イ 誤り

判例は、「事実上の夫婦の一方が他方の意思に基づかないで婚姻届を作成提出した場合においても、当時右両名に夫婦としての実質的生活関係が存在しており、後に右他方の配偶者が右届出の事実を知つてこれを追認したときは、右婚姻は追認によりその届出の当初に遡つて有効となる」としている（最判昭 47.7.25）。

ウ 誤り

民法 748 条 1 項は、「婚姻の取消しは、将来に向かってのみその効力を生ずる。」と規定している。そして、743 条は、「婚姻は、次条から第 747 条までの規定によらなければ、取り消すことができない。」と規定し、744 条 1 項本文は、「第 731 条から第 736 条までの規定に違反した婚姻は、各当事者、その親族又は検察官から、その取消しを家庭裁判所に請求することができる。」と規定している。744 条 1 項に掲げられている 733 条は、再婚禁止期間の規定である。

エ 正しい

民法 744 条 1 項本文は、「第 731 条から第 736 条までの規定に違反した婚姻は、各当事者、その親族又は検察官から、その取消しを家庭裁判所に請求することができる。」と規定している。そして、731 条は、「婚姻は、18 歳にならなければ、することができない。」と規定している。

オ 正しい

民法 767 条 1 項は、「婚姻によって氏を改めた夫又は妻は、協議上の離婚によって婚姻前の氏に復する。」と規定している。

以上により、正しいものの組合せは選択肢 5 であり、正解は 5 となる。

❖ 商 法 ❖

ア 誤り

商法 4 条 1 項は、「この法律において『商人』とは、自己の名をもって商行為をすることを業とする者をいう。」と規定している。

イ　正しい

商法4条2項は、「店舗その他これに類似する設備によって物品を販売することを業とする者又は鉱業を営む者は、商行為を行うことを業としない者であっても、これを商人とみなす。」と規定している。

ウ　正しい

商法503条2項は、「商人の行為は、その営業のためにするものと推定する。」と規定している。

エ　正しい

商法501条柱書は、「次に掲げる行為は、商行為とする。」と規定し、同条3号は、「取引所においてする取引」を掲げている。

オ　誤り

商法502条柱書は、「次に掲げる行為は、営業としてするときは、商行為とする。ただし、専ら賃金を得る目的で物を製造し、又は労務に従事する者の行為は、この限りでない。」と規定し、同条4号は、「運送に関する行為」を掲げている。

以上により、誤っているものの組合せは選択肢2であり、正解は2となる。

| **問題37** | **正解** 1 | 会社法（設立における発起人等の責任等） | ランク **B** | 正答率 **42.4%** |

➡ 総合テキスト　Chapter 7 **2**

ア　正しい

会社法56条は、「株式会社が成立しなかったときは、発起人は、連帯して、株式会社の設立に関してした行為についてその責任を負い、株式会社の設立に関して支出した費用を負担する。」と規定している。

イ　正しい

会社法52条の2第1項柱書は、「発起人は、次の各号に掲げる場合には、株式会社に対し、当該各号に定める行為をする義務を負う。」と規定し、同項1号は、「第34条第1項の規定による払込みを仮装した場合　払込みを仮装した出資に係る金銭の全額の支払」と規定している。

ウ　誤り

会社法53条1項は、「発起人、設立時取締役又は設立時監査役は、株式会社の設立についてその任務を怠ったときは、当該株式会社に対し、これによって生じた損害を賠償する責任を負う。」と規定している。そして、55条は、「……第53条第1項の規定により発起人、設立時取締役又は設立時監査役の負う責任は、総株主の同意がなければ、免除することができない。」と規定している。

エ　誤り

会社法53条2項は、「発起人、設立時取締役又は設立時監査役がその職務を行うについて悪意又は重大な過失があったときは、当該発起人、設立時取締役又は設立時監査役は、

これによって第三者に生じた損害を賠償する責任を負う。」と規定している。

オ　誤　り

会社法52条1項は、「株式会社の成立の時における現物出資財産等の価額が当該現物出資財産等について定款に記載され、又は記録された価額（定款の変更があった場合にあっては、変更後の価額）に著しく不足するときは、発起人及び設立時取締役は、当該株式会社に対し、連帯して、当該不足額を支払う義務を負う。」と規定している。

以上により、正しいものの組合せは選択肢1であり、正解は1となる。

問題38　**正解 4**　**会社法（取締役の報酬等）**　ランク **B**　正答率 **39.6%**

➡ 総合テキスト　Chapter 6 **3**

1　正しい

会社法361条1項柱書は、「取締役の報酬、賞与その他の職務執行の対価として株式会社から受ける財産上の利益（以下この章において『報酬等』という。）についての次に掲げる事項は、定款に当該事項を定めていないときは、株主総会の決議によって定める。」と規定し、同項1号は、「報酬等のうち額が確定しているものについては、その額」を掲げている。

2　正しい

会社法361条1項柱書は、「取締役の報酬、賞与その他の職務執行の対価として株式会社から受ける財産上の利益（以下この章において『報酬等』という。）についての次に掲げる事項は、定款に当該事項を定めていないときは、株主総会の決議によって定める。」と規定し、同項6号は、「報酬等のうち金銭でないもの（当該株式会社の募集株式及び募集新株予約権を除く。）については、その具体的な内容」を掲げている。

3　正しい

会社法361条6項は、「監査等委員会が選定する監査等委員は、株主総会において、監査等委員である取締役以外の取締役の報酬等について監査等委員会の意見を述べることができる。」と規定している。

4　誤　り

会社法361条2項は、「監査等委員会設置会社においては、前項各号に掲げる事項は、監査等委員である取締役とそれ以外の取締役とを区別して定めなければならない。」と規定している。そして、同条1項2号は、「報酬等のうち額が確定していないものについては、その具体的な算定方法」を掲げている。

5　正しい

会社法409条1項は、「報酬委員会は、執行役等の個人別の報酬等の内容に係る決定に関する方針を定めなければならない。」と規定している。

問題39　正解 4　会社法（監査等委員会設置会社・指名委員会等設置会社）

ランク **C**　正答率 **35.5%**

➡ 総合テキスト　Chapter 6 **9 10**

1　正しい

　会社法327条4項は、「監査等委員会設置会社及び指名委員会等設置会社は、監査役を置いてはならない。」と規定している。

2　正しい

　会社法327条6項は、「指名委員会等設置会社は、監査等委員会を置いてはならない。」と規定している。

3　正しい

　会社法327条1項柱書は、「次に掲げる株式会社は、取締役会を置かなければならない。」と規定し、同項3号は、「監査等委員会設置会社」を掲げている。

4　誤 り

　会社法327条4項は、「監査等委員会設置会社及び指名委員会等設置会社は、監査役を置いてはならない。」と規定している。また、同条2項においても、「取締役会設置会社（監査等委員会設置会社及び指名委員会等設置会社を除く。）は、監査役を置かなければならない。ただし、公開会社でない会計参与設置会社については、この限りでない。」と規定している。

5　正しい

　会社法327条5項は、「監査等委員会設置会社及び指名委員会等設置会社は、会計監査人を置かなければならない。」と規定している。

問題40　正解 1　会社法（剰余金の配当）

ランク **C**　正答率 **23.4%**

➡ 総合テキスト　Chapter 10 **1**

1　正しい

　剰余金の配当とは、株式会社が、株主に対し、その有する株式の数に応じて、会社の財産（配当財産）を分配する行為のことをいい、営利を目的とする株式会社の本質的要素である（会社法105条1項1号、2項）。株式会社は、剰余金の配当をしようとするときは、株主総会の決議によって、剰余金の配当に関する事項を定めなければならない（454条1項）。この決議は、原則として、普通決議で足りる。

2　誤 り

　株式会社が剰余金の配当として交付する財産は、必ずしも金銭である必要はなく、金銭以外の財産を交付することも認められる（454条4項参照）。なお、その会社の株式等（株式、社債及び新株予約権）は、配当することができない（同条1項1号かっこ書、107条2項2号ホ参照）。

3 誤り

取締役会設置会社は、一事業年度の途中において1回に限り取締役会の決議によって剰余金の配当（配当財産が金銭であるものに限る。）をすることができる旨を定款で定めることができる（中間配当 454条5項）。これは、取締役会の決議によって株主への財産分配を認める特則である。

4 誤り

剰余金の配当により株主に対して交付する金銭等の帳簿価額の総額は、剰余金の効力発生日における分配可能額を超えてはならない（461条1項8号）。この規定に違反して株式会社が剰余金の配当をした場合には、金銭等の交付を受けた者及び剰余金の配当に関する職務を行った業務執行者は、会社に対し、連帯して、当該金銭等の交付を受けた者が受領した金銭等の帳簿価額に相当する金銭を支払う義務を負う（462条1項柱書）。ただし、業務執行者は、その職務を行うについて注意を怠らなかったことを証明したときは、当該義務を負わない（同条2項）。なお、会社債権者も、当該株主に対し、一定の額の支払請求権を有する（463条2項）。

5 誤り

選択肢4で解説したとおり、法の規定に違反して株式会社が剰余金の配当をした場合には、金銭等の交付を受けた株主は、会社に対し、交付を受けた金銭等の帳簿価額に相当する金銭を支払う義務を負う（462条1項柱書）。このことは、当該株主が、分配可能額を超えることにつき善意であるか否かにかかわらない。なお、当該株主が、分配可能額を超過することについて善意であるときは、会社に対する弁済義務を履行した業務執行者等は、当該株主に対して求償することができない（463条1項）。

多肢選択式

❖ 憲 法 ❖

問題41	地方議会の懲罰と司法権	ランク A	正答率 ア 61.1% イ 59.3% ウ 50.6% エ 80.2%

➡ 総合テキスト Chapter 10 **1**

ア 「1 過半数」	イ 「7 住民自治」
ウ 「10 中核的」	エ 「13 裁量」

本問は、普通地方公共団体の議会の議員に対する出席停止の懲罰の適否が、司法審査の対象となるかが争われた事件の最高裁大法廷判決（最大判令2.11.25）を題材としたものである。

同判例は、「普通地方公共団体の議会の議員は、当該普通地方公共団体の区域内に住所を有する者の投票により選挙され（憲法93条2項、地方自治法11条、17条、18条）、議会に議案を提出することができ（同法112条）、議会の議事については、特別の定めがある場合を除き、出席議員の過半数でこれを決することができる（同法116条）。そして、

議会は、条例を設け又は改廃すること、予算を定めること、所定の契約を締結すること等の事件を議決しなければならない（同法96条）ほか、当該普通地方公共団体の事務の管理、議決の執行及び出納を検査することができ、同事務に関する調査を行うことができる（同法98条、100条）。議員は、憲法上の<u>住民自治</u>の原則を具現化するため、議会が行う上記の各事項等について、議事に参与し、議決に加わるなどして、住民の代表としてその意思を当該普通地方公共団体の意思決定に反映させるべく活動する責務を負うものである。

　……出席停止の懲罰は、上記の責務を負う公選の議員に対し、議会がその権能において科する処分であり、これが科されると、当該議員はその期間、会議及び委員会への出席が停止され、議事に参与して議決に加わるなどの議員としての<u>中核的</u>な活動をすることができず、住民の負託を受けた議員としての責務を十分に果たすことができなくなる。このような出席停止の懲罰の性質や議員活動に対する制約の程度に照らすと、これが議員の権利行使の一時的制限にすぎないものとして、その適否が専ら議会の自主的、自律的な解決に委ねられるべきであるということはできない。そうすると、出席停止の懲罰は、議会の自律的な権能に基づいてされたものとして、議会に一定の<u>裁量</u>が認められるべきであるものの、裁判所は、常にその適否を判断することができるというべきである」としている。

　以上により、アには1の「過半数」、イには7の「住民自治」、ウには10の「中核的」、エには13の「裁量」が当てはまる。

❖ 行政法 ❖

問題42	一般的法理論 （行政契約）	ランク A	正答率 ア70.5% イ50.2% ウ81.3% エ63.3%

➡ 総合テキスト　Chapter 1 **1**、3 **5**

ア　「12　侵害留保説」　　イ　「19　市町村」
ウ　「7　公の施設」　　　　エ　「17　認可」

　本問は、侵害行政・給付行政の区別と行政契約に関するものである。

　国民に義務を課したり、国民の権利を制限したりするような行政作用については、法律の根拠が必要であるが、そうでない行政作用については、法律の根拠を要しないとする見解は、侵害留保説と呼ばれる。

　水道法6条2項は、「水道事業は、原則として市町村が経営するものとし、市町村以外の者は、給水しようとする区域をその区域に含む市町村の同意を得た場合に限り、水道事業を経営することができるものとする。」と規定しているから、水道事業は、原則として市町村が経営するものとされている。

　地方自治法244条3項は、「普通地方公共団体は、住民が公の施設を利用することについて、不当な差別的取扱いをしてはならない。」と規定しているところ、判例は、普通地方公共団体が営む水道事業に係る条例所定の水道料金を改定する条例のうち当該普通地方公共団体の住民基本台帳に記録されていない別荘に係る給水契約者の基本料金を別荘以外

の給水契約者の基本料金の 3.57 倍を超える金額に改定した部分が同条項に違反するものとして無効としている（最判平 18.7.14）。

道路運送法 9 条の 3 第 1 項は、「一般乗用旅客自動車運送事業を経営する者（以下『一般乗用旅客自動車運送事業者』という。）は、旅客の運賃及び料金……を定め、国土交通大臣の認可を受けなければならない。これを変更しようとするときも同様とする。」と規定し、11 条 1 項は、「一般旅客自動車運送事業者は、運送約款を定め、国土交通大臣の認可を受けなければならない。これを変更しようとするときも同様とする。」と規定しているから、公営バスの利用関係においては、事業主体である地方公共団体と利用者の間で運送契約が締結され、道路運送法により、運賃、料金及び運送約款が国土交通大臣の認可にかからしめられている。なお、13 条柱書は、「一般旅客自動車運送事業者（一般貸切旅客自動車運送事業者を除く。……）は、次の場合を除いては、運送の引受けを拒絶してはならない。」と規定し、一定の場合を除いて運送事業者に契約締結義務が課されている。

以上により、アには 12 の「侵害留保説」、イには 19 の「市町村」、ウには 7 の「公の施設」、エには 17 の「認可」が当てはまる。

問題43 　行政法総合（ふるさと納税制度）　｜ ランク **B** ｜ 正答率　ア **70.4**% イ **34.3**% ウ **54.8**% エ **67.4**%

➡ 総合テキスト　Chapter 3 **5**

ア　「9　国会」　　　**イ**　「11　過去に」
ウ　「20　明示的に」　**エ**　「7　委任の範囲」

本問は、ふるさと納税制度にかかる平成 31 年総務省告示第 179 号 2 条 3 号のうち、平成 31 年法律第 2 号の施行前における寄附金の募集及び受領について定める部分は、地方税法 37 条の 2 第 2 項の委任の範囲を逸脱した違法なものとして無効であるとされた事例に関する最高裁判所判決（最判令 2.6.30）を題材としたものである。

同判例は、「本件法律案は、具体的には、新制度の下においては、寄附金の募集を適正に実施する地方団体のみを指定の対象とし、指定対象期間中に基準に適合しなくなった場合には指定を取り消すことができるものとすることにより、当該制度の趣旨をゆがめるような返礼品の提供を行う地方団体を特例控除の対象外とするという方針を採るものとして作られ、国会に提出されたものといえる。他方、本件法律案について、過去に制度の趣旨をゆがめるような返礼品の提供を行った地方団体を新制度の下で特例控除の対象外とするという方針を採るものとして作られ、国会に提出されたことはうかがわれない。

そして、国会における本件法律案の審議の過程……をみても、総務大臣等の答弁において、寄附金の募集を適正に行う地方団体をふるさと納税の対象とするよう制度の見直しを行うと説明する一方で、指定に当たり地方団体の過去の募集実績を考慮するか否かが明確にされたとはいい難く、少なくとも、募集適正基準の内容として、他の地方団体との公平性を確保しその納得を得るという観点から、本件改正規定の施行前における募集実績自体をもって指定を受ける適格性を欠くものとすることを予定していることが明示的に説明さ

れたとはいえない。

　そうすると、本件法律案につき、<u>国会</u>において、募集適正基準が上記観点から本件改正規定の施行前における募集実績自体をもって指定を受ける適格性を欠くものとする趣旨を含むことが明確にされた上で審議され、その前提において可決されたものということはできない。

　……以上によれば、……本件告示2条3号の規定のうち、本件改正規定の施行前における寄附金の募集及び受領について定める部分は、地方税法37条の2第2項及び314条の7第2項の<u>委任の範囲</u>を逸脱した違法なものとして無効というべきである」と判示した。

　以上により、アには9の「<u>国会</u>」、イには11の「<u>過去に</u>」、ウには20の「<u>明示的に</u>」、エには7の「<u>委任の範囲</u>」が当てはまる。

記述式

❖ 行政法 ❖

問題44	行政法総合（行政行為・取消訴訟等）	ランク A

➡ 総合テキスト　Chapter 3 **2**、7 **3 4 5**

【解答例】処分②は、撤回と呼ばれ、Aは、処分②の取消訴訟を提起し、執行停止の申立てをすればよい。（43字）

　本問は、行政法における取消しと撤回の区別、及び取消訴訟とそれに関連する執行停止に関する問題である。

1　設問前段——取消しと撤回について

　行政行為の効力を失わせるものとして、講学上考えられるものには、「取消し」と「撤回」がある。

　両者の区別は、当該行政行為の効力を失わせる原因が、成立時の原始的な瑕疵によるものか、後発的事情によるものかにより判断され、前者の場合には「取消し」となり、後者の場合には「撤回」となる。

　本問において、処分②（使用許可処分の取消処分）は、2回目の催事の際に、Aが催事の内容を急遽変更し、B市に無断で、講演会に代えて有料の上映会を開催したことを理由になされている。そこで、後発的事情によるものといえる。

　したがって、本件の処分②は、講学上の「撤回」に当たる。

2　設問後段——訴訟選択について

　Aが3回目以降も予定どおりにC会館を使用するためには、処分②の効力を失わせることにより、処分①（使用許可処分）の効力を維持させればよいと考えられる。そこで、Aとしては、処分②の取消しを求める取消訴訟（行政事件訴訟法3条2項）を提起すればよい。

　なお、本問では、処分②の違法事由として、他の類似の事例において使用許可処分が

取り消されたことがなかったことから、平等原則違反等による裁量権の濫用がある旨を主張することが考えられる。

3　設問後段——仮の救済について

　　処分②の取消訴訟を提起するだけでは、請求認容判決がされるまで、処分②の撤回の効果は存続したままとなり（25条1項参照）、Aは、その間C会館を使用することができない。そこで、Aとしては、暫定的に処分②の効力を失わせるために、仮の救済として、処分②の執行停止（同条2項本文）の申立てをすればよい。

4　他の訴訟類型——仮の救済の検討

⑴　Aは、処分②について重大かつ明白な瑕疵はないと考えており、また、出訴期間（14条）が経過した等の事情もないことから、無効等確認訴訟（3条4項）を提起することは適切ではない。

⑵　Aは、処分②に関して自身の受ける損害は償うことのできない程のものではないと考えていることから、仮の義務付け（37条の5第1項）の要件に照らし、その申立てをすることは適切ではない。また、仮の義務付けの前提としての非申請型義務付け訴訟（3条6項1号）の提起については、上述のとおり、取消訴訟を提起することが可能であることから、補充性の要件（37条の2第1項）を満たさないと考えられるため、適切ではない。

❖ 民　法 ❖

問題45　契約不適合責任

➡ 総合テキスト　Chapter 32 ❷

ランク B

【解答例】Cが問題を重過失により知らない場合を除き、問題を知った時から1年以内に通知していないから。（45字）

　本問は、契約不適合責任に関する理解を問うものである。

　Aは、Cとの間で、エンジンに欠陥のないことを前提として中古自動車の売買契約を締結したところ、エンジンの欠陥があったことが判明したというのであるから、契約の「品質」に関する不適合があったといえる。そこで、Aは、Cに対して、契約不適合責任に基づく請求をすることが考えられる。

　契約不適合があった場合、一定の要件を満たせば、買主は、売主に対して、追完請求〔修補等〕、代金減額請求、損害賠償請求、契約の解除をすることができる（民法562条、563条、564条・415条・541条・542条）。

　もっとも、民法566条は、「売主が種類又は品質に関して契約の内容に適合しない目的物を買主に引き渡した場合において、買主がその不適合を知った時から1年以内にその旨を売主に通知しないときは、買主は、その不適合を理由として、履行の追完の請求、代金の減額の請求、損害賠償の請求及び契約の解除をすることができない。ただし、売主が引渡しの時にその不適合を知り、又は重大な過失によって知らなかったときは、この限りで

ない。」と規定している。

　本問では、Aは、令和3年5月4日にエンジンの欠陥に気づいていたにもかかわらず、令和4年5月4日を経過するまでに、Cに対して、何らの通知をしていない。そのため、Aは、品質に関する契約不適合を知った時から1年以内にその旨を通知していないことから、Cに対して、契約不適合責任を追及することはできないのが原則である。

　もっとも、本問では、Cは引渡し時に中古自動車のエンジンの欠陥を知らなかったものの、重過失によって知らなかったというのであれば、Aは、Cに対して、契約不適合責任に基づく請求をすることができる。

　以上により、Aは、Cが引渡し時に中古自動車のエンジンの欠陥を知らないことについて重過失であるときを除いて、当該問題を知った時から1年以内にCに対して通知をしていないため、契約不適合責任に基づく請求をすることができないこととなる。

問題46　配偶者居住権　　　ランク **B**

→ 総合テキスト　Chapter 43 **2**

【解答例】 配偶者居住権と呼び、相続開始時にAが甲建物に居住し、遺産分割により当該権利を取得したとき。（45字）

1　民法1028条1項柱書本文は、「被相続人の配偶者……は、被相続人の財産に属した建物に相続開始の時に居住していた場合において、次の各号のいずれかに該当するときは、その居住していた建物……の全部について無償で使用及び収益をする権利……を取得する。」と規定している。この権利は「配偶者居住権」と呼ばれる（同項柱書本文かっこ書）。

　そして、配偶者居住権を取得する場合として、「①　遺産の分割によって配偶者居住権を取得するものとされたとき。」、及び「②　配偶者居住権が遺贈の目的とされたとき。」が掲げられている（同項各号）。また、1029条は、家庭裁判所の審判による配偶者居住権の取得につき規定するが、本問では考慮しないものとされている。

　配偶者居住権の存続期間について、1030条は、原則として「配偶者の終身の間」であるとし、「遺産の分割の協議若しくは遺言に別段の定めがあるとき、又は家庭裁判所が遺産の分割の審判において別段の定めをしたときは、その定めるところによる」としている。

2　本問では、「被相続人〔B〕の配偶者」であるAが、「原則として終身の間」、甲建物を「無償で使用収益をする法定の権利」を取得する場合について問われていることから、ここでいう権利として、「配偶者居住権」が挙げられる。

　そこで、1028条1項柱書本文の規定上、本問の解答として求められている配偶者居住権の取得要件の1つとして、Aが甲建物に「相続開始の時に居住していた場合」を挙げることになる。

　また、Bは「遺言をすることなく死亡した」とされていることから、1028条1項各

号の規定上、本問で解答として求められている配偶者居住権の取得要件の1つとして、同項1号の「遺産分割」による場合を挙げることになる。

なお、同項ただし書は、「被相続人が相続開始の時に居住建物を配偶者以外の者と共有していた場合」には、配偶者居住権を取得しないとするところ、本問では、甲建物は「Bが単独で所有していた」とされていることから、当該規定には該当しない。

3　配偶者居住権制度は、配偶者のために居住建物の使用収益権限を認めることによって、配偶者が居住建物の所有権を取得する場合に比べて、低廉な価額で居住権を確保することができるようにすること等を目的とするものである。

例えば本問の場合、従来では、Aが甲建物（2000万円）の所有権を単独で相続するとしたときには、法定相続分（2分の1）によれば、もう1つのBの相続財産である預貯金（2000万円）については、原則としてCが全額を相続することになる。

これに対して、配偶者居住権制度のもとでは、甲建物につき、Aが配偶者居住権を取得しつつ、Cが負担付所有権を取得することとし、仮に配偶者居住権と負担付所有権がいずれも1000万円とするならば、Aは、Bの預貯金からも1000万円（2000万円×2分の1）を相続することができるようになる。これにより、Aは、居住場所と生活費のいずれも確保することができる。

一 般 知 識 等

❖ 政治・経済・社会 ❖

| 問題47 | 正解 1 | 戦後の歴代内閣 | ランク B | 正答率 51.5% |

➡ 総合テキスト　Chapter 1 **6**

ア　鳩山一郎内閣

1954年、吉田茂内閣が退陣するとともに、鳩山一郎内閣が成立した。鳩山一郎内閣は、1956年に日ソ共同宣言に調印し、ソ連との国交を回復した。その結果、日本の国際連合加盟が実現した。

イ　中曽根康弘内閣

中曽根康弘内閣は、第2次臨時行政調査会の方針を受け、行政・財政改革や税制改革を進め、規制緩和や金融自由化、民間活力の導入による経済の活性化を目指し、1985年には電電公社と専売公社、1987年には国鉄の民営化を実現した。

ウ　田中角栄内閣

田中角栄内閣は、1972年に日中共同声明を発表し、日中の国交を正常化するとともに、産業を全国の地方都市に拡張するという列島改造論を打ち出した。この列島改造論による土地投機は、1973年の第1次石油危機とともに、狂乱物価の原因となった。

エ　宮澤喜一内閣

宮澤喜一内閣は、バブル経済崩壊の兆しを見せはじめた経済状況の下、「品格ある国・

生活大国」の建設を政策目標に掲げ、国民生活の充実を重視する方向への転換を宣言した。また、国連平和維持活動（PKO）への協力を推進し、PKO協力法（国際平和協力法）を成立させ、この法律に基づき、自衛隊がカンボジアに派遣された。

オ　小渕恵三内閣

小渕恵三内閣は、デフレスパイラル回避のため、「経済再生内閣」と位置づけられ、積極財政へと明確な転換を図った。また、日本の周辺地域で平和と安全に重要な影響を与える武力紛争等が発生した時に、日米安全保障条約を効果的に運用し、日本の平和と安全に役立てることを目的とした周辺事態法を成立させた。

以上により、内閣の組合せとして妥当なものは選択肢1であり、正解は1となる。

問題48　**正解 5**　**核をめぐる動き**　ランク **B**　正答率 **69.3%**

A　中　国

中国は、1964年に初の核実験を行い、核保有国の仲間入りをした。

B　核兵器不拡散条約（NPT）

核兵器不拡散条約（NPT）は、アメリカ、ロシア、イギリス、フランス、中国の5か国を「核兵器国」、それ以外の国を「非核兵器国」とし、これら5か国から非核兵器国への核拡散を防ぎ、核兵器国に核軍縮交渉を義務付けるとともに、非核兵器保有国の核兵器製造を禁止し、原子力（核）の平和的利用を図ることを目的とするものである。

C　北朝鮮

北朝鮮は、1993年及び2003年に、核兵器不拡散条約（NPT）からの脱退を宣言し、2006年に最初の核実験を実施した。北朝鮮の核実験はその後も、2009年、2013年、2016年、2017年と続いたが、2018年6月に核実験の中止を発表した。

D　中距離核戦力（INF）全廃条約

中距離核戦力（INF）全廃条約は、アメリカとソ連の間で1987年に締結され、射程500〜5500kmの中距離ミサイルを禁止した。しかし、アメリカのトランプ大統領は、ロシアが配備した新型巡航ミサイルが条約に反していると指摘し、両国で協議を重ねたが決裂し、同条約は2019年8月2日に失効した。

E　核兵器禁止条約

2017年7月、核兵器の全面廃止・根絶を目指して、核兵器の開発・保有・使用等を法的に禁止する「核兵器禁止条約」が採択され、条約発効に必要な50か国による批准が行われたことにより、2021年1月22日に発効した。しかし、この条約には、アメリカの「核の傘」に依存する日本や韓国、核保有国のアメリカ、ロシア、イギリス、フランス、中国等は参加していない。

以上により、語句の妥当な組合せは選択肢5であり、正解は5となる。

1　妥当である

　IMF（国際通貨基金）協定下の固定相場制における1ドル360円の固定レートは1971年8月のニクソン・ショックまで続いた。ニクソン・ショック後に、世界の通貨は一時変動相場制へ移行したが、同年12月のスミソニアン合意により新たな固定為替レートへ復帰し、円は1ドル308円へと切り上げられた。しかし、スミソニアン合意による通貨再調整によっても、世界の貿易不均衡や通貨不安は収まらず、主要通貨は変動相場制へと移行した。

2　妥当である

　1985年9月のプラザ合意後の円高不況を避けるために公定歩合（現在の基準割引率および基準貸付利率）の引下げによる低金利政策を継続的に採用した結果、株価、地価などの資産価格が異常に値上がりするバブル経済を迎えた。

3　妥当である

　1995年に、円相場は戦後最高値（当時）を記録したが、円高が発生した背景には、国内要因としてバブル崩壊後、経常収支黒字が拡大して需給面から円買い圧力が増大したことや、国内投資家に外債投資に対する慎重さが見られたことなどが挙げられる。

4　妥当である

　逃避通貨とは、金融市場で発生したリスクを避けるために買われる比較的リスクが低い通貨のことをいい、買われた逃避通貨は価格が上昇する。2008年のリーマン・ショック以降の米国経済の停滞でドルへの信頼が揺らいだことや、2009年以降ユーロ参加国の一部で起こっている国家財政危機が原因で、ドルやユーロの代わりに、日本円は逃避通貨として選択されているといえる。

5　妥当でない

　ドルと円の相場は、2022年3月初めは1ドル＝115円前後であったが、同年6月中旬時点では、1ドル＝135円台前半まで値下がりし、およそ24年ぶりとなる円安水準となった。その要因については、さまざまな見解があるが、主な要因の1つとして、記録的なインフレを抑えるために金融引き締めを急ぐアメリカの中央銀行に当たるFRB（連邦準備制度理事会）の政策と、大規模な金融緩和を続ける日本銀行の政策の方向性が異なっているために、日米の金利差が広がり、より利回りが見込める金利の高いドルを買って円を売る動きにつながっていることが挙げられている。

➡ 総合テキスト　Chapter 2 **5**

1　妥当でない

　インドは、2012年11月のRCEP交渉立上げ宣言以来、2019年11月の第3回RCEP首

脳会議に至るまでの7年間にわたり、交渉に参加してきたが、その後の交渉には参加しなかった。したがって、インドについては妥当である。しかし、オーストラリアは離脱を表明しておらず、発足時のRCEP協定に署名している。

2　妥当でない

RCEP協定の対象となる地域のGDP、貿易総額（輸出額）、人口は、2019年ベースで、それぞれ世界の約3割を占めるとされている。

3　妥当である

そのとおりである。

4　妥当でない

TPP協定は、オーストラリア、ブルネイ、カナダ、チリ、日本、マレーシア、メキシコ、ニュージーランド、ペルー、シンガポール、アメリカ及びベトナムの合計12か国で、交渉が進められてきた経済連携協定であり、発足時から韓国は参加していない。なお、2022年、参加申請をしている。また、RCEP協定の参加国は、ASEAN10か国（ブルネイ、カンボジア、インドネシア、ラオス、マレーシア、ミャンマー、フィリピン、シンガポール、タイ、ベトナム）、日本、中国、韓国、オーストラリア及びニュージーランドであり、韓国は発足時から参加している。

5　妥当でない

アメリカは、トランプ大統領（当時）が2017年1月にTPP協定からの離脱を表明したので、この点に関する記述は妥当である。しかし、バイデン大統領は、TPP協定に復帰する方針を示していないため、この点に関する記述は妥当でない。

問題51　**正解** 4　**近年の日本の食料・環境**　ランク **B**　正答率 **80.8%**

➡ 総合テキスト　Chapter 3 **2**

1　妥当である

パリ協定の枠組みのもとにおける我が国の温室効果ガス排出削減目標の達成や災害防止等を図るため、森林整備等に必要な地方財源を安定的に確保する観点から、森林環境税が創設された。森林環境税は、2024年度から国内に住所を有する個人に対して課税される国税であり、市区町村において、個人住民税均等割とあわせて一人年額1,000円が課税される。

2　妥当である

プラスチックのフィルムの厚さが50マイクロメートル以上であり、繰り返し使用を推奨する旨の記載又は記号が表示されているプラスチック製買物袋は、有料化の対象とはなっていない。

3　妥当である

中食産業の市場規模は、増加傾向で推移しており、2019年の市場規模は7.3兆円である。

4　妥当でない

　過疎地域のみならず都市部においても、高齢化や単身世帯の増加、地元小売業の廃業、既存商店街の衰退等により、高齢者等を中心に食料品の購入や飲食に不便や苦労を感じる方（いわゆる「買い物難民」、「買い物弱者」、「買い物困難者」）が増えてきており、「食料品アクセス問題」として社会的な課題になっている。

5　妥当である

　2015年9月に国際連合で採択された「持続可能な開発のための2030アジェンダ」で定められている「持続可能な開発目標」（Sustainable Development Goals：SDGs）のターゲットの1つに、2030年までに小売・消費レベルにおける世界全体の一人当たりの食品廃棄物を半減させることが盛り込まれる等、国際的な食品ロス削減の機運が近年高まっている。我が国においても、食品ロス削減の取組みを「国民運動」として推進するため、2019年に食品ロス削減推進法（食品ロスの削減の推進に関する法律）が公布・施行され、2020年3月には、基本方針（「食品ロスの削減に関する基本的な方針」）が閣議決定された。

問題52　　**正解 4**　　交通等　　ランク **C**　　正答率 **36.1%**

ア　妥当でない

　令和4年版国土交通白書によると、超電導リニアを採用した中央新幹線（リニア中央新幹線）は、2027年に品川・名古屋間、2037年に大阪までの全線が開業予定であり、それに向けて山梨実験線の活用や、品川駅から名古屋駅間でトンネル等の工事が進められている。

イ　妥当である

　そのとおりである。国土交通省は、地域や観光地の移動手段の確保・充実や公共交通機関の維持・活性化を進めるため、新たなモビリティサービスであるMaaSの全国への普及を推進している。2020年度よりMaaSの普及にあたっての基盤整備の一環として、(1) AIオンデマンド交通の導入、(2) キャッシュレス決済の導入、(3) 運行情報等のデータ化の3つのメニューに対して支援することとしており、新たに31事業者に交付決定が行なわれた。

ウ　妥当でない

　令和4年版国土交通白書によると、ETCは、今や日本全国の高速道路及び多くの有料道路で利用可能であり、全国の高速道路での利用率は2022年3月時点で約93.8%となっており、9割を超えている。従来、高速道路の渋滞原因の約3割を占めていた料金所渋滞はほぼ解消され、CO_2排出削減等、環境負荷の軽減にも寄与している。

エ　妥当である

　道路交通法の改正により、自動車について、あおり運転等の妨害運転により道路における著しい交通の危険を生じさせた場合は、最高で5年の懲役又は100万円の罰金が科されることとなった（道路交通法117条の2の2第11号〔現行・第1項8号〕、117条の2第6号

〔現行・第1項4号〕）。また、自転車についても、道路交通法施行令の改正により、自転車のあおり運転に当たる「妨害運転」も新たに規定され、逆走、幅寄せ、ベルを執拗に鳴らす等の行為が摘発の対象となった。自転車利用者が14歳以上の場合、あおり運転のような危険行為を3年間に2回以上違反すると、3時間の自転車安全講習を受講する義務が発生し、所定の期間内に受講しないと5万円以下の罰金刑を受ける（道路交通法施行令41条の3、道路交通法108条の3の5、120条1項17号）。

オ　妥当でない

道路交通法101条の4第2項により、「免許証の更新を受けようとする者で更新期間が満了する日における年齢が75歳以上のものは、更新期間が満了する日前6月以内にその者の住所地を管轄する公安委員会が行った認知機能検査を受けていなければならない。」と定められている。そして、103条1項柱書本文により、「免許を受けた者が次の各号のいずれかに該当することとなったときは……公安委員会は、政令で定める基準に従い、その者の免許を取り消し、又は6月を超えない範囲内で期間を定めて免許の効力を停止することができる。」と規定され、同項1号の2で「認知症であることが判明したとき」と定めている。したがって、認知症が判明したときは、免許証の返納の義務付けではなく、免許の取消し又は6月以内での免許の効力の停止がなされる。

以上により、妥当なものの組合せは選択肢4であり、正解は4となる。

問題53　**正解2**　日本の宇宙開発　　ランク **B**　正答率 **33.8**%

ア　妥当である

そのとおりである。宇宙開発利用の推進において大きな成果を収める、先導的な取組みを行う等、宇宙開発利用の推進に多大な貢献をした優れた成功事例に関し、その功績をたたえることにより、我が国の宇宙開発利用のさらなる進展や宇宙開発利用に対する国民の認識と理解の醸成に寄与することを目的とした表彰制度として、宇宙開発利用大賞が設けられている。

イ　妥当でない

みちびき（準天頂衛星システム）とは、準天頂軌道の衛星が主体となって構成されている日本の衛星測位システムであり、日本版GPSと呼ぶこともある。みちびきに対応したさまざまな製品がこれまでに開発・実用化されており、スマートウオッチもすでに実用化されている。

ウ　妥当でない

アルテミス合意は、アメリカ提案の国際宇宙探査「アルテミス計画」を含む広範な宇宙空間の各国宇宙機関による民生宇宙探査・利用の諸原則（宇宙空間の遺産の保全や宇宙活動の衝突回避等）について、関係各国の共通認識を示すことを目的とした政治的宣言である。日本は、2020年10月にこの合意に署名している。

エ 妥当でない

宇宙基本法に基づき、宇宙開発利用に関する施策を総合的かつ計画的に推進するため、内閣に、宇宙開発戦略本部が置かれている（25条参照）。宇宙開発戦略本部の所掌事務は、1. 宇宙基本計画の案の作成及び実施の推進に関すること、2. 1に掲げるもののほか、宇宙開発利用に関する施策で重要なものの企画に関する調査審議、その施策の実施の推進及び総合調整に関すること、と規定されている（26条）。

オ 妥当である

そのとおりである。小惑星探査機「はやぶさ2」は、2010年6月に、小惑星「イトカワ」からサンプルを採取し地球に帰還させた小惑星探査機「はやぶさ」の後継機である。2020年12月に、地球に帰還させたカプセルに入っていた「はやぶさ2」が小惑星「リュウグウ」から採取したサンプルは、太陽系の起源・進化と生命の原材料物質を解明することが期待されている。

以上により、妥当なものの組合せは選択肢2であり、正解は2となる。

❖ 情報通信・個人情報保護 ❖

問題54 | **正解** 3 | 次世代技術・デジタル技術 | ランク **B** | 正答率 **29.9%**

ア CNF

CNFとは、セルロースナノファイバーのことであり、植物由来の次世代素材である。CNFは、木材等から化学的・機械的処理により取り出されたナノサイズの繊維状物質で、高い比表面積を有しており、軽量でありながら高い強度や弾性率を持つという特徴がある。それらの特徴を踏まえ、CNFを使った商品化やその商品の使用により、環境面でCO_2の削減等のさまざまな効果を期待することができるとされている（出典：「脱炭素・循環経済の実現に向けたセルロースナノファイバー利活用ガイドライン　要約版」ver.1.0（令和3年3月）（環境省）、環境省ウェブサイト）。

イ スーパーアプリ

問題文に挙げたSNS、決済、電子商取引以外にも、メッセージング、送金、タクシー配車、飛行機・ホテル予約といったアプリケーションも、スーパーアプリでは、統合されている（出典：「令和2年版情報通信白書」（総務省））。

ウ RPA

RPAとは、Robotics Process Automation（ロボットによる業務自動化）の略語である。RPAは、業務の優先順位、コストが投資収益率に見合わない等の観点からシステム化が見送られてきた手作業の業務プロセスを、作業の品質を落とさず、比較的低コストかつ短期間で導入できるという特徴があり、現在、注目を集めている。

エ ランサムウェア

ランサムウェア（Ransomware）とは、「Ransom（身代金）」と「Software（ソフトウェア）」を組み合わせて作られた名称であり、コンピュータウィルスの一種である。感染

した端末の中のファイルが暗号化されるのみではなく、その端末と接続された別のストレージも暗号化される場合がある（出典：警察庁ウェブサイト）。

オ　データエコノミー

　今後、AI（人工知能：Artificial Intelligence）やIoT（もののインターネット：Internet of Things）が普及すれば、データエコノミーによる社会への影響が大きくなるため、データの利活用には、ルールの高度な整備や個人の権利意識が一層重要となるとされている。

　以上により、略語等の組合せとして妥当なものは選択肢3であり、正解は3となる。

問題55　**正解 5**　**著作権法**　｜ランク **C**｜正答率 **21.5%**

　著作物をめぐる近時の社会状況の変化等に適切に対応するため、インターネット上の海賊版対策をはじめとした著作権等の適切な保護を図るための措置や、著作物等の利用の円滑化を図るための措置を講ずるものとして、「著作権法及びプログラムの著作物に係る登録の特例に関する法律の一部を改正する法律」が、2020年（令和2年）6月に成立・公布された。本問は、この法律により改正された著作権法の「侵害コンテンツのダウンロードを違法」とする規定（30条1項4号）について問うものである（参照：文化庁「侵害コンテンツのダウンロード違法化に関するQ&A（基本的な考え方）・改正法成立後版」）。

1　明らかに妥当でないとはいえない

　著作権法30条1項4号の規定により違法となるのは、侵害コンテンツを意図的・積極的にダウンロードする場合であり、侵害コンテンツであっても、単に視聴・閲覧するだけであれば、違法になるものではないとされている。

2　明らかに妥当でないとはいえない

　著作権法30条1項4号の規定により違法となるのは、「著作権……を侵害する自動公衆送信……を受信して行うデジタル方式の複製」であるところ、プリントアウトは「デジタル方式の複製」に当たらない。したがって、違法とはならない。

3　明らかに妥当でないとはいえない

　著作権法30条1項4号は、「軽微なもの」を除外事由として規定している（同号かっこ書）。「数十ページで構成される漫画の1コマ～数コマをダウンロードすること」は、その著作物全体の分量からみて、ダウンロードされる分量がごく小さい場合といえ、「軽微なもの」に当たる。したがって、違法とはならない。

4　明らかに妥当でないとはいえない

　著作権法30条1項4号は、二次創作・パロディ（二次的著作物）を違法化対象から除外している（同号かっこ書）。これは、二次創作・パロディ（二次的著作物）のダウンロードについては、①二次創作によって原作の売上に悪影響を与えることは想定しづらいこと、②実態として二次創作は黙認されている場合が多く、新たな若手クリエイターを育てる等コンテンツ産業の発展に重要な機能を果たしているとも考えられること等を理由に、

違法ではないとするものである。

5　明らかに妥当でない

　従前は、被害実態等を考慮して対象著作物を音楽・映像に限定してきた。しかし、昨今、漫画に限らず、コンピュータソフトウェアや学術論文、新聞等についても、違法アップロードにより多大な被害が生じている実態があることから、改正により、著作権法30条1項4号は、著作物の種類・分野を問わず、著作物全般のダウンロードを違法化の対象としている。したがって、学術論文や新聞をダウンロードすることは、違法となり得る。

問題56　**正解 5**　**マイナンバー制度**　　ランク **A**　　正答率 **69.3**%

➡ 総合テキスト　Chapter 4 **5**

〈本問の出典〉

総務省ウェブサイト（https://www.soumu.go.jp/kojinbango_card/01.html）

デジタル庁ウェブサイト（https://www.digital.go.jp/policies/mynumber/）等

1　妥当である

　マイナンバーカード発行時の年齢が18歳以上の者のマイナンバーカードの有効期間は、発行の日から10回目の誕生日までとされている。これに対して、マイナンバーカード発行時の年齢が18歳未満の者のマイナンバーカードの有効期間については、容姿の変動が大きいことから、顔写真を考慮して5回目の誕生日とされている。なお、令和4年3月31日までに交付申請された20歳未満の者のマイナンバーカードの有効期間は、5回目の誕生日までとされている。

2　妥当である

　マイナンバーカードの表面には、氏名、住所、生年月日、性別、顔写真、電子証明書の有効期限の記載欄、セキュリティコード、サインパネル領域、臓器提供意思表示欄が記載されている。

3　妥当である

　コンビニ交付は、マイナンバーカードを利用して、住民票の写し・印鑑登録証明書等をコンビニエンスストアで取得することができるサービスである。コンビニ交付サービスの提供市区町村は、1164市区町村（2023年4月24日時点）であり、順次拡大中である。

4　妥当である

　マイナンバーは一生使うものなので、原則として番号は一生変更されない。もっとも、マイナンバーが漏えいして、不正に使われるおそれがあると認められる場合には、本人の申請又は市区町村長の職権により、番号を変更することが可能である。

5　妥当でない

　マイナンバーとは、日本に住民票を有するすべての者が持つ12桁の番号である。したがって、外国籍の者であっても、中長期在留者、特別永住者等で日本に住民票を有する場合には、マイナンバーが付番される。

→ 総合テキスト　Chapter 4 **4**

1 定義に明らかに該当しないものを含んでいない

「個人情報」（個人情報保護法2条1項）とは、生存する個人に関する情報であって、氏名、生年月日その他の記述等により特定の個人を識別することができるもの（他の情報と容易に照合することができ、それにより特定の個人を識別することができるものを含む）、又は個人識別符号が含まれるものをいう。そして、「個人に関する情報」は、氏名、性別、生年月日等個人を識別する情報に限られず、個人の身体、財産、職種、肩書等の属性に関して、事実、判断、評価を表すすべての情報であり、評価情報、公刊物等によって公にされている情報や、映像、音声による情報も含まれる（個人情報の保護に関する法律についてのガイドライン（通則編）2－2－1）。

2 定義に明らかに該当しないものを含んでいる

「個人情報データベース等」（個人情報保護法16条1項）とは、特定の個人情報を、コンピュータを用いて検索することができるように体系的に構成した個人情報を含む情報の集合物、又はコンピュータを用いていない場合であっても、カルテや指導要録等、紙面で処理した個人情報を一定の規則（例えば、五十音順等）に従って整理・分類し、特定の個人情報を容易に検索することができるよう、目次、索引、符号等を付し、他人によっても容易に検索可能な状態に置いているものも該当する。そして、事業者の負担を考慮し、情報の性質及び利用方法からみて個人の権利利益を侵害するおそれの少ない情報の集合物については、「個人情報データベース等」から除外されることが想定されている。したがって、カルテや指導要録は、管理方法によっては「個人情報データベース等」に当たり得る。他方、市販の電話帳は、「個人情報データベース等」に当たらない（個人情報の保護に関する法律についてのガイドライン（通則編）2－2－4）。

3 定義に明らかに該当しないものを含んでいない

「匿名加工情報」（個人情報保護法2条6項）とは、特定の個人を識別することができないように個人情報を加工し、当該個人情報を復元できないようにした情報をいう。したがって、ポイントカードの購買履歴や交通系ICカードの乗降履歴、カーナビ等から収集される走行位置履歴等は、「匿名加工情報」に当たる（出典：個人情報保護委員会ウェブサイト）。

4 定義に明らかに該当しないものを含んでいない

「本人に通知」（個人情報保護法21条1項）とは、本人に直接知らしめることをいい、事業の性質及び個人情報の取扱状況に応じ、内容が本人に認識される合理的かつ適切な方法によらなければならない。したがって、チラシ等の文書を直接渡すことにより知らせることや口頭又は自動応答装置等で知らせること、電子メール、FAX等により送信し、又は文書を郵便等で送付することにより知らせることは、「本人に通知」に当たる（個人情報の保護に関する法律についてのガイドライン（通則編）2－2－14）。

5　定義に明らかに該当しないものを含んでいない

「公表」（個人情報保護法21条1項）とは、広く一般に自己の意思を知らせること（不特定多数の人々が知ることができるように発表すること）をいい、公表にあたっては、事業の性質及び個人情報の取扱状況に応じ、合理的かつ適切な方法によらなければならない。したがって、自社の店舗や事務所等、顧客が訪れることが想定される場所におけるポスター等の掲示、パンフレット等の備置き・配布や、通信販売の場合における通信販売用のパンフレット・カタログ等への掲載は、「公表」に当たる（個人情報の保護に関する法律についてのガイドライン（通則編）2－2－15）。

❖ 文章理解 ❖

| 問題58 | 正解 4 | 文章整序 | ランク A | 正答率 70.4% |

「オ→イ→エ→カ→ウ→ア」の順になり、3番目はエ、5番目はウとなる

1　空欄の前の文章では、学生が直面する「文系」と「理系」の2つの進路選択について述べられている。

　この点について、記述オ以外の各記述では、「美術」や「芸術」の語句がみられ、「文系」「理系」の進路選択とは話題が異なっていることから、内容的に空欄の前の文章とはつながらない。

　他方、記述オは、「美術」「芸術」の語句はなく、「この二分法に入らない進路」とある。そうすると、記述オでは、空欄の前の文章における「文系」「理系」の進路選択を「二分法」と評しつつ、その話題を転換して、これに「入らない進路」に関して述べていくことを示唆していると推測し得る。したがって、1番目の文は記述オである。

2　上述のとおり、記述オ以外の記述では、「文系」「理系」の分け方に当てはまらない進路の一例としての「美術」「芸術」について述べられていると推測し得る。

　この点について、記述イでは、「たとえば」として、一例を挙げることを示しつつ、「『美術』はどうだろう」としており、「美術」「芸術」の話題の導入をしている。したがって、記述オに続く文は記述イである（オ→イ）。

3　次に、記述エをみると、「美術」について、「文系か理系かという分け方以前の話」とある。この記述は、「美術」「芸術」が、上述の「文系」と「理系」の二分法に照らし、どのような位置づけであるかという点を確認し、その分け方には当てはまらないと評している点で、記述イの「『美術』はどうだろう」という問いかけに対する回答となっている。したがって、記述イに続く文は記述エである（オ→イ→エ）。

　また、記述カは、「つまり」として、前に述べた内容を換言することを示しつつ、「科学か芸術かという選択はそれ以前の問題」としているところ、ここでいう「それ以前」の「それ」とは、記述エの「文系か理系かという分け方」を指しているものと推測し得る。そうすると、記述カは、「科学か美術か」は、「文系」「理系」の二分法以前のもの、すなわち、この二分法には当てはまらないとするものであり、記述エの内容を換言して

いるといえる。したがって、記述エに続く文は記述カである（オ→イ→エ→カ）。

4　残りの記述アと記述ウを検討するにあたり、空欄の直後の文章を検討する。

　　この文章では、「仮にそうだとして」とし、ある事項を仮定しつつ、「人間はそのどちらかを『選択』しなければ、学ぶことができないのだろうか」として、学ぶことに際して、ある選択をすることへの疑問を呈している。

　　ここで、記述アをみると、世界が「科学と芸術とに二分される」ことへの疑問を投げかけている。そうすると、空欄直後の文章の「仮にそうだとして」は、記述アを受け、仮に「世界が科学と芸術に二分される」としても、の意味であり、空欄直後の文章では、そのように二分されるとしても、学ぶにあたってその選択をすることが本当に必要なのか、という主張が展開されていると推測し得る。

　　また、記述ウは、冒頭に「だがはたして」とあり、最初に視点の転換を図りつつ、「美術とは、それほど早い段階で選択しなければならないものなのか」として、記述アと空欄直後の文章と同様、科学と美術との二分、及びその選択に対して疑問を呈している。

　　そうすると、本文の流れとして、まず記述ウにおいて、もとより科学と美術の二分とすることに対して一石を投じつつ、その後の記述ア及び空欄直後の文章において、この点に対する筆者の考えを展開していることがわかる。

　　したがって、まず記述ウが入り、その後に記述アが空欄直後の文章につながる（オ→イ→エ→カの後に、ウ→ア）。

5　以上から、ア〜カを並べ替えた場合、オ→イ→エ→カ→ウ→アの順になり、3番目はエ、5番目はウとなる。

以上により、3番目と5番目になる文の組合せは選択肢4であり、正解は4となる。

問題59　**正解** 1　短文挿入　　ランク **B**　正答率 **42.1%**

Ⅰ　ア

(1)　本文第6段落において、贈り物の「最後の受け取り手」が「『……結構なものをいただいた』と思って、『お返し』をしようと決意した〈＝返礼義務を感じた〉そのときまでそれはタオンガ〈＝贈り物〉としては意識されていない」との記述がある。換言すれば、ある品物の受け取り手は、返礼義務を感じたときに、はじめてその受け取った物を贈り物として認識し得るようになるということである。

(2)　この点について、記述アでは、品物を受け取った者は、最初はそれを贈り物としては認識せず、それが次の人の手に渡っていった後、その返礼を受け取ったときに、受け取った品物が贈り物であったことを認識する旨が述べられているところ、この記述は、上記(1)の本文の内容と合致する。

(3)　他方、記述アと対比される記述イでは、最初の贈り物の受け取り手が「こんな結構な『贈り物』を独り占めしてはいけない」と感じたから「それを次の人に贈った」とある

が、上記(1)の本文の内容によれば、返礼義務を感じた受け取り手は、返礼（お返し）をするのであって、受け取った品物そのものを次の人に贈る旨の内容は本文では述べられていない。また、ある品物の受け取り手は、最初はそれを贈り物としては認識していないとする上記(1)の本文の内容とも合致しない。

(4) また、記述ウでは、最初の贈り物の受け取り手が「自分の元で退蔵すべきでないものをもらった」ので、「それを必要とする人にすぐに渡した」とあるが、本文（第5段落）において退蔵すべきではないとされているのは、「返礼」であり、「贈り物」そのものではない。また、返礼＝対価を「最初の贈り主に届けたとき」に、贈り物が「『贈り物』としての価値を持つようになったことに気づく」とあるが、これは、"返礼義務を感じたとき"に、はじめてその受け取った物を贈り物として認識し得るようになる旨を述べた上記(1)の本文の内容と合致しない。

(5) したがって、空欄Ⅰに入る文章として妥当なものは、記述アである。

Ⅱ エ

(1) 本文第7段落において、①「『これには価値がある』と思う〈＝これが贈り物であると思った、返礼義務を感ずる〉人が出現したときに価値〈＝ハウ〉もまた存在し始める」のであって、②「品物そのものに価値が内在するわけではありません」との記述がある。

(2) この点について、記述エでは、「返礼義務を感じたものの出現と同時に『ハウ』もまた出現する」、「『これは贈り物だ』と思った人の出現と同時に、贈り物は『ハウ』を持ち始める」とあり、これらの記述は、上述の本文①の内容と合致する。また、「贈り物そのものには『ハウ』は内在していない」との記述は、上述の本文②の内容と合致する。

(3) 他方、記述エと対照される記述オでは、「価値があると評する人が出現する……以前から、贈り物（タオンガ）は内なる価値（ハウ）を秘めている」とあるが、この記述は、品物そのものには価値は内在しないとする上述の本文②の内容と合致しない。

(4) また、記述カでは、「返礼義務を果たすことによって、はじめて価値（ハウ）もまた出現する」とあるが、上述の本文①では、ハウが出現する条件として、「返礼義務を果たす」ことまでを要するとはされていない。また、「その贈り物に『ハウ』が潜在していた」とあるが、この記述は、品物そのものには価値は内在しないとする上述の本文②の内容と合致しない。

(5) したがって、空欄Ⅱに入る文章として妥当なものは、記述エである。

以上により、組合せとして妥当なものは選択肢1であり、正解は1となる。

問題60 **正解** 5　空欄補充　　ランク **A**　正答率 **61.9%**

Ⅰ 原 義

本文第1段落に、「やさし」の本来の意味は、「対象に対してこちらが恥ずかしく、身の

痩せる思いをもつ」ことと記述されている。したがって、空欄　Ｉ　には、「その言葉が本来もっていた意味」である「原義」が入る。「由来」の意味は、「物事がそれを起源とするところ。また、物事が今までたどってきた経過。来歴」であり、「定義」の意味は、「物事の意味・内容を他と区別できるように、言葉で明確に限定すること」であるため、妥当ではない。

Ⅱ　他　罪

　空欄　Ⅱ　を含む文の次の文、「すべて悪いのは他人、自分はつねに被害者だという意識の流行である」が、空欄　Ⅱ　を含む文の言い換えになっている。したがって、選択肢の語句から「他罪」か「被害」のどちらかを入れるのが妥当であると予測できる。ここで、さらに文章を読み進めると、本文第６段落に、「むずかしい」の意味も「やさし」と同様に、心の状態の意味から対象の状態の意味へと本来の意味が変容しているとの記述がある。そして、同段落の「仕事や問題に罪があって、これらに対して自分の抱く心が錯乱しているとは、だれも気づいていない」の一文は、最近の人々の意識を示しているものと読み取れるので、筆者の考えとしては、「対象」すなわち「他人」に対して罪があるとする「他罪」が入るのが妥当であると判断できる。

Ⅲ　欠　落　Ⅳ　剝　離

(1)　「やさし」の意味の変容について

　　本文では、第１段落から第５段落にかけて、「やさし」ということばの意味の変容について述べられており、「やさし」ということばは、本来は"自分の心"の状態を意味するものであったが、現在では、"相手"や"対象"の状態をあらわすものになっていると指摘されている。換言すれば、「やさし」という一つのことばから、そのことばが本来的に持っていたもの＝"自分の心の状態"が離れてしまった、あるいは欠け落ちてしまっていると評することができ、このことについて本文では、「自らを痩せる思いに駆りたてることの　Ⅲ　」、「本来の心が　Ⅳ　している」と表現しているものと解される。

(2)　空欄　Ⅲ　について

　　「欠乏」の意味は、「乏しいこと。不足すること」、「欠陥」の意味は、「不備な点。不完全な点や欠けて足らないところ」、「欠落」の意味は、「一部分が欠け落ちること」である。上述の(1)で検討したように、「やさし」の意味の変容は、本来的に持っていた"自分の心の状態"を表す意味が欠け落ちた状態と捉えることができる。したがって、空欄　Ⅲ　に入る語句としては、「欠落」が最も妥当である。

(3)　空欄　Ⅳ　について

　　「乖離」の意味は、「そむきはなれること。結びつきがはなれること」、「剝離」の意味は、「はがれること。また、はがすこと」である。すなわち、「乖離」は、本来は結びついているべき"あるもの"と"別のもの"とが離れる（二つのものが離れていく、隔たりができる）ことを意味するのに対し、「剝離」は、ある一つのものに含まれていた一部分が離れていくことを意味するものといえる。上述の(1)で検討したように、本文で

は、「やさし」という"一つのことば"が本来的に持っていた意味（「本来の心」）が離れてしまっている、という点について言及している。したがって、空欄　Ⅳ　に入る語句としては、「剝離」が最も妥当である。なお、「離叛」の意味は、「従っていたものなどが、そむきはなれること」である。

Ⅴ　主　観

　本文第6段落の「むずかしい」の意味の変容について、「今日ではもっぱら対象の状態をしかいわない」とし、「仕事」と「問題」を「対象」の具体例として挙げている。空欄　Ⅴ　を含む文は、食べ物の味を「仕事」や「問題」といった「対象」よりも「　Ⅴ　的」であるとしている。「自省」の意味は、「自分の言動を反省すること」、「個人的」の意味は、「個人を主体とするさま」、「主観的」の意味は、「自分ひとりのものの見方・感じ方によっているさま」である。食べ物の味は、一人ひとりの感じ方によっているものであるから、空欄　Ⅴ　には「主観」が入るのが妥当である。

以上により、組合せとして妥当なものは選択肢5であり、正解は5となる。

第2回

模擬試験
解答・解説

（5肢択一式）1問につき4点

科目	問題番号	テーマ	正解	ご自身の解答	正誤	ランク	『総合テキスト』とのリンク ＊C＝Chapter
法基礎学	1	刑事手続	3			B	—
	2	民事訴訟法における証拠	4			B	—
憲法	3	非嫡出子相続分違憲決定	3			B	C3 **2**
	4	公務員の労働基本権	5			B	C2 **4**
	5	天　皇	4			A	C11 **2**
	6	憲法の改正及び最高法規性	2			C	C1 **1**、14 **1**
	7	北方ジャーナル事件	4			B	C3 **1**
行政法	8	違法性の承継	1			C	C3 **2**
	9	裁　量	3			B	C3 **3**
	10	行政上の義務履行確保	1			A	C3 **4**
	11	適用除外	5			A	C4 **8**
	12	審査基準	3			A	C4 **2**
	13	行政指導	3			A	C4 **4**
	14	審査請求人	5			A	C6 **4**
	15	執行停止	5			B	C6 **5**
	16	裁　決	4			A	C6 **6**
	17	原告適格	4			B	C7 **4**
	18	判決の効力等	3			A	C7 **6**
	19	仮の救済	4			B	C7 **7**
	20	国家賠償法　1条	4			A	C8 **2**
	21	国家賠償法　2条・3条	2			A	C8 **3**
	22	地方公共団体	5			C	C10 **2**
	23	条例と規則の関係	3			A	C13 **2**
	24	住民監査請求・住民訴訟	4			B	C12 **2**
	25	行政組織上の関係	4			A	C2 **2**
	26	品川マンション事件	5			B	C3 **5**
民法	27	無権代理	4			A	C8 **5**
	28	時　効	2			A	C10 **3 4 5**
	29	物権の成立	5			B	C12 **1**、13 **1**、14 **2 3**
	30	抵当権の消滅	1			A	C20 **8**
	31	連帯債務	3			A	C25 **4**
	32	受領権者としての外観を有する者に対する弁済等	5			B	C27 **2**
	33	契約の効力	1			A	C29 **1**、30 **2 4**、32 **2**
	34	請　負	5			B	C34 **1**
	35	遺　言	2			B	C42 **1 2 5**
商法	36	支配人	3			B	C1 **6**
	37	設立における出資の履行等	1			B	C7 **2**
	38	譲渡制限株式	4			C	C5 **4**
	39	役員等の責任	2			B	C6 **4 11**
	40	定款に定める事項	5			C	C5 **1**、C7 **2 3**

Aランク：条文や基本判例を中心とした基本知識に関する問題。必ず正解すべき問題
Bランク：比較的細かい条文や判例の知識に関する応用的な問題。半分以上は正解したい問題
Cランク：一定の知識があっても解答が困難な問題

科目	問題番号	テーマ				ランク	『総合テキスト』とのリンク
政治・経済・社会	47	第二次世界大戦後のソ連・ロシアの動向	5			B	—
	48	明治以降の日本の土地政策	4			C	—
	49	地域経済統合	5			A	C1 **7**
	50	現代日本の財政状況	3			A	C2 **2**
	51	日本のエネルギーや環境	4			B	—
	52	少子高齢化	2			B	C3 **1**
	53	日本の建造物等	1			B	—
	54	SDGs	3			C	C3 **2**
情報通信・個人情報保護	55	スマートシティに関する用語	4			C	—
	56	近年の日本のデジタル化の動向	4			B	C4 **1**
	57	個人情報保護法	2			A	C4 **4**
文章理解	58	空欄補充	2			B	—
	59	短文挿入	4			A	—
	60	文章整序（短文挿入）	5			A	—

（多肢選択式）１問につき８点　空欄（ア〜エ）１つにつき２点

科目	問題番号	テーマ		正解	ご自身の解答	正誤	ランク	『総合テキスト』とのリンク
憲法	41	夫婦同氏制の合憲性	ア	15			B	C3 **1**
			イ	20				
			ウ	6				
			エ	18				
行政法	42	行政立法・裁量基準	ア	18			A	C3 **5**、4 **2**
			イ	20				
			ウ	5				
			エ	14				
	43	国家賠償法　１条	ア	19			C	C8 **1** **2**
			イ	17				
			ウ	9				
			エ	14				

（記述式）１問につき20点

科目	問題番号	テーマ	解答例	配点基準	正誤	ランク	『総合テキスト』とのリンク
行政法	44	行政事件訴訟法（争点訴訟）	A市を被告として、本件裁決が無効であることを主張することになり、争点訴訟と呼ばれる。（42字）	「A市を被告（6点）」、「本件裁決が無効であることを主張（8点）」、「争点訴訟（6点）」		B	—
民法	45	抵当権の消滅・費用償還請求	Cに第三者弁済又は抵当権消滅請求をすればよく、Bに費用償還請求をすることができる。（41字）	「第三者弁済（6点）」、「抵当権消滅請求（6点）」、「費用償還請求（8点）」		A	C20 **4**
	46	債務の弁済	Cは保証債務を履行し、Dは第三者弁済をする。弁済をするについて正当な利益を有するため。（43字）	「保証債務を履行（6点）」、「第三者弁済（6点）」、「弁済をするについて正当な利益を有する（8点）」		B	C25 **5**、27 **2**

正答率：問題解説中にある正答率は、伊藤塾内で行った模擬試験の結果を元に推定した数値です。他の受験生がどの程度正解できるのかの目安となります。勉強の指針となるランクと併せて弱点を補強するために、ご活用ください。

法令等

5 肢択一式

❖ 基礎法学 ❖

問題1 **正解** 3 刑事手続 　ランク **B** 　正答率 **37.7%**

ア　告　発

告発について、刑事訴訟法239条1項は、「何人でも、犯罪があると思料するときは、告発をすることができる。」と規定している。告訴も、捜査機関に対し犯罪事実を申告し、犯人の処罰を求める意思表示をいうが、主体は、犯罪の被害者その他の告訴権者と規定されている（230条以下）。したがって、空欄アには「告発」が当てはまる。

イ　逮　捕

被疑者の身体拘束のうち、逮捕は最大72時間の制限がある（刑事訴訟法203条1項、204条1項本文、205条1項、2項）。後述の勾留と比べて身体拘束期間が比較的短い。また、拘留は、刑法の規定する主刑の1つである（刑法9条）。したがって、空欄イには「逮捕」が当てはまる。

ウ　勾　留

被疑者の身体拘束のうち、勾留は最大20日（内乱罪等は25日）の制限がある（刑事訴訟法208条1項、2項、208条の2）。前述の逮捕と比べて身体拘束期間が比較的長い。また、起訴後は、裁判官又は裁判所が被告人を勾留する（280条、60条1項）。したがって、空欄ウには「勾留」が当てはまる。

エ　起　訴

「公訴の提起」（刑事訴訟法256条1項）とは、裁判所に対し、刑事事件の審判を求める検察官の意思表示であるところ、これは起訴と同義である（同項参照）。略式命令は、略式手続によってされる裁判をいい、簡易裁判所が行う（461条前段）。したがって、空欄エには「起訴」が当てはまる。

オ　保　釈

保釈とは、保証金の納付を条件として、勾留中の被告人を現実の拘束状態から解放する制度をいう（刑事訴訟法88条以下）。正当な理由なく出頭しないときは保証金を没取するという心理的威嚇を加えて、直接の拘束を避けながら、被告人の公判への出頭及び刑の執行のための出頭を確保する（96条2項、3項）。これに対し、仮釈放とは、矯正施設に収容された者を、法律上在所を強制できる期限に先立ち、条件に違反したときには再び施設に収容する権限を留保して、施設から解放することをいう（刑法28条、29条1項、2項）。したがって、空欄オには「保釈」が当てはまる。

以上により、空欄に当てはまる用語の組合せとして、正しいものは選択肢3であり、正解は3となる。

| 問題2 | 正解 4 | 民事訴訟法における証拠 | ランク B | 正答率 33.5% |

1 誤り

民事訴訟法上、証人を証拠方法として行う証拠調べを証人尋問という（民事訴訟法190条以下）。同法上、証人になれるのは、訴訟の当事者やその法定代理人などを除く第三者である（211条参照）。

2 誤り

訴訟の当事者を証拠方法としてその経験した事実について尋問する証拠調べを当事者尋問という（207条以下）。当事者と証人の双方を尋問する場合には、証人尋問を先に実施するのが原則とされている（同条2項本文）。

3 誤り

裁判官の専門的知識を補うために学識経験者に意見を述べさせる証拠調べを鑑定という（212条以下）。そして、鑑定人によって提供される専門的知識には、外国法規、専門的経験則に加えて、経験則を事実に適用した判断結果も含まれる。

4 正しい

文書の記載内容である思想や意味を証拠資料とするための証拠調べを書証という（219条以下）。書証の申出は、文書を提出し、又は文書の所持者にその提出を命ずることを申し立ててしなければならない（同条）。

5 誤り

物、場所又は人についてその存在や状態等を五官の作用により認識する処分を検証という（232条以下）。当事者が正当な事由がないのに検証を拒否した場合、裁判所は検証物に関する相手方の主張を真実と認めることができる（同条1項、224条）。

❖ 憲 法 ❖

| 問題3 | 正解 3 | 非嫡出子相続分違憲決定 | ランク B | 正答率 40.1% |

➡ 総合テキスト　Chapter 3 **2**

本問は、非嫡出子の相続分を嫡出子の相続分の半分とする民法の規定（以下「本件規定」という）の合憲性が争われた判例（最大決平25.9.4）を題材とするものである。

1 妥当である

判例は、「戦後の経済の急速な発展の中で、職業生活を支える最小単位として、夫婦と一定年齢までの子どもを中心とする形態の家族が増加するとともに、高齢化の進展に伴って生存配偶者の生活の保障の必要性が高まり、子孫の生活手段としての意義が大きかった相続財産の持つ意味にも大きな変化が生じた」としている。

2 妥当である

判例は、「現在、我が国以外で嫡出子と嫡出でない子の相続分に差異を設けている国は、欧米諸国にはなく、世界的にも限られた状況にある」としている。

　本判例は、本記述のようなことを述べていない。なお、本記述は、平成7年大法廷決定（最大決平7.7.5）における可部裁判官の補足意見である。

4 妥当である

　判例は、「平成7年大法廷決定においては、本件規定を含む法定相続分の定めが遺言による相続分の指定等がない場合などにおいて補充的に機能する規定であることをも考慮事情としている。しかし、本件規定の補充性からすれば、嫡出子と嫡出でない子の法定相続分を平等とすることも何ら不合理ではないといえる上、遺言によっても侵害し得ない遺留分については本件規定は明確な法律上の差別というべきであるとともに、本件規定の存在自体がその出生時から嫡出でない子に対する差別意識を生じさせかねないことをも考慮すれば、本件規定が上記のように補充的に機能する規定であることは、その合理性判断において重要性を有しないというべきである」としている。

5 妥当である

　判例は、「法律婚という制度自体は我が国に定着しているとしても、上記のような認識の変化に伴い、上記制度の下で父母が婚姻関係になかったという、子にとっては自ら選択ないし修正する余地のない事柄を理由としてその子に不利益を及ぼすことは許されず、子を個人として尊重し、その権利を保障すべきであるという考えが確立されてきているものということができる」としている。

問題 4　**正解** 5　公務員の労働基本権　ランク **B**　正答率 **78.5**%

➡ 総合テキスト　Chapter 2 **4**

　本問は、全農林警職法事件（最大判昭48.4.25）を題材としたものである。

ア「民主国家」　　**イ「自由な」**　　**ウ「民主的に」**　　**エ「議会制民主主義」**

　同判例は、「公務員の場合は、その給与の財源は国の財政とも関連して主として税収によつて賄われ、私企業における労働者の利潤の分配要求のごときものとは全く異なり、その勤務条件はすべて政治的、財政的、社会的その他諸般の合理的な配慮により適当に決定されなければならず、しかもその決定は<u>民主国家</u>のルールに従い、立法府において論議のうえなされるべきもので、同盟罷業等争議行為の圧力による強制を容認する余地は全く存しないのである。これを法制に即して見るに、公務員については、憲法自体がその73条4号において『法律の定める基準に従い、官吏に関する事務を掌理すること』は内閣の事務であると定め、その給与は法律により定められる給与準則に基づいてなされることを要し、これに基づかずにはいかなる金銭または有価物も支給することはできないとされており（国公法〔昭和40年法律69号による改正前の国家公務員法〕63条1項参照）、このように公務員の給与をはじめ、その他の勤務条件は、私企業の場合のごとく労使間の<u>自由な</u>交渉に基づく合意によつて定められるものではなく、原則として、国民の代表者により構成される国会の制定した法律、予算によつて定められることとなつているのである。その

場合、使用者としての政府にいかなる範囲の決定権を委任するかは、まさに国会みずからが立法をもつて定めるべき労働政策の問題である。したがつて、これら公務員の勤務条件の決定に関し、政府が国会から適法な委任を受けていない事項について、公務員が政府に対し争議行為を行なうことは、的はずれであつて正常なものとはいいがたく、もしこのような制度上の制約にもかかわらず公務員による争議行為が行なわれるならば、使用者としての政府によつては解決できない立法問題に逢着せざるをえないこととなり、ひいては<u>民主的に行なわれるべき公務員の勤務条件決定の手続過程を歪曲する</u>こともなつて、憲法の基本原則である<u>議会制民主主義</u>（憲法41条、83条等参照）に背馳し、国会の議決権を侵す虞れすらなしとしないのである」と判示した。

以上により、空欄に当てはまる語句の組合せとして、妥当なものは選択肢5であり、正解は5となる。

| 問題5 | 正解4 | 天　皇 | ランク **A** | 正答率 **67.1%** |

→ 総合テキスト　Chapter 11 **2**

1　妥当である

憲法7条柱書は、「天皇は、内閣の助言と承認により、国民のために、左の国事に関する行為を行ふ。」と規定し、同条10号は、「儀式を行ふこと。」を掲げている。

2　妥当である

憲法3条は、「天皇の国事に関するすべての行為には、内閣の助言と承認を必要とし、内閣が、その責任を負ふ。」と規定している。

3　妥当である

憲法6条1項は、「天皇は、国会の指名に基いて、内閣総理大臣を任命する。」と規定している。

4　妥当でない

憲法6条2項は、「天皇は、内閣の指名に基いて、最高裁判所の長たる裁判官を任命する。」と規定している。

5　妥当である

憲法7条柱書は、「天皇は、内閣の助言と承認により、国民のために、左の国事に関する行為を行ふ。」と規定し、同条3号は、「衆議院を解散すること。」を掲げている。

| 問題6 | 正解2 | 憲法の改正及び最高法規性 | ランク **C** | 正答率 **43.5%** |

→ 総合テキスト　Chapter 1 **1**、14 **1**

1　妥当でない

憲法96条1項前段は、「この憲法の改正は、各議院の総議員の3分の2以上の賛成で、国会が、これを発議し、国民に提案してその承認を経なければならない。」と規定して

いる。

2 妥当である

憲法98条1項は、「この憲法は、国の最高法規であつて、その条規に反する法律、命令、詔勅及び国務に関するその他の行為の全部又は一部は、その効力を有しない。」と規定している。

3 妥当でない

憲法99条は、「天皇又は摂政及び国務大臣、国会議員、裁判官その他の公務員は、この憲法を尊重し擁護する義務を負ふ。」と規定しているところ、国民については、同条で憲法遵守義務は課されていない。

4 妥当でない

憲法11条は、「国民は、すべての基本的人権の享有を妨げられない。この憲法が国民に保障する基本的人権は、侵すことのできない永久の権利として、現在及び将来の国民に与へられる。」と規定している。

5 妥当でない

憲法96条2項は、「憲法改正について前項の承認〔国民の承認〕を経たときは、天皇は、国民の名で、この憲法と一体を成すものとして、直ちにこれを公布する。」と規定している。

問題 7 **正解 4** 北方ジャーナル事件　　　ランク **B**　正答率 **71.1%**

→ 総合テキスト　Chapter 3 **1**

本問は、北方ジャーナル事件（最大判昭61.6.11）を題材としたものである。

1 明らかに反しているとはいえない

判例は、「一定の記事を掲載した雑誌その他の出版物の印刷、製本、販売、頒布等の仮処分による事前差止めは、裁判の形式によるとはいえ、口頭弁論ないし債務者の審尋を必要的とせず、立証についても疎明で足りるとされているなど簡略な手続によるものであり、また、いわゆる満足的仮処分として争いのある権利関係を暫定的に規律するものであつて、非訟的な要素を有することを否定することはできないが、仮処分による事前差止めは、表現物の内容の網羅的一般的な審査に基づく事前規制が行政機関によりそれ自体を目的として行われる場合とは異なり、個別的な私人間の紛争について、司法裁判所により、当事者の申請に基づき差止請求権等の私法上の被保全権利の存否、保全の必要性の有無を審理判断して発せられるものであつて、……『検閲』には当たらない」としている。

2 明らかに反しているとはいえない

判例は、「人の品性、徳行、名声、信用等の人格的価値について社会から受ける客観的評価である名誉を違法に侵害された者は、損害賠償（民法710条）又は名誉回復のための処分（同法723条）を求めることができるほか、人格権としての名誉権に基づき、加害者に対し、現に行われている侵害行為を排除し、又は将来生ずべき侵害を予防するため、侵

害行為の差止めを求めることができるものと解するのが相当である。けだし、名誉は生命、身体とともに極めて重大な保護法益であり、人格権としての名誉権は、物権の場合と同様に排他性を有する権利というべきであるからである」としている。

③ 明らかに反しているとはいえない

判例は、「表現行為に対する事前差止めは、原則として許されないものといわなければならない。ただ、……その表現内容が真実でなく、又はそれが専ら公益を図る目的のものでないことが明白であつて、かつ、被害者が重大にして著しく回復困難な損害を被る虞があるときは、当該表現行為はその価値が被害者の名誉に劣後することが明らかであるうえ、有効適切な救済方法としての差止めの必要性も肯定されるから、かかる実体的要件を具備するときに限つて、例外的に事前差止めが許されるものというべきであり、このように解しても……憲法の趣旨に反するものとはいえない」としている。

④ 明らかに反している

判例は、「事前差止めを命ずる仮処分命令を発するについては、口頭弁論又は債務者の審尋を行い、表現内容の真実性等の主張立証の機会を与えることを原則とすべきものと解するのが相当である」としつつも、「ただ、差止めの対象が公共の利害に関する事項についての表現行為である場合においても、口頭弁論を開き又は債務者の審尋を行うまでもなく、債権者の提出した資料によつて、その表現内容が真実でなく、又はそれが専ら公益を図る目的のものでないことが明白であり、かつ、債権者が重大にして著しく回復困難な損害を被る虞があると認められるときは、口頭弁論又は債務者の審尋を経ないで差止めの仮処分命令を発したとしても、憲法21条の……趣旨に反するものということはできない」としている。

⑤ 明らかに反しているとはいえない

判例は、「刑事上及び民事上の名誉毀損に当たる行為についても、当該行為が公共の利害に関する事実にかかり、その目的が専ら公益を図るものである場合には、当該事実が真実であることの証明があれば、右行為には違法性がなく、また、真実であることの証明がなくても、行為者がそれを真実であると誤信したことについて相当の理由があるときは、右行為には故意又は過失がないと解すべく、これにより人格権としての個人の名誉の保護と表現の自由の保障との調和が図られているものである」としている。

❖ 行政法 ❖

| 問題 8 | 正解 1 | 一般的法理論（違法性の承継） | ランク C | 正答率 59.2% |

→ 総合テキスト　Chapter 3 ②

判例（最判平21.12.17）は、「平成11年東京都条例第41号による改正前の本件条例4条3項の下では、同条1項所定の接道要件を満たしていなくても安全上支障がないかどうかの判断は、建築確認をする際に建築主事が行うものとされていたが、この改正により、建築確認とは別に知事が安全認定を行うこととされた。これは、平成10年法律第100号

により建築基準法が改正され、建築確認及び検査の業務を（ア）民間機関である指定確認検査機関も行うことができるようになったこと……に伴う措置であり、上記のとおり判断機関が分離されたのは、接道要件充足の有無は客観的に判断することが可能な事柄であり、建築主事又は指定確認検査機関が判断するのに適しているが、安全上の支障の有無は、専門的な知見に基づく裁量により判断すべき事柄であり、知事が一元的に判断するのが適切であるとの見地によるものと解される。以上のとおり、建築確認における接道要件充足の有無の判断と、安全認定における安全上の支障の有無の判断は、（イ）異なる機関がそれぞれの権限に基づき行うこととされているが、もともとは一体的に行われていたものであり、避難又は通行の安全の確保という同一の目的を達成するために行われるものである。そして、前記のとおり、安全認定は、建築主に対し建築確認申請手続における一定の地位を与えるものであり、建築確認と結合して初めてその効果を発揮するのである。……他方、安全認定があっても、これを申請者以外の者に通知することは予定されておらず、建築確認があるまでは工事が行われることもないから、周辺住民等これを争おうとする者がその存在を速やかに知ることができるとは限らない（これに対し、建築確認については、工事の施工者は、法89条1項に従い建築確認があった旨の表示を工事現場にしなければならない。）。そうすると、安全認定について、その適否を争うための（ウ）手続的保障がこれを争おうとする者に十分に与えられているというのは困難である。仮に周辺住民等が安全認定の存在を知ったとしても、その者において、安全認定によって直ちに（エ）不利益を受けることはなく、建築確認があった段階で初めて（エ）不利益が現実化すると考えて、その段階までは争訟の提起という手段は執らないという判断をすることがあながち（オ）不合理であるともいえない。……以上の事情を考慮すると、安全認定が行われた上で建築確認がされている場合、安全認定が取り消されていなくても、建築確認の取消訴訟において、安全認定が違法であるために本件条例4条1項所定の接道義務の違反があると主張することは許されると解するのが相当である。」と判示した。

以上により、誤っているものの組合せは選択肢1であり、正解は1となる。

問題9 | **正解3** | 一般的法理論（裁量） | ランク **B** | 正答率 **65.2%**

➡ 総合テキスト　Chapter 3 ❸

1　妥当である

判例は、「処分行政庁の判断の適否に関する裁判所の審理及び判断は、……処分行政庁の判断の基準とされた昭和52年判断条件に水俣病に関する医学的研究の状況や医学界における一般的定説的な医学的知見に照らして不合理な点があるか否か、公害被害者認定審査会の調査審議・判断に過誤・欠落があってこれに依拠してされた処分行政庁の判断に不合理な点があるか否かといった観点から行われるべきものではなく、裁判所において、経験則に照らして個々の事案における諸般の事情と関係証拠を総合的に検討し、個々の具体的な症候と原因物質との間の個別的な因果関係の有無等を審理の対象として、申請者につ

き水俣病のり患の有無を個別具体的に判断すべきものと解する」としている（最判平25.4.16）。

2　妥当である

判例は、「土地収用法における損失の補償は、特定の公益上必要な事業のために土地が収用される場合、その収用によって当該土地の所有者等が被る特別な犠牲の回復を図ることを目的とするものであるから、完全な補償、すなわち、収用の前後を通じて被収用者の有する財産価値を等しくさせるような補償をすべきであり、金銭をもって補償する場合には、被収用者が近傍において被収用地と同等の代替地等を取得することを可能にするに足りる金額の補償を要するものと解される……。同法による補償金の額は、『相当な価格』（同法71条参照）等の不確定概念をもって定められているものではあるが、右の観点から、通常人の経験則及び社会通念に従って、客観的に認定され得るものであり、かつ、認定すべきものであって、補償の範囲及びその額……の決定につき収用委員会に裁量権が認められるものと解することはできない」としている（最判平9.1.28）。

3　妥当でない

判例は、「都市施設の規模、配置等に関する事項を定めるに当たっては、当該都市施設に関する諸般の事情を総合的に考慮した上で、政策的、技術的な見地から判断することが不可欠であるといわざるを得ない。そうすると、このような判断は、これを決定する行政庁の広範な裁量にゆだねられているというべきであって、裁判所が都市施設に関する都市計画の決定又は変更の内容の適否を審査するに当たっては、当該決定又は変更が裁量権の行使としてされたことを前提として、その基礎とされた重要な事実に誤認があること等により重要な事実の基礎を欠くこととなる場合、又は、事実に対する評価が明らかに合理性を欠くこと、判断の過程において考慮すべき事情を考慮しないこと等によりその内容が社会通念に照らし著しく妥当性を欠くものと認められる場合に限り、裁量権の範囲を逸脱し又はこれを濫用したものとして違法となる」としている（最判平18.11.2）。

4　妥当である

判例は、「土地区画整理は、施行者が一定の限られた施行地区内の宅地につき、多数の権利者の利益状況を勘案しつつそれぞれの土地を配置していくものであり、また、仮換地の方法は多数ありうるから、具体的な仮換地指定処分を行うに当たっては、〔土地区画整理〕法89条1項所定の基準の枠内において、施行者の合目的的な見地からする裁量的判断に委ねざるをえない面があることは否定し難いところである。そして、仮換地指定処分は、指定された仮換地が、土地区画整理事業開始時における従前の宅地の状況と比較して、法89条1項所定の照応の各要素を総合的に考慮してもなお、社会通念上不照応であるといわざるをえない場合においては、右裁量的判断を誤った違法のものと判断すべきである」としている（最判平元.10.3）。

5　妥当である

判例は、「外務大臣が旅券法13条1項5号〔現：同項7号〕の規定により、旅券発給拒否処分をした場合において、裁判所は、その処分当時の旅券発給申請者の地位、経歴、人

がら、その旅行の目的、渡航先である国の情勢、および外交方針、外務大臣の認定判断の過程、その他これに関するすべての事実をしんしやくしたうえで、外務大臣の右処分が同号の規定により外務大臣に与えられた権限をその法規の目的に従つて適法に行使したかどうかを判断すべきものであつて、その判断は、ただ単に右処分が外務大臣の恣意によるかどうか、その判断の前提とされた事実の認識について明白な誤りがあるかどうか、または、その結論にいたる推理に著しい不合理があるかどうかなどに限定されるものではない」としている（最判昭44.7.11）。

問題10 ｜ **正解** 1 ｜ 一般的法理論（行政上の義務履行確保） ｜ ランク **A** ｜ 正答率 **63.2**%

➡ 総合テキスト　Chapter 3 **4**

1 誤り

行政代執行法4条は、「代執行のために現場に派遣される執行責任者は、その者が執行責任者たる本人であることを示すべき証票を携帯し、要求があるときは、何時でもこれを呈示しなければならない。」と規定している。したがって、必ず呈示する必要はなく、要求があるときに呈示すれば足りる。

2 正しい

行政代執行法5条は、「代執行に要した費用の徴収については、実際に要した費用の額及びその納期日を定め、義務者に対し、文書をもつてその納付を命じなければならない。」と規定している。

3 正しい

行政代執行法6条1項は、「代執行に要した費用は、国税滞納処分の例により、これを徴収することができる。」と規定している。

4 正しい

警察官職務執行法3条1項柱書は、「警察官は、異常な挙動その他周囲の事情から合理的に判断して次の各号のいずれかに該当することが明らかであり、かつ、応急の救護を要すると信ずるに足りる相当な理由のある者を発見したときは、取りあえず警察署、病院、救護施設等の適当な場所において、これを保護しなければならない。」と規定し、同項1号は、「精神錯乱又は泥酔のため、自己又は他人の生命、身体又は財産に危害を及ぼすおそれのある者」を掲げている。同法が規定する保護する措置は、即時強制の例である。

5 正しい

判例は、「刑訴160条は訴訟手続上の秩序を維持するために秩序違反行為に対して当該手続を主宰する裁判所または裁判官により直接に科せられる秩序罰としての過料を規定したものであり、同161条は刑事司法に協力しない行為に対して通常の刑事訴訟手続により科せられる刑罰としての罰金、拘留を規定したものであつて、両者は目的、要件及び実現の手続を異にし、必ずしも二者択一の関係にあるものではなく併科を妨げない」としている（最判昭39.6.5）。

問題11　正解 5　行政手続法（適用除外）　ランク A　正答率 63.8%

➡ 総合テキスト　Chapter 4 8

1　正しい

行政手続法3条1項柱書は、「次に掲げる処分及び行政指導については、次章から第4章の2までの規定は、適用しない。」と規定し、同項7号は、「学校、講習所、訓練所又は研修所において、教育、講習、訓練又は研修の目的を達成するために、学生、生徒、児童若しくは幼児若しくはこれらの保護者、講習生、訓練生又は研修生に対してされる処分及び行政指導」を掲げている。

2　正しい

行政手続法3条1項柱書は、「次に掲げる処分及び行政指導については、次章から第4章の2までの規定は、適用しない。」と規定し、同項10号は、「外国人の出入国、難民の認定又は帰化に関する処分及び行政指導」を掲げている。

3　正しい

行政手続法3条2項柱書は、「次に掲げる命令等を定める行為については、第6章の規定は、適用しない。」と規定し、同項5号は、「公務員の給与、勤務時間その他の勤務条件について定める命令等」を掲げている。

4　正しい

行政手続法3条2項柱書は、「次に掲げる命令等を定める行為については、第6章の規定は、適用しない。」と規定し、同項6号は、「審査基準、処分基準又は行政指導指針であって、法令の規定により若しくは慣行として、又は命令等を定める機関の判断により公にされるもの以外のもの」を掲げている。

5　誤り

行政手続法3条3項は、「第1項各号及び前項各号に掲げるもののほか、地方公共団体の機関がする処分（その根拠となる規定が条例又は規則に置かれているものに限る。）及び行政指導、地方公共団体の機関に対する届出（前条第7号の通知の根拠となる規定が条例又は規則に置かれているものに限る。）並びに地方公共団体の機関が命令等を定める行為については、次章から第6章までの規定は、適用しない。」と規定している。

問題12　正解 3　行政手続法（審査基準）　ランク A　正答率 78.0%

➡ 総合テキスト　Chapter 4 2

行政手続法5条3項は、「行政庁は、行政上特別の支障があるときを除き、法令により申請の提出先とされている機関の事務所における備付けその他の適当な方法により審査基準を公にしておかなければならない。」と規定している。

1　誤り

行政手続法10条は、「行政庁は、申請に対する処分であって、申請者以外の者の利害を

考慮すべきことが当該法令において許認可等の要件とされているものを行う場合には、必要に応じ、公聴会の開催その他の適当な方法により当該申請者以外の者の意見を聴く機会を設けるよう努めなければならない。」と規定している。また、行政手続法上、公聴会を開催した場合に、審査基準を公にしておかなくてもよいとする規定は存在しない。

2 誤り

行政手続法5条3項によれば、審査基準は、行政上特別の支障がある場合以外は、公にしておかなければならず、公にしておくよう努めるだけでは足りない。

3 正しい

行政手続法5条3項によれば、審査基準は公にしておかなければならず、同法上、審査基準が閲覧できる場合に、審査基準を公にしなくてもよいとする規定は存在しない。

4 誤り

行政手続法上、申請者が審査基準の提示を求めた場合に、これを示せば足りるとする規定は存在しない。

5 誤り

行政手続法5条3項によれば、行政上特別の支障がある場合には、審査基準を公にする必要はない。

問題13 **正解 3** **行政手続法（行政指導）** ランク **A** 正答率 **71.1%**

➡ 総合テキスト　Chapter 4 **4**

ア 誤り

行政手続法32条1項は、「行政指導にあっては、行政指導に携わる者は、いやしくも当該行政機関の任務又は所掌事務の範囲を逸脱してはならないこと及び行政指導の内容があくまでも相手方の任意の協力によってのみ実現されるものであることに留意しなければならない。」と規定している。

イ 正しい

行政手続法36条は、「同一の行政目的を実現するため一定の条件に該当する複数の者に対し行政指導をしようとするときは、行政機関は、あらかじめ、事案に応じ、行政指導指針を定め、かつ、行政上特別の支障がない限り、これを公表しなければならない。」と規定している。

ウ 誤り

行政手続法36条の2第1項本文は、「法令に違反する行為の是正を求める行政指導（その根拠となる規定が法律に置かれているものに限る。）の相手方は、当該行政指導が当該法律に規定する要件に適合しないと思料するときは、当該行政指導をした行政機関に対し、その旨を申し出て、当該行政指導の中止その他必要な措置をとることを求めることができる。」と規定している。

エ　正しい

行政手続法36条の3第1項は、「何人も、法令に違反する事実がある場合において、その是正のためにされるべき処分又は行政指導（その根拠となる規定が法律に置かれているものに限る。）がされていないと思料するときは、当該処分をする権限を有する行政庁又は当該行政指導をする権限を有する行政機関に対し、その旨を申し出て、当該処分又は行政指導をすることを求めることができる。」と規定している。

オ　誤り

記述エの解説にあるように、行政手続法36条の3第1項の処分等の求めは、「何人も」することができる。

以上により、正しいものの組合せは選択肢3であり、正解は3となる。

問題14　**正解 5**　**行政不服審査法（審査請求人）**　ランク **A**　正答率 **70.6%**

➡ 総合テキスト　Chapter 6 **4**

1　正しい

行政不服審査法10条は、「法人でない社団又は財団で代表者又は管理人の定めがあるものは、その名で審査請求をすることができる。」と規定している。

2　正しい

行政不服審査法15条2項は、「審査請求人について合併又は分割（審査請求の目的である処分に係る権利を承継させるものに限る。）があったときは、合併後存続する法人その他の社団若しくは財団若しくは合併により設立された法人その他の社団若しくは財団又は分割により当該権利を承継した法人は、審査請求人の地位を承継する。」と規定している。

3　正しい

行政不服審査法29条2項は、「審理員は、相当の期間を定めて、処分庁等に対し、弁明書の提出を求めるものとする。」と規定し、同条5項は、「審理員は、処分庁等から弁明書の提出があったときは、これを審査請求人及び参加人に送付しなければならない。」と規定している。そして、30条1項前段は、「審査請求人は、前条第5項の規定により送付された弁明書に記載された事項に対する反論を記載した書面（……『反論書』という。）を提出することができる。」と規定している。

4　正しい

行政不服審査法12条1項は、「審査請求は、代理人によってすることができる。」と規定し、同条2項本文は、「前項の代理人は、各自、審査請求人のために、当該審査請求に関する一切の行為をすることができる。」と規定している。なお、同項ただし書は、「……審査請求の取下げは、特別の委任を受けた場合に限り、することができる。」と規定している。

5　誤り

行政不服審査法11条1項は、「多数人が共同して審査請求をしようとするときは、3人

を超えない総代を互選することができる。」と規定している。したがって、本記述は「5人を超えない」としている点が誤りである。なお、同条3項は、「総代は、各自、他の共同審査請求人のために、審査請求の取下げを除き、当該審査請求に関する一切の行為をすることができる。」と規定している。したがって、本記述の後段は正しい。

問題15	正解 5	行政不服審査法（執行停止）	ランク B	正答率 50.3%

➡ 総合テキスト　Chapter 6 **5**

1　誤り

行政不服審査法25条3項は、「処分庁の上級行政庁又は処分庁のいずれでもない審査庁は、必要があると認める場合には、審査請求人の申立てにより、処分庁の意見を聴取した上、執行停止をすることができる。ただし、処分の効力、処分の執行又は手続の続行の全部又は一部の停止以外の措置をとることはできない。」と規定している。

2　誤り

行政不服審査法25条4項は、「前2項の規定による審査請求人の申立て〔執行停止の申立て〕があった場合において、処分、処分の執行又は手続の続行により生ずる重大な損害を避けるために緊急の必要があると認めるときは、審査庁は、執行停止をしなければならない。ただし、公共の福祉に重大な影響を及ぼすおそれがあるとき、又は本案について理由がないとみえるときは、この限りでない。」と規定している。同項ただし書に該当する場合には、執行停止をする必要がないのであって、執行停止をすることができないわけではない。

3　誤り

行政不服審査法40条は、「審理員は、必要があると認める場合には、審査庁に対し、執行停止をすべき旨の意見書を提出することができる。」と規定している。そして25条7項は、「……審理員から第40条に規定する執行停止をすべき旨の意見書が提出されたときは、審査庁は、速やかに、執行停止をするかどうかを決定しなければならない。」と規定している。この場合、行政不服審査会への諮問が必要な旨は規定されていない。

4　誤り

行政不服審査法26条は、「執行停止をした後において、執行停止が公共の福祉に重大な影響を及ぼすことが明らかとなったとき、その他事情が変更したときは、審査庁は、その執行停止を取り消すことができる。」と規定している。本記述のように、執行停止を取り消さなければならないわけではない。

5　正しい

行政不服審査法25条2項は、「処分庁の上級行政庁又は処分庁である審査庁は、必要があると認める場合には、審査請求人の申立てにより又は職権で、処分の効力、処分の執行又は手続の続行の全部又は一部の停止……をとることができる。」と規定している。そして、同条6項は、「第2項……の場合において、処分の効力の停止は、処分の効力の停止

以外の措置によって目的を達することができるときは、することができない。」と規定している。

| 問題16 | 正解 4 | 行政不服審査法（裁決） | ランク A | 正答率 82.5% |

➡ 総合テキスト　Chapter 6 **6**

1　誤り

行政不服審査法44条は、「審査庁は、行政不服審査会等から諮問に対する答申を受けたとき……は、遅滞なく、裁決をしなければならない。」と規定している。平成26年改正前の旧法においては裁決の時期について明記した条文はなかったが、改正後の新法では裁決の時期について明記された。もっとも、諮問に対する答申を受けたときから2週間以内に裁決をしなければならないとする規定はない。

2　誤り

行政不服審査法47条柱書本文は、「事実上の行為についての審査請求が理由がある場合（第45条第3項の規定の適用がある場合〔事情裁決の場合〕を除く。）には、審査庁は、裁決で、当該事実上の行為が違法又は不当である旨を宣言するとともに、次の各号に掲げる審査庁の区分に応じ、当該各号に定める措置をとる。」と規定し、同条2号は、「処分庁である審査庁」につき「当該事実上の行為の全部若しくは一部を撤廃し、又はこれを変更すること。」と規定している。

3　誤り

行政不服審査法49条3項柱書は、「不作為についての審査請求が理由がある場合には、審査庁は、裁決で、当該不作為が違法又は不当である旨を宣言する。この場合において、次の各号に掲げる審査庁は、当該申請に対して一定の処分をすべきものと認めるときは、当該各号に定める措置をとる。」と規定し、同項1号は、「不作為庁の上級行政庁である審査庁」につき「当該不作為庁に対し、当該処分をすべき旨を命ずること。」と規定している。

4　正しい

行政不服審査法52条2項は、「申請に基づいてした処分が手続の違法若しくは不当を理由として裁決で取り消され、又は申請を却下し、若しくは棄却した処分が裁決で取り消された場合には、処分庁は、裁決の趣旨に従い、改めて申請に対する処分をしなければならない。」と規定している。

5　誤り

行政不服審査法53条は、「審査庁は、裁決をしたときは、速やかに、第32条第1項又は第2項〔審査請求人又は参加人が提出する場合〕の規定により提出された証拠書類若しくは証拠物又は書類その他の物件及び第33条の規定〔審理員からの提出要求がある場合〕による提出要求に応じて提出された書類その他の物件をその提出人に返還しなければならない。」と規定している。

→ 総合テキスト　Chapter 7 **4**

1　妥当である

　判例は、「公衆浴場法が許可制を採用し前述のような規定〔適正配置規定〕を設けたのは、主として『国民保健及び環境衛生』という公共の福祉の見地から出たものであることはむろんであるが、他面、同時に、無用の競争により経営が不合理化することのないように濫立を防止することが公共の福祉のため必要であるとの見地から、被許可者を濫立による経営の不合理化から守ろうとする意図をも有するものであることは否定し得ないところであつて、適正な許可制度の運用によつて保護せらるべき業者の営業上の利益は、単なる事実上の反射的利益というにとどまらず公衆浴場法によつて保護せられる法的利益と解するを相当とする」としている（最判昭37.1.19）。

2　妥当である

　判例は、「〔航空〕法が、定期航空運送事業免許の審査において、航空機の騒音による障害の防止の観点から、……『経営上及び航空保安上適切なもの』であるかどうかを、当該事業計画による使用飛行場周辺における当該事業計画に基づく航空機の航行による騒音障害の有無及び程度を考慮に入れたうえで判断すべきものとしているのは、単に飛行場周辺の環境上の利益を一般的公益として保護しようとするにとどまらず、飛行場周辺に居住する者が航空機の騒音によって著しい障害を受けないという利益をこれら個々人の個別的利益としても保護すべきとする趣旨を含むものと解することができる……。したがって、新たに付与された定期航空運送事業免許に係る路線の使用飛行場の周辺に居住していて、当該免許に係る事業が行われる結果、当該飛行場を使用する各種航空機の騒音の程度、当該飛行場の一日の離着陸回数、離着陸の時間帯等からして、当該免許に係る路線を航行する航空機の騒音によって社会通念上著しい障害を受けることとなる者は、当該免許の取消しを求めるにつき法律上の利益を有する者として、その取消訴訟における原告適格を有する」としている（最判平元.2.17）。

3　妥当である

　判例は、「〔自転車競技〕法及び〔自転車競技法施行〕規則が位置基準によって保護しようとしているのは、第一次的には、……不特定多数者の利益であるところ、それは、性質上、一般的公益に属する利益であって、原告適格を基礎付けるには足りないものであるといわざるを得ない。したがって、場外施設の周辺において居住し又は事業（医療施設等に係る事業を除く。）を営むにすぎない者や、医療施設等の利用者は、位置基準を根拠として場外施設の設置許可の取消しを求める原告適格を有しないものと解される」としている。そして、「位置基準は、一般的公益を保護する趣旨に加えて、……業務上の支障が具体的に生ずるおそれのある医療施設等の開設者において、健全で静穏な環境の下で円滑に業務を行うことのできる利益を、個々の開設者の個別的利益として保護する趣旨をも含む規定であるというべきであるから、当該場外施設の設置、運営に伴い著しい業務上の支障

が生ずるおそれがあると位置的に認められる区域に医療施設等を開設する者は、位置基準を根拠として当該場外施設の設置許可の取消しを求める原告適格を有する」としている（最判平 21.10.15）。

4 妥当でない

判例は、「〔文化財保護〕条例及び〔文化財保護〕法は、文化財の保存・活用から個々の県民あるいは国民が受ける利益については、本来本件条例及び法がその目的としている公益の中に吸収解消させ、その保護は、もっぱら右公益の実現を通じて図ることとしているものと解される。そして、本件条例及び法において、文化財の学術研究者の学問研究上の利益の保護について特段の配慮をしていると解しうる規定を見出すことはできないから、そこに、学術研究者の右利益について、一般の県民あるいは国民が文化財の保存・活用から受ける利益を超えてその保護を図ろうとする趣旨を認めることはできない。文化財の価値は学術研究者の調査研究によって明らかにされるものであり、その保存・活用のためには学術研究者の協力を得ることが不可欠であるという実情があるとしても、そのことによって右の解釈が左右されるものではない」としている（最判平元.6.20）。

5 妥当である

判例は、「上告人らは本件原子炉から約 29 キロメートルないし約 58 キロメートルの範囲内の地域に居住していること、本件原子炉は研究開発段階にある原子炉である高速増殖炉であり……、その電気出力は 28 万キロワットであって、炉心の燃料としてはウランとプルトニウムの混合酸化物が用いられ、炉心内において毒性の強いプルトニウムの増殖が行われるものであることが記録上明らかであって、かかる事実に照らすと、上告人らは、いずれも本件原子炉の設置許可の際に行われる〔当時の〕規制法 24 条 1 項 3 号所定の技術的能力の有無及び 4 号所定の安全性に関する各審査に過誤、欠落がある場合に起こり得る事故等による災害により直接的かつ重大な被害を受けるものと想定される地域内に居住する者というべきであるから、本件設置許可処分の無効確認を求める本訴請求において、行政事件訴訟法 36 条所定の『法律上の利益を有する者』に該当するものと認めるのが相当である」としている（最判平 4.9.22）。

問題18	正解 3	行政事件訴訟法(判決の効力等)	ランク A	正答率 69.9%

➡ 総合テキスト　Chapter 7 **6**

ア 正しい

行政事件訴訟法 31 条 1 項前段は、「取消訴訟については、処分又は裁決が違法ではあるが、これを取り消すことにより公の利益に著しい障害を生ずる場合において、原告の受ける損害の程度、その損害の賠償又は防止の程度及び方法その他一切の事情を考慮したうえ、処分又は裁決を取り消すことが公共の福祉に適合しないと認めるときは、裁判所は、請求を棄却することができる。」と規定している。

イ　誤り

　行政事件訴訟法 31 条 2 項は、「裁判所は、相当と認めるときは、終局判決前に、判決をもつて、処分又は裁決が違法であることを宣言することができる。」と規定している。

ウ　誤り

　行政事件訴訟法 33 条 1 項は、「処分又は裁決を取り消す判決は、その事件について、処分又は裁決をした行政庁その他の関係行政庁を拘束する。」と規定している。

エ　正しい

　行政事件訴訟法 33 条 2 項は、「申請を却下し若しくは棄却した処分又は審査請求を却下し若しくは棄却した裁決が判決により取り消されたときは、その処分又は裁決をした行政庁は、判決の趣旨に従い、改めて申請に対する処分又は審査請求に対する裁決をしなければならない。」と規定している。

オ　正しい

　行政事件訴訟法 33 条 3 項は、「前項の規定は、申請に基づいてした処分又は審査請求を認容した裁決が判決により手続に違法があることを理由として取り消された場合に準用する。」と規定している。

　以上により、誤っているものの組合せは選択肢 3 であり、正解は 3 となる。

問題19　**正解** 4　行政事件訴訟法（仮の救済）　ランク **B**　正答率 **41.3**%

→ 総合テキスト　Chapter 7 **7**

ア　Ⅱ「仮の義務付けの申立て」が最も適切である

　行政事件訴訟法 37 条の 5 第 1 項は、「義務付けの訴えの提起があつた場合において、その義務付けの訴えに係る処分又は裁決がされないことにより生ずる償うことのできない損害を避けるため緊急の必要があり、かつ、本案について理由があるとみえるときは、裁判所は、申立てにより、決定をもつて、仮に行政庁がその処分又は裁決をすべき旨を命ずること（以下この条において『仮の義務付け』という。）ができる。」と規定している。本記述では、X は公園の使用許可を申請したところ、不許可処分を受けている。そこで、X は、使用許可処分を受けるために、不許可処分の取消訴訟及び許可処分の義務付け訴訟を併合提起し、許可処分の仮の義務付けの申立てをすべきである。

イ　Ⅰ「執行停止の申立て」が最も適切である

　行政事件訴訟法 25 条 2 項本文は、「処分の取消しの訴えの提起があつた場合において、処分、処分の執行又は手続の続行により生ずる重大な損害を避けるため緊急の必要があるときは、裁判所は、申立てにより、決定をもつて、処分の効力、処分の執行又は手続の続行の全部又は一部の停止（以下『執行停止』という。）をすることができる。」と規定している。本記述では、X は公園の使用許可を受けた後、使用許可を取り消す処分を受けている。そこで、X は、集会を開催するためにも、使用許可取消処分の取消訴訟ないし無効等確認訴訟を提起し、執行停止の申立てをすべきである。

ウ Ⅲ「仮の差止めの申立て」が最も適切である

行政事件訴訟法37条の5第2項は、「差止めの訴えの提起があつた場合において、その差止めの訴えに係る処分又は裁決がされることにより生ずる償うことのできない損害を避けるため緊急の必要があり、かつ、本案について理由があるとみえるときは、裁判所は、申立てにより、決定をもつて、仮に行政庁がその処分又は裁決をしてはならない旨を命ずること（以下この条において『仮の差止め』という。）ができる。」と規定している。本記述では、Xは懲戒権者から停職処分をされそうになっている。そこで、Xは、停職処分による不利益を避けるため、停職処分の差止訴訟とともに仮の差止めの申立てをすべきである。

エ Ⅰ「執行停止の申立て」が最も適切である

本記述では、マンションの建築に係る建築確認処分がされている。そこで、当該マンションの建築を阻止するためには、Xは、建築確認処分の取消訴訟ないし無効等確認訴訟を提起した上で、建築確認処分の執行停止の申立てをすべきである。

オ Ⅱ「仮の義務付けの申立て」が最も適切である

本記述では、Xが市立の高等学校に入学するためには、同校の校長に対して、Xの入学を許可する処分を義務付ける必要がある。そこで、Xは、不許可処分の取消訴訟及び許可処分の義務付け訴訟を併合提起し、市立の高等学校への入学許可処分について仮の義務付けの申立てをすべきである。

以上により、最も適切な組合せは選択肢4であり、正解は4となる。

問題20 正解 4 国家賠償法（1条） ランク A 正答率 87.5%

→ 総合テキスト Chapter 8 **2**

1 妥当でない

判例は、「国会議員は、立法に関しては、原則として、国民全体に対する関係で政治的責任を負うにとどまり、個別の国民の権利に対応した関係での法的義務を負うものではないというべきであつて、国会議員の立法行為は、立法の内容が憲法の一義的な文言に違反しているにもかかわらず国会があえて当該立法を行うというごとき、容易に想定し難いような例外的な場合でない限り、国家賠償法1条1項の規定の適用上、違法の評価を受けない」としている（最判昭60.11.21）。

2 妥当でない

判例は、「国会議員が国会で行った質疑等において、個別の国民の名誉や信用を低下させる発言があったとしても、これによって当然に国家賠償法1条1項の規定にいう違法な行為があったものとして国の損害賠償責任が生ずるものではなく、右責任が肯定されるためには、当該国会議員が、その職務とはかかわりなく違法又は不当な目的をもって事実を摘示し、あるいは、虚偽であることを知りながらあえてその事実を摘示するなど、国会議員がその付与された権限の趣旨に明らかに背いてこれを行使したものと認め得るような特

別の事情があることを必要とする」としている（最判平 9.9.9）。

3　妥当でない

　判例は、「裁判官がした争訟の裁判に上訴等の訴訟法上の救済方法によつて是正されるべき瑕疵が存在したとしても、これによつて当然に国家賠償法 1 条 1 項の規定にいう違法な行為があつたものとして国の損害賠償責任の問題が生ずるわけのものではなく、右責任が肯定されるためには、当該裁判官が違法又は不当な目的をもつて裁判をしたなど、裁判官がその付与された権限の趣旨に明らかに背いてこれを行使したものと認めうるような特別の事情があることを必要とする」としている（最判昭 57.3.12）。

4　妥当である

　判例は、「国又は公共団体の公務員による規制権限の不行使は、その権限を定めた法令の趣旨、目的や、その権限の性質等に照らし、具体的事情の下において、その不行使が許容される限度を逸脱して著しく合理性を欠くと認められるときは、その不行使により被害を受けた者との関係において、国家賠償法 1 条 1 項の適用上違法となる」としている（最判平 16.4.27）。

5　妥当でない

　判例は、「犯罪の捜査及び検察官による公訴権の行使は、国家及び社会の秩序維持という公益を図るために行われるものであって、犯罪の被害者の被侵害利益ないし損害の回復を目的とするものではなく、また、告訴は、捜査機関に犯罪捜査の端緒を与え、検察官の職権発動を促すものにすぎないから、被害者又は告訴人が捜査又は公訴提起によって受ける利益は、公益上の見地に立って行われる捜査又は公訴の提起によって反射的にもたらされる事実上の利益にすぎず、法律上保護された利益ではないというべきである。したがって、被害者ないし告訴人は、捜査機関による捜査が適正を欠くこと又は検察官の不起訴処分の違法を理由として、国家賠償法の規定に基づく損害賠償請求をすることはできない」としている（最判平 2.2.20）。

| 問題21 | 正解 2 | 国家賠償法（2条・3条） | ランク A | 正答率 94.5% |

→ 総合テキスト　Chapter 8 **3**

1　妥当である

　国家賠償法 2 条 1 項は、「道路、河川その他の公の営造物の設置又は管理に瑕疵があつたために他人に損害を生じたときは、国又は公共団体は、これを賠償する責に任ずる。」と規定しているところ、判例は、「国家賠償法 2 条 1 項の営造物の設置または管理の瑕疵とは、営造物が通常有すべき安全性を欠いていることをいい、これに基づく国および公共団体の賠償責任については、その過失の存在を必要としない」としている（最判昭45.8.20）。

2　妥当でない

　判例は、「道路における防護柵を設置するとした場合、その費用の額が相当の多額にの

ぼり、上告人県としてその予算措置に困却するであろうことは推察できるが、それにより直ちに道路の管理の瑕疵によつて生じた損害に対する賠償責任を免れうるものと考えることはできない」としている（最判昭45.8.20）。

3 妥当である

判例は、河川の管理についての瑕疵の有無は、過去に発生した水害の規模発生の頻度、発生原因、被害の性質降雨状況、流域の地形その他の自然的条件、土地の利用状況その他の社会的条件、改修を要する緊急性の有無及びその程度等諸般の事情を総合的に考慮し、河川管理における財政的、技術的及び社会的諸制約のもとでの同種・同規模の河川の管理の一般水準及び社会通念に照らして是認しうる安全性を備えていると認められるかどうかを基準として判断すべきであるとしている（最判昭59.1.26）。

4 妥当である

国家賠償法2条2項は、「前項の場合において、他に損害の原因について責に任ずべき者があるときは、国又は公共団体は、これに対して求償権を有する。」と規定している。

5 妥当である

国家賠償法3条1項は、「前2条の規定によつて国又は公共団体が損害を賠償する責に任ずる場合において、公務員の選任若しくは監督又は公の営造物の設置若しくは管理に当る者と公務員の俸給、給与その他の費用又は公の営造物の設置若しくは管理の費用を負担する者とが異なるときは、費用を負担する者もまた、その損害を賠償する責に任ずる。」と規定している。

問題22 **正解 5** **地方自治法（地方公共団体）** ランク **C** 正答率 **33.0%**

➡ 総合テキスト Chapter 10 **2**

1 誤 り

地方自治法284条1項は、「地方公共団体の組合は、一部事務組合及び広域連合とする。」と規定している。なお、全部事務組合と役場事務組合の制度は2011年の地方自治法改正によって廃止された。

2 誤 り

地方自治法252条の20第1項は、「指定都市〔政令で指定する人口50万以上の市 252条の19第1項柱書参照〕は、市長の権限に属する事務を分掌させるため、条例で、その区域を分けて区を設け、区の事務所又は必要があると認めるときはその出張所を置くものとする。」と規定し、同条5項は、「区に選挙管理委員会を置く。」と規定している。

3 誤 り

地方自治法138条2項は、「市町村の議会に条例の定めるところにより、事務局を置くことができる。」と規定しているから、市町村の議会に必ず事務局を置かなければならないわけではない。なお、同条3項は、「事務局に事務局長、書記その他の職員を置く。」と規定しているから、本記述の後段は正しい。

4 誤り

地方自治法 138 条の 4 第 1 項は、「普通地方公共団体にその執行機関として普通地方公共団体の長の外、法律の定めるところにより、委員会又は委員を置く。」と規定しているから、普通地方公共団体は、必ず委員会又は委員を置かなければならない。

5 正しい

地方自治法 138 条の 4 第 3 項は、「普通地方公共団体は、法律又は条例の定めるところにより、執行機関の附属機関として自治紛争処理委員、審査会、審議会、調査会その他の調停、審査、諮問又は調査のための機関を置くことができる。ただし、政令で定める執行機関については、この限りでない。」と規定している。

問題 23 **正解 3** **地方自治法（条例と規則の関係）** ランク **A** 正答率 **49.7%**

→ 総合テキスト　Chapter 13 **2**

1 誤り

地方自治法 14 条 3 項は、「普通地方公共団体は、法令に特別の定めがあるものを除くほか、その条例中に、条例に違反した者に対し、2 年以下の懲役……の刑……を科する旨の規定を設けることができる。」と規定している。

2 誤り

地方自治法 14 条 3 項は、「普通地方公共団体は、法令に特別の定めがあるものを除くほか、その条例中に、条例に違反した者に対し、2 年以下の……禁錮……の刑……を科する旨の規定を設けることができる。」と規定している。

3 正しい

地方自治法 14 条 3 項は、「普通地方公共団体は、法令に特別の定めがあるものを除くほか、その条例中に、条例に違反した者に対し、……100 万円以下の罰金…の刑……を科する旨の規定を設けることができる。」と規定している。

4 誤り

地方自治法 14 条 3 項は、「普通地方公共団体は、法令に特別の定めがあるものを除くほか、その条例中に、条例に違反した者に対し、……5 万円以下の過料を科する旨の規定を設けることができる。」と規定している。

5 誤り

地方自治法 15 条 2 項は、「普通地方公共団体の長は、法令に特別の定めがあるものを除くほか、普通地方公共団体の規則中に、規則に違反した者に対し、5 万円以下の過料を科する旨の規定を設けることができる。」と規定している。

→ 総合テキスト Chapter 12 **2**

1 誤 り

普通地方公共団体の住民が住民監査請求をした場合に、「監査委員の監査の結果若しくは勧告若しくは……普通地方公共団体の議会、長その他の執行機関若しくは職員の措置に不服があるとき」のみならず、「監査若しくは勧告を……期間内に行わないとき、若しくは議会、長その他の執行機関若しくは職員が同条〔242条〕第9項の規定による措置を講じないとき」にも住民訴訟を提起することができる（地方自治法242条の2第1項柱書）。したがって、監査委員による監査の結果又は勧告がなされていない場合であっても、住民訴訟を提起することができる。

2 誤 り

事務監査請求については、「選挙権を有する者（道の方面公安委員会については、当該方面公安委員会の管理する方面本部の管轄区域内において選挙権を有する者）」であることが要件とされている（75条1項）。これに対して、住民訴訟については、「普通地方公共団体の住民」であることは要件であるものの選挙権を有する者であることは要件とはされていない（242条の2第1項）。

3 誤 り

住民訴訟を提起するためには、住民監査請求（242条1項）をした場合でなければならない（242条の2第1項）とされており、住民監査請求を前置することが要件とされている。本記述のように、事務監査請求（75条1項）を前置することは要件とされていない。

4 正しい

判例は、「本件申出に係る当事者、請求の趣旨及び原因は、被上告人らに関する限り、別件訴訟と同一であるところ、別件訴訟において適法な住民監査請求を前置していないことを理由に訴えを却下する判決が確定しているから、本件申出はその既判力により不適法な申出として却下されるべきものである」とした（最判平22.7.16）。

5 誤 り

行政事件訴訟法は、特別の事情による請求の棄却（事情判決の制度）として、「取消訴訟については、処分又は裁決が違法ではあるが、これを取り消すことにより公の利益に著しい障害を生ずる場合において、原告の受ける損害の程度、その損害の賠償又は防止の程度及び方法その他一切の事情を考慮したうえ、処分又は裁決を取り消すことが公共の福祉に適合しないと認めるときは、裁判所は、請求を棄却することができる。この場合には、当該判決の主文において、処分又は裁決が違法であることを宣言しなければならない。」（31条）と規定している。これに対して、住民訴訟には、このような事情判決の制度は規定されていない。また、地方自治法242条の2第11項は、行政事件訴訟法43条の規定の適用があるものとするところ、本問は、差止めの請求であって、取消しの請求ではないから、行政事件訴訟法31条は準用されない。

→ 総合テキスト Chapter 2 **2**

ア 誤 り

国家行政組織法3条2項は、「行政組織のため置かれる国の行政機関は、省、委員会及び庁とし、その設置及び廃止は、別に法律の定めるところによる。」と規定している。

イ 正しい

国家行政組織法8条は、「第3条の国の行政機関には、法律の定める所掌事務の範囲内で、法律又は政令の定めるところにより、重要事項に関する調査審議、不服審査その他学識経験を有する者等の合議により処理することが適当な事務をつかさどらせるための合議制の機関を置くことができる。」と規定している。

ウ 誤 り

内閣府設置法6条1項は、「内閣府の長は、内閣総理大臣とする。」と規定し、7条1項は、「内閣総理大臣は、内閣府の事務を統括し、職員の服務について統督する。」と規定している。

エ 正しい

国家行政組織法12条1項は、「各省大臣は、主任の行政事務について、法律若しくは政令を施行するため、又は法律若しくは政令の特別の委任に基づいて、それぞれその機関の命令として省令を発することができる。」と規定している。

オ 誤 り

内閣府設置法7条3項は、「内閣総理大臣は、内閣府に係る主任の行政事務について、法律若しくは政令を施行するため、又は法律若しくは政令の特別の委任に基づいて、内閣府の命令として内閣府令を発することができる。」と規定している。また、憲法73条柱書は、「内閣は、他の一般行政事務の外、左の事務を行ふ。」と規定し、同条6号本文は、「この憲法及び法律の規定を実施するために、政令を制定すること。」を掲げている。

以上により、正しいものの組合せは選択肢4であり、正解は4となる。

問題26 **正解** 5 行政法総合(品川マンション事件) ランク **B** 正答率 **76.2**%

→ 総合テキスト Chapter 3 **5**

本問は、品川マンション事件（最判昭60.7.16）を題材とした。

ア 妥当でない

判例は、「建築主事の右義務〔建築物の確認処分を行う義務〕は、いかなる場合にも例外を許さない絶対的な義務であるとまでは解することができないというべきであつて、建築主が確認処分の留保につき任意に同意をしているものと認められる場合のほか、必ずしも右の同意のあることが明確であるとはいえない場合であつても、諸般の事情から直ちに確認処分をしないで応答を留保することが法の趣旨目的に照らし社会通念上合理的と認め

られるときは、その間確認申請に対する応答を留保することをもつて、確認処分を違法に遅滞するものということはできない」としている。

イ 妥当でない

判例は、「建築確認申請に係る建築物の建築計画をめぐり建築主と付近住民との間に紛争が生じ、関係地方公共団体により建築主に対し、付近住民と話合いを行つて円満に紛争を解決するようにとの内容の行政指導が行われ、建築主において任意に右行政指導に応じて付近住民と協議をしている場合においても、そのことから常に当然に建築主が建築主事に対し確認処分を留保することについてまで任意に同意をしているものとみるのは相当でない」としている。

ウ 妥当でない

判例は、「関係地方公共団体において、当該建築確認申請に係る建築物が建築計画どおりに建築されると付近住民に対し少なからぬ日照阻害、風害等の被害を及ぼし、良好な居住環境あるいは市街環境を損なうことになるものと考えて、当該地域の生活環境の維持、向上を図るために、建築主に対し、当該建築物の建築計画につき一定の譲歩・協力を求める行政指導を行い、建築主が任意にこれに応じているものと認められる場合においては、社会通念上合理的と認められる期間建築主事が申請に係る建築計画に対する確認処分を留保し、行政指導の結果に期待することがあつたとしても、これをもつて直ちに違法な措置であるとまではいえない」としている。

エ 妥当である

判例は、「確認処分の留保は、建築主の任意の協力・服従のもとに行政指導が行われていることに基づく事実上の措置にとどまるものであるから、建築主において自己の申請に対する確認処分を留保されたままでの行政指導には応じられないとの意思を明確に表明している場合には、かかる建築主の明示の意思に反してその受忍を強いることは許されない筋合のものであるといわなければならず、建築主が右のような行政指導に不協力・不服従の意思を表明している場合には、当該建築主が受ける不利益と右行政指導の目的とする公益上の必要性とを比較衡量して、右行政指導に対する建築主の不協力が社会通念上正義の観念に反するものといえるような特段の事情が存在しない限り、行政指導が行われているとの理由だけで確認処分を留保することは、違法であると解するのが相当である」としている。

オ 妥当である

判例は、「いつたん行政指導に応じて建築主と付近住民との間に話合いによる紛争解決をめざして協議が始められた場合でも、右協議の進行状況及び四囲の客観的状況により、建築主において建築主事に対し、確認処分を留保されたままでの行政指導にはもはや協力できないとの意思を真摯かつ明確に表明し、当該確認申請に対し直ちに応答すべきことを求めているものと認められるときには、他に前記特段の事情が存在するものと認められない限り、当該行政指導を理由に建築主に対し確認処分の留保の措置を受忍せしめることの許されないことは前述のとおりであるから、それ以後の右行政指導を理由とする確認処分

の留保は、違法となる」としている。

以上により、妥当なものの組合せは選択肢5であり、正解は5となる。

❖ 民　法 ❖

| 問題27 | 正解 4 | 無権代理 | ランク A | 正答率 83.7% |

➡ 総合テキスト　Chapter 8 **5**

ア　妥当でない

民法115条は、「代理権を有しない者がした契約は、本人が追認をしない間は、相手方が取り消すことができる。ただし、契約の時において代理権を有しないことを相手方が知っていたときは、この限りでない。」と規定している。

イ　妥当でない

民法117条1項は、「他人の代理人として契約をした者は、自己の代理権を証明したとき、又は本人の追認を得たときを除き、相手方の選択に従い、相手方に対して履行又は損害賠償の責任を負う。」と規定している。

ウ　妥当である

判例は、「無権代理人が本人を相続し本人と代理人との資格が同一人に帰するにいたつた場合においては、本人が自ら法律行為をしたのと同様な法律上の地位を生じたものと解するのが相当であ」るとしている（大判昭2.3.22参照、最判昭40.6.18）。

エ　妥当である

判例は、「無権代理人が本人を他の相続人と共に共同相続した場合において、無権代理行為を追認する権利は、その性質上相続人全員に不可分的に帰属するところ、無権代理行為の追認は、本人に対して効力を生じていなかった法律行為を本人に対する関係において有効なものにするという効果を生じさせるものであるから、共同相続人全員が共同してこれを行使しない限り、無権代理行為が有効となるものではない……。そうすると、他の共同相続人全員が無権代理行為の追認をしている場合に無権代理人が追認を拒絶することは信義則上許されないとしても、他の共同相続人全員の追認がない限り、無権代理行為は、無権代理人の相続分に相当する部分においても、当然に有効となるものではない」としている（最判平5.1.21）。

オ　妥当でない

判例は、「無権代理人が本人を相続した場合においては、自らした無権代理行為につき本人の資格において追認を拒絶する余地を認めるのは信義則に反するから、右無権代理行為は相続と共に当然有効となる……けれども、本人が無権代理人を相続した場合は……相続人たる本人が被相続人の無権代理行為の追認を拒絶しても、何ら信義に反するところはないから、被相続人の無権代理行為は一般に本人の相続により当然有効となるものではない」としている（最判昭37.4.20）。

以上により、妥当なものの組合せは選択肢4であり、正解は4となる。

問題28　**正解** 2　時　効　｜ランク **A**｜正答率 **76.4**%

→ 総合テキスト　Chapter 10 **3 4 5**

1　正しい

民法146条は、「時効の利益は、あらかじめ放棄することができない。」と規定している。もっとも、時効の完成後に時効の利益を放棄することは自由である。

2　誤　り

民法145条は、「時効は、当事者（消滅時効にあっては、保証人、物上保証人、第三取得者その他権利の消滅について正当な利益を有する者を含む。）が援用しなければ、裁判所がこれによって裁判をすることができない。」と規定している。そして、判例は、「後順位抵当権者は、先順位抵当権の被担保債権の消滅により直接利益を受ける者に該当するものではなく、先順位抵当権の被担保債権の消滅時効を援用することができない」としている（最判平11.10.21）。

3　正しい

判例は、「債務者が、自己の負担する債務について時効が完成したのちに、債権者に対し債務の承認をした以上、時効完成の事実を知らなかつたときでも、爾後その債務についてその完成した消滅時効の援用をすることは許されない」としている（最大判昭41.4.20）。

4　正しい

民法150条1項は、「催告があったときは、その時から6箇月を経過するまでの間は、時効は、完成しない。」と規定している。催告は、債権者が債務者に対して履行を請求する意思の通知という準法律行為である。

5　正しい

民法166条1項柱書は、「債権は、次に掲げる場合には、時効によって消滅する。」と規定し、同項1号は、「債権者が権利を行使することができることを知った時から5年間行使しないとき。」を掲げている。

問題29　**正解** 5　物権の成立　｜ランク **B**｜正答率 **52.4**%

→ 総合テキスト　Chapter 12 **1**、13 **1**、14 **2 3**

1　誤　り

民法176条は、「物権の設定及び移転は、当事者の意思表示のみによって、その効力を生ずる。」と規定している。

2　誤　り

民法181条は、「占有権は、代理人によって取得することができる。」と規定している。本記述における土地の所有者は、賃借人の占有により、代理占有となるところ、占有権が失われるわけではない。

民法243条は、「所有者を異にする数個の動産が、付合により、損傷しなければ分離することができなくなったときは、その合成物の所有権は、主たる動産の所有者に帰属する。分離するのに過分の費用を要するときも、同様とする。」と規定している。なお、244条は、「付合した動産について主従の区別をすることができないときは、各動産の所有者は、その付合の時における価格の割合に応じてその合成物を共有する。」と規定している。

4 誤 り

民法246条1項は、「他人の動産に工作を加えた者（以下この条において『加工者』という。）があるときは、その加工物の所有権は、材料の所有者に帰属する。ただし、工作によって生じた価格が材料の価格を著しく超えるときは、加工者がその加工物の所有権を取得する。」と規定している。

5 正しい

民法255条は、「共有者の一人が、その持分を放棄したとき、又は死亡して相続人がないときは、その持分は、他の共有者に帰属する。」と規定している。

問題30 **正解 1** 抵当権の消滅　　ランク **A**　正答率 **63.8%**

➡ 総合テキスト　Chapter 20 **8**

1 妥当である

民法179条1項は、「同一物について所有権及び他の物権が同一人に帰属したときは、当該他の物権は、消滅する。ただし、その物又は当該他の物権が第三者の権利の目的であるときは、この限りでない。」と規定している。

2 妥当でない

抵当権者は、利息その他の定期金を請求する権利を有するときは、その満期となった最後の2年分についてのみ、その抵当権を行使することができる（民法375条1項本文）。この規定は、あくまでも後順位抵当権者や一般債権者の利益を考慮したものであるので、抵当権設定者たる債務者又は物上保証人に対する関係では、本条の制限を受けない。したがって、抵当権設定者は、元本債権、満期となった利息、損害金等の全額を弁済しなければ、抵当権を消滅させることができない（大判昭15.9.28）。

3 妥当でない

民法396条は、「抵当権は、債務者及び抵当権設定者に対しては、その担保する債権と同時でなければ、時効によって消滅しない。」と規定している。

4 妥当でない

債務者又は抵当権設定者でない者が抵当不動産について取得時効に必要な要件を具備する占有をしたときは、抵当権は、これによって消滅する（397条）。

5 妥当でない

抵当権は、目的物の消滅などの物権一般の消滅原因によって消滅する。これは、抵当権

設定者が故意に滅失させた場合であっても同様である。

| 問題31 | 正解 3 | 連帯債務 | ランク A | 正答率 78.7% |

➡ 総合テキスト　Chapter 25 **4**

1　正しい

民法437条は、「連帯債務者の一人について法律行為の無効又は取消しの原因があっても、他の連帯債務者の債務は、その効力を妨げられない。」と規定している。

2　正しい

民法441条は、「第438条〔更改〕、第439条第1項〔相殺〕及び前条〔混同〕に規定する場合を除き、連帯債務者の一人について生じた事由は、他の連帯債務者に対してその効力を生じない。ただし、債権者及び他の連帯債務者の一人が別段の意思を表示したときは、当該他の連帯債務者に対する効力は、その意思に従う。」と規定している。そして、438条は、「連帯債務者の一人と債権者との間に更改があったときは、債権は、全ての連帯債務者の利益のために消滅する。」と規定している。

3　誤り

民法441条は、「第438条、第439条第1項及び前条に規定する場合を除き、連帯債務者の一人について生じた事由は、他の連帯債務者に対してその効力を生じない。ただし、債権者及び他の連帯債務者の一人が別段の意思を表示したときは、当該他の連帯債務者に対する効力は、その意思に従う。」と規定している。なお、改正前民法では、時効に絶対効が認められていた。

4　正しい

民法441条は、「第438条、第439条第1項及び前条に規定する場合を除き、連帯債務者の一人について生じた事由は、他の連帯債務者に対してその効力を生じない。ただし、債権者及び他の連帯債務者の一人が別段の意思を表示したときは、当該他の連帯債務者に対する効力は、その意思に従う。」と規定している。そして、439条1項は、「連帯債務者の一人が債権者に対して債権を有する場合において、その連帯債務者が相殺を援用したときは、債権は、全ての連帯債務者の利益のために消滅する。」と規定している。

5　正しい

民法441条は、「第438条、第439条第1項及び前条に規定する場合を除き、連帯債務者の一人について生じた事由は、他の連帯債務者に対してその効力を生じない。ただし、債権者及び他の連帯債務者の一人が別段の意思を表示したときは、当該他の連帯債務者に対する効力は、その意思に従う。」と規定している。そして、440条は、「連帯債務者の一人と債権者との間に混同があったときは、その連帯債務者は、弁済をしたものとみなす。」と規定している。

➡ 総合テキスト Chapter 27 **2**

1 妥当でない

民法478条は、「受領権者（債権者及び法令の規定又は当事者の意思表示によって弁済を受領する権限を付与された第三者をいう。……）以外の者であって取引上の社会通念に照らして受領権者としての外観を有するものに対してした弁済は、その弁済をした者が善意であり、かつ、過失がなかったときに限り、その効力を有する。」と規定している。

2 妥当でない

判例は、債権者の代理人と称して債権を行使する者についても民法478条が適用されるとしている（最判昭37.8.21）。

3 妥当でない

判例は、「二重に譲渡された指名債権の債務者が、民法467条2項所定の対抗要件を具備した他の譲受人（以下『優先譲受人』という。）よりのちにこれを具備した譲受人（以下『劣後譲受人』……）に対してした弁済についても、同法478条の規定の適用がある」としている（最判昭61.4.11）。

4 妥当でない

判例は、現金自動入出機による預金の払戻しについても民法478条が適用されるとしている（最判平15.4.8）。

5 妥当である

判例は、金融機関が、記名式定期預金につき真実の預金者甲と異なる乙を預金者と認定して乙に貸付をしたのち、貸付債権を自働債権とし預金債権を受働債権としてした相殺が民法478条の類推適用により甲に対して効力を生ずるためには、当該貸付時において、乙を預金者本人と認定するにつき金融機関として負担すべき相当の注意義務を尽くしたと認められれば足りるとしている（最判昭59.2.23）。

➡ 総合テキスト Chapter 29 **1**、30 **2** **4**、32 **2**

ア 正しい

債権者の責めに帰すべき事由によって債務を履行することができなくなったときは、債権者は、反対給付の履行を拒むことができない（民法536条2項前段）。本記述では、債権者Bの責めに帰すべき事由により、甲が滅失して、AのBに対する甲の引渡債務を履行できなくなっている。したがって、Bは、Aからの代金の支払請求を拒むことができない。

イ 誤り

当事者の一方がその債務を履行しない場合において、相手方が相当の期間を定めてその

履行の催告をし、その期間内に履行がないときは、相手方は、契約の解除をすることができる（564条、541条本文）。本記述では、Bは、Aに対して相当の期間を定めて履行の追完の催告をしたにもかかわらず、その履行がなされていない。したがって、Bは、契約の解除をすることができる。この場合、契約の目的を達することができるか否かは要件ではない。

ウ　誤り

記述イの解説のとおり、当事者の一方がその債務を履行しない場合において、相手方が相当の期間を定めてその履行の催告をし、その期間内に履行がないときは、相手方は、契約の解除をすることができる（541条本文）。したがって、Aは、Bとの売買契約を解除することができる。他方、当事者の一方がその解除権を行使したときは、各当事者は、その相手方を原状に復させる義務を負う。ただし、第三者の権利を害することはできない（545条1項）。「第三者」とは、解除前の第三者を意味し、第三者の善意・悪意を問わないが、対抗要件を備えていなければならない（大判大10.5.17）。したがって、Aは、解除前の第三者であり、Bから甲の引渡しを受けているCに対して、甲の返還を求めることができない。

エ　正しい

当事者の一方がその債務を履行しない場合において、相手方が相当の期間を定めてその履行の催告をし、その期間内に履行がないときは、相手方は、契約の解除をすることができる（541条本文）。したがって、当事者の一方がその債務を履行しない場合において、相手方が契約の解除をするためには、原則として催告をすることを要する。もっとも、民法542条1項柱書は、「次に掲げる場合には、債権者は、前条の催告をすることなく、直ちに契約の解除をすることができる。」と規定し、契約目的の達成が不可能になったと評価し得る一定の場合には、催告をすることなく解除をすることができることを定めている。そして、同項2号は、そのような場合の1つとして、「債務者がその債務の全部の履行を拒絶する意思を明確に表示したとき。」を掲げている。

オ　誤り

双務契約の当事者の一方は、相手方がその債務の履行を提供するまでは、自己の債務の履行を拒むことができる（533条本文）。本記述では、売買契約の当事者はA・Bである。したがって、Aは、契約の当事者ではないCに対して同時履行の抗弁権を主張することはできない。

以上により、正しいものの組合せは選択肢1であり、正解は1となる。

→ 総合テキスト Chapter 34 **1**

1 妥当でない

注文者の責めに帰すべき事由により仕事の完成が不能となった場合には、民法536条2項の法意に照らして、請負人は、注文者に対し、報酬全額を請求することができる。

2 妥当でない

民法633条本文は、「報酬は、仕事の目的物の引渡しと同時に、支払わなければならない。」と規定している。

3 妥当でない

民法634条柱書は、「次に掲げる場合において、請負人が既にした仕事の結果のうち可分な部分の給付によって注文者が利益を受けるときは、その部分を仕事の完成とみなす。この場合において、請負人は、注文者が受ける利益の割合に応じて報酬を請求することができる。」と規定し、同条2号は、「請負が仕事の完成前に解除されたとき。」を掲げている。

4 妥当でない

民法636条は、「請負人が種類又は品質に関して契約の内容に適合しない仕事の目的物を注文者に引き渡したとき（その引渡しを要しない場合にあっては、仕事が終了した時に仕事の目的物が種類又は品質に関して契約の内容に適合しないとき）は、注文者は、注文者の供した材料の性質又は注文者の与えた指図によって生じた不適合を理由として、履行の追完の請求、報酬の減額の請求、損害賠償の請求及び契約の解除をすることができない。ただし、請負人がその材料又は指図が不適当であることを知りながら告げなかったときは、この限りでない。」と規定している。

5 妥当である

民法641条は、「請負人が仕事を完成しない間は、注文者は、いつでも損害を賠償して契約の解除をすることができる。」と規定している。

→ 総合テキスト Chapter 42 **125**

ア 正しい

民法973条1項は、「成年被後見人が事理を弁識する能力を一時回復した時において遺言をするには、医師2人以上の立会いがなければならない。」と規定している。

イ 誤り

民法961条は、「15歳に達した者は、遺言をすることができる。」と規定している。

ウ 誤り

民法968条1項は、「自筆証書によって遺言をするには、遺言者が、その全文、日付及

び氏名を自書し、これに印を押さなければならない。」と規定している。そして、判例は、「証書の日附として単に『昭和41年7月吉日』と記載されているにとどまる場合は、暦上の特定の日を表示するものとはいえず、そのような自筆証書遺言は、証書上日附の記載を欠くものとして無効である」としている（最判昭54.5.31）。

エ　正しい

民法975条は、「遺言は、2人以上の者が同一の証書ですることができない。」と規定している。そして、共同遺言といえるためには、1つの遺言書に複数の遺言者の意思表示が遺言者ごとに峻別できない状態で記載されている場合のことをいう。判例は、「同一の証書に2人の遺言が記載されている場合は、そのうちの一方に氏名を自書しない方式の違背があるときでも、右遺言は、民法975条により禁止された共同遺言にあたる」としている（最判昭56.9.11）。

オ　誤り

民法1023条1項は、「前の遺言が後の遺言と抵触するときは、その抵触する部分については、後の遺言で前の遺言を撤回したものとみなす。」と規定している。そして、1025条は、「前3条の規定により撤回された遺言は、その撤回の行為が、撤回され、取り消され、又は効力を生じなくなるに至ったときであっても、その効力を回復しない。ただし、その行為が錯誤、詐欺又は強迫による場合は、この限りでない。」と規定している。

以上により、正しいものの組合せは選択肢2であり、正解は2となる。

❖ 商　法 ❖

| 問題36 | 正解 3 | 支配人 | ランク B | 正答率 56.2% |

➡ 総合テキスト　Chapter 1 **6**

ア　正しい

商法22条は、「商人が支配人を選任したときは、その登記をしなければならない。支配人の代理権の消滅についても、同様とする。」と規定している。

イ　誤り

商法20条は、「商人は、支配人を選任し、その営業所において、その営業を行わせることができる。」と規定し、21条2項は、「支配人は、他の使用人を選任し、又は解任することができる。」と規定している。

ウ　誤り

商法21条1項は、「支配人は、商人に代わってその営業に関する一切の裁判上又は裁判外の行為をする権限を有する。」と規定している。

エ　正しい

商法23条1項柱書は、「支配人は、商人の許可を受けなければ、次に掲げる行為をしてはならない。」と規定し、同項3号は、「他の商人又は会社若しくは外国会社の使用人となること。」を掲げている。

商法 23 条 2 項は、「支配人が前項の規定に違反して同項第 2 号に掲げる行為をしたときは、当該行為によって支配人又は第三者が得た利益の額は、商人に生じた損害の額と推定する。」と規定している。そして、同条 1 項柱書は、「支配人は、商人の許可を受けなければ、次に掲げる行為をしてはならない。」と規定し、同項 2 号は、「自己又は第三者のためにその商人の営業の部類に属する取引をすること。」を掲げている。

以上により、誤っているものの組合せは選択肢 3 であり、正解は 3 となる。

| 問題37 | 正解 1 | 会社法(設立における出資の履行等) | ランク B | 正答率 58.2% |

➡ 総合テキスト　Chapter 7 **2**

ア 正しい

会社法 27 条柱書は、「株式会社の定款には、次に掲げる事項を記載し、又は記録しなければならない。」と規定し、同条 4 号は、「設立に際して出資される財産の価額又はその最低額」を掲げている。

イ 正しい

会社法 34 条 1 項本文は、「発起人は、設立時発行株式の引受け後遅滞なく、その引き受けた設立時発行株式につき、その出資に係る金銭の全額を払い込み、又はその出資に係る金銭以外の財産の全部を給付しなければならない。」と規定している。

ウ 誤 り

会社法 52 条の 2 第 1 項柱書は、「発起人は、次の各号に掲げる場合には、株式会社に対し、当該各号に定める行為をする義務を負う。」と規定し、同項 1 号は、「第 34 条第 1 項の規定による払込みを仮装した場合　払込みを仮装した出資に係る金銭の全額の支払」を掲げている。そして、55 条は、「……第 52 条の 2 第 1 項の規定により発起人の負う義務……は、総株主の同意がなければ、免除することができない。」と規定している。

エ 誤 り

会社法 64 条 1 項は、「第 57 条第 1 項〔設立時発行株式を引き受ける者の募集〕の募集をした場合には、発起人は、第 34 条第 1 項及び前条第 1 項〔設立時募集株式の払込金額の払込み〕の規定による払込みの取扱いをした銀行等に対し、これらの規定により払い込まれた金額に相当する金銭の保管に関する証明書の交付を請求することができる。」と規定している。

オ 誤 り

会社法 32 条 1 項柱書は、「発起人は、株式会社の設立に際して次に掲げる事項（定款に定めがある事項を除く。）を定めようとするときは、その全員の同意を得なければならない。」と規定し、同項 3 号は、「成立後の株式会社の資本金及び資本準備金の額に関する事項」を掲げている。

以上により、正しいものの組合せは選択肢 1 であり、正解は 1 となる。

問題38　正解 4　会社法（譲渡制限株式）　ランク C　正答率 42.9%

→ 総合テキスト　Chapter 5 **4**

1　正しい

会社法107条1項柱書は、「株式会社は、その発行する全部の株式の内容として次に掲げる事項を定めることができる。」と規定し、同項1号は、「譲渡による当該株式の取得について当該株式会社の承認を要すること。」を掲げている。

2　正しい

会社法136条は、「譲渡制限株式の株主は、その有する譲渡制限株式を他人（当該譲渡制限株式を発行した株式会社を除く。）に譲り渡そうとするときは、当該株式会社に対し、当該他人が当該譲渡制限株式を取得することについて承認をするか否かの決定をすることを請求することができる。」と規定している。

3　正しい

会社法137条1項は、「譲渡制限株式を取得した株式取得者は、株式会社に対し、当該譲渡制限株式を取得したことについて承認をするか否かの決定をすることを請求することができる。」と規定し、同条2項は、「前項の規定による請求は、利害関係人の利益を害するおそれがないものとして法務省令で定める場合を除き、その取得した株式の株主として株主名簿に記載……された者……と共同してしなければならない。」と規定している。

4　誤 り

会社法139条1項は、「株式会社が第136条〔株主からの承認の請求〕又は第137条第1項〔株式取得者からの承認の請求〕の承認をするか否かの決定をするには、株主総会（取締役会設置会社にあっては、取締役会）の決議によらなければならない。ただし、定款に別段の定めがある場合は、この限りでない。」と規定している。

5　正しい

会社法174条は、「株式会社は、相続その他の一般承継により当該株式会社の株式（譲渡制限株式に限る。）を取得した者に対し、当該株式を当該株式会社に売り渡すことを請求することができる旨を定款で定めることができる。」と規定している。

問題39　正解 2　会社法（役員等の責任）　ランク B　正答率 47.5%

→ 総合テキスト　Chapter 6 **4** **11**

ア　誤 り

株式会社の取締役会は取締役の職務執行につき監督する地位にあるため（会社法362条2項2号）、取締役会を構成する取締役は、取締役会に上程された事柄にとどまらず、代表取締役の業務執行一般について監視し、必要があれば取締役会を招集するなどして（366条参照）、取締役会を通じて業務執行が適正に行われるようにする職務を有するものと解されている（最判昭48.5.22）。

　株式会社は、何人に対しても、株主の権利の行使に関して財産上の利益の供与をしてはならず（120条1項）、会社がこの規定に違反して利益供与をしたときは、その利益供与に関する職務を行った取締役は、会社に対し、連帯して供与した利益の価額に相当する額を支払う義務を負う（120条4項本文、会社法施行規則21条1号）。この場合、当該利益供与をした取締役については、その職務を行うについて注意を怠らなかったことを証明したときであっても、その責任を免れることができない（会社法120条4項ただし書かっこ書）。

ウ 正しい

　役員等がその職務を行うについて悪意又は重大な過失があったときは、当該役員等は、これによって第三者に生じた損害を賠償する責任を負う（429条1項）。この場合、役員等の任務懈怠行為と第三者の損害との間に因果関係があれば、当該役員等は、第三者に対する加害について故意又は過失がないときであっても、第三者に対し損害を賠償する責任を負う（最大判昭44.11.26）。これは、会社の社会的地位と取締役の職務の重要性に鑑み、第三者を保護する必要があるためである。

エ 正しい

　役員等が株式会社又は第三者に生じた損害を賠償する責任を負う場合において、他の役員等も当該損害を賠償する責任を負うときは、これらの者は、連帯債務者となる（430条）。これは、第三者の保護を厚くする趣旨である。

オ 誤 り

　役員等は、その任務を怠ったときは、株式会社に対し、これによって生じた損害を賠償する責任を負う（423条1項）。この役員等の責任は、総株主の同意がなければ、全部を免除することができない（424条）。役員等の責任を追及する株主の代表訴訟提起権が単独株主権であるため（847条1項）、これと合わせるべく、役員等の責任免除については、総株主の同意が必要とされているのである。

　以上により、誤っているものの組合せは選択肢2であり、正解は2となる。

問題40　**正解 5**　**会社法（定款に定める事項）**　ランク **C**　正答率 **43.2%**

➡ 総合テキスト　Chapter 5 **1**、7 **2 3**

1 正しい

　会社法109条2項は、「前項の規定〔株主平等原則〕にかかわらず、公開会社でない株式会社は、第105条第1項各号に掲げる権利に関する事項について、株主ごとに異なる取扱いを行う旨を定款で定めることができる。」と規定している。そして、105条1項柱書は、「株主は、その有する株式につき次に掲げる権利その他この法律の規定により認められた権利を有する。」と規定し、同項1号は、「剰余金の配当を受ける権利」を掲げている。

2　正しい

会社法 27 条柱書は、「株式会社の定款には、次に掲げる事項を記載し、又は記録しなければならない。」と規定し、同条 3 号は、「本店の所在地」を掲げている。これに対して、支店の所在場所は登記事項ではあるものの（911 条 3 項 3 号）、27 条には規定されていない。

3　正しい

会社法 214 条は、「株式会社は、その株式（種類株式発行会社にあっては、全部の種類の株式）に係る株券を発行する旨を定款で定めることができる。」と規定している。

4　正しい

会社法 37 条 1 項は、「発起人は、株式会社が発行することができる株式の総数（以下『発行可能株式総数』という。）を定款で定めていない場合には、株式会社の成立の時までに、その全員の同意によって、定款を変更して発行可能株式総数の定めを設けなければならない。」と規定している。

5　誤り

会社法 189 条 2 項柱書は、「株式会社は、単元未満株主が当該単元未満株式について次に掲げる権利以外の権利の全部又は一部を行使することができない旨を定款で定めることができる。」と規定し、同項 4 号は、「第 192 条第 1 項の規定により単元未満株式を買い取ることを請求する権利」を掲げている。

多肢選択式

❖憲　法❖

問題41	夫婦同氏制の合憲性	ランク B	正答率 ア 54.9% イ 42.7% ウ 33.1% エ 70.5%

➡ 総合テキスト　Chapter 3 ■

ア	「15　選択的夫婦別氏制」	イ	「20　国民の意識」
ウ	「6　立法政策」	エ	「18　国　会」

判例は、「本件は、抗告人らが、婚姻届に『夫は夫の氏、妻は妻の氏を称する』旨を記載して婚姻の届出をしたところ、Ａ市長からこれを不受理とする処分（以下『本件処分』という。）を受けたため、本件処分が不当であるとして、戸籍法 122 条に基づき、同市長に上記届出の受理を命ずることを申し立てた事案である。本件処分は、上記届出が、夫婦が婚姻の際に定めるところに従い夫又は妻の氏を称するとする民法 750 条の規定及び婚姻をしようとする者が婚姻届に記載しなければならない事項として夫婦が称する氏を掲げる戸籍法 74 条 1 号の規定（以下『本件各規定』という。）に違反することを理由とするものであった。所論は、本件各規定が憲法 14 条 1 項、24 条、98 条 2 項に違反して無効であるなどというものである。

　……しかしながら、民法 750 条の規定が憲法 24 条に違反するものでないことは、当裁

判所の判例とするところであり（最高裁平成26年（オ）第1023号同27年12月16日大法廷判決・民集69巻8号2586頁（以下『平成27年大法廷判決』という。））、上記規定を受けて夫婦が称する氏を婚姻届の必要的記載事項と定めた戸籍法74条1号の規定もまた憲法24条に違反するものでないことは、平成27年大法廷判決の趣旨に徴して明らかである。平成27年大法廷判決以降にみられる女性の有業率の上昇、管理職に占める女性の割合の増加その他の社会の変化や、いわゆる選択的夫婦別氏制の導入に賛成する者の割合の増加その他の国民の意識の変化といった原決定が認定する諸事情等を踏まえても、平成27年大法廷判決の判断を変更すべきものとは認められない。憲法24条違反をいう論旨は、採用することができない。

なお、夫婦の氏についてどのような制度を採るのが立法政策として相当かという問題と、夫婦同氏制を定める現行法の規定が憲法24条に違反して無効であるか否かという憲法適合性の審査の問題とは、次元を異にするものである。本件処分の時点において本件各規定が憲法24条に違反して無効であるといえないことは上記のとおりであって、この種の制度の在り方は、平成27年大法廷判決の指摘するとおり、国会で論ぜられ、判断されるべき事柄にほかならないというべきである」としている（最大決令3.6.23）。

以上により、アには15の「選択的夫婦別氏制」、イには20の「国民の意識」、ウには6の「立法政策」、エには18の「国会」が当てはまる。

❖ 行政法 ❖

問題42	一般的法理論 （行政立法・裁量基準）	ランク A	正答率 ア84.3% イ71.1% ウ65.3% エ79.9%

➡ 総合テキスト　Chapter 3**5**、4**2**

ア	「18　平等原則」	イ	「20　予測可能性」
ウ	「5　行政規則」	エ	「14　審査基準」

本問は、裁量基準に関するものである。裁量基準とは、行政機関の行政裁量の行使の基準をいう。

行政庁の裁量権の行使について、恣意的判断が行われ、判断の不統一が生じることによって、合理的な理由のない差別がなされ、平等原則に反するおそれが生じるから、　ア　には「平等原則」が入る。

国民の側からすると、行政庁の裁量権行使の基準が明らかでないと、行政庁がどのような観点、基準に基づいて具体的な事案を処理しているかがブラックボックスになってしまい、関係者にとって予測可能性が保障されなくなるから、　イ　には「予測可能性」が入る。

行政機関が定立する規範は、行政立法ないし行政基準と呼ばれるが、伝統的な考え方によれば、行政基準は、国民の権利義務にかかわる規範である法規命令と国民の権利義務に関わらない行政の内部基準にとどまる規範である行政規則に分類される。裁量基準は、行政庁の作成する内部基準であり、国民や裁判所を拘束するものではなく、行政規則に当た

ると解されているから、　ウ　には「行政規則」が入る。

　行政手続法5条1項は「行政庁は、審査基準を定めるものとする。」と規定し、同条3項は「行政庁は、行政上特別の支障があるときを除き、法令により申請の提出先とされている機関の事務所における備付けその他の適当な方法により審査基準を公にしておかなければならない。」と規定しているから、　エ　には「審査基準」が入る。

　以上により、アには18の「平等原則」、イには20の「予測可能性」、ウには5の「行政規則」、エには14の「審査基準」が当てはまる。

問題43　国家賠償法（1条）　｜ランク **C** ｜ 正答率　ア **34.6**% イ **18.8**% ウ **22.9**% エ **54.7**%

➡ 総合テキスト　Chapter 8 **1 2**

ア　「19　代位責任説」　　**イ**　「17　不当利得的な」
ウ　「9　自己責任説」　　　**エ**　「14　組織的過失」

1　本問は、「国又は公共団体の公権力の行使に当たる複数の公務員が、その職務を行うについて、共同して故意によって違法に他人に加えた損害につき、国又は公共団体がこれを賠償した場合においては、当該公務員らは、国又は公共団体に対し、連帯して国家賠償法1条2項による求償債務を負うものと解すべきである」と判示した最高裁判所判決（最判令2.7.14）における裁判官宇賀克也の補足意見を題材としたものである。

2　裁判官宇賀克也の補足意見は、「私は法廷意見に賛成するものであるが、原審が国家賠償法1条1項の性質について代位責任説を採用し、そこから同条2項の規定に基づく求償権は実質的に不当利得的な性格を有するので分割債務を負うとしていることについて、補足的に意見を述べておきたい。同条1項の性質については代位責任説と自己責任説が存在する。代位責任説の根拠としては、同法の立案に関与された田中二郎博士が代位責任説を採ったことから、立法者意思は代位責任説であったと結論付けるものがある。しかし、……立法者意思は代位責任説であったとはいえない。

　また、代位責任説と自己責任説を区別する実益は、加害公務員又は加害行為が特定できない場合……や加害公務員に有責性がない場合……に、代位責任説では国家賠償責任が生じ得ないが自己責任説では生じ得る点に求められていた。しかし、最高裁……は、代位責任説か自己責任説かを明示することなく、『国又は公共団体の公務員による一連の職務上の行為の過程において他人に被害を生ぜしめた場合において、それが具体的にどの公務員のどのような違法行為によるものであるかを特定することができなくても、右の一連の行為のうちのいずれかに行為者の故意又は過失による違法行為があったのでなければ右の被害が生ずることはなかったであろうと認められ、かつ、それがどの行為であるにせよこれによる被害につき行為者の属する国又は公共団体が法律上賠償の責任を負うべき関係が存在するときは、国又は公共団体は、加害行為不特定の故をもって国家賠償法又は民法上の損害賠償責任を免れることができないと解するのが相当』であると判示している。さらに、公務員の過失を組織的過失と捉える裁判例……が支配的とな

っており、個々の公務員の有責性を問題にする必要はないと思われる。したがって、<u>代位責任説</u>、<u>自己責任説</u>は、解釈論上の道具概念としての意義をほとんど失っているといってよい。

　本件においても、<u>代位責任説</u>を採用したからといって、そこから論理的に求償権の性格が実質的に<u>不当利得的な</u>性格を有することとなるものではなく、<u>代位責任説</u>を採っても<u>自己責任説</u>を採っても、本件の公務員らは、連帯して国家賠償法１条２項の規定に基づく求償債務を負うと考えられる。」とした。

以上により、アには19の「代位責任説」、イには17の「不当利得的な」、ウには9の「自己責任説」、エには14の「組織的過失」が当てはまる。

記述式

❖ 行政法 ❖

| 問題44 行政事件訴訟法（争点訴訟） | ランク B |

【解答例】A市を被告として、本件裁決が無効であることを主張することになり、争点訴訟と呼ばれる。（42字）

1　収用委員会による裁決について

　A市は、道路拡張の事業認定を受けたうえで、X県収用委員会に対し、土地収用の裁決を申請しており（土地収用法39条1項）、この申請に基づき、X県収用委員会は、A市内のB所有の甲土地を収用する旨の裁決をしている（47条の2）。

　そして、収用裁決があった場合、起業者〔A市〕及び土地所有者〔B〕に対して、裁決書の正本が送達されることとなる（66条3項）。

　本問では、以上の事実を前提に、X県収用委員会の裁決に不服のあるBが、甲土地の所有権を失わずに済む方法として、いかなる手段があるかを問うものである。

2　本件裁決の効力そのものを争う方法について

　無効等の瑕疵がある行政処分又は裁決について、行政事件訴訟法36条は、「無効等確認の訴えは、当該処分又は裁決に続く処分により損害を受けるおそれのある者その他当該処分又は裁決の無効等の確認を求めるにつき法律上の利益を有する者で、当該処分若しくは裁決の存否又はその効力の有無を前提とする現在の法律関係に関する訴えによって目的を達することができないものに限り、提起することができる。」と規定している。

　本条の「現在の法律関係に関する訴え」には、「公法上の法律関係に関する確認の訴えその他の公法上の法律関係に関する訴訟」としての実質的当事者訴訟（4条後段）と「私法上の法律関係に関する訴訟において、処分若しくは裁決の存否又はその効力の有無が争われている場合」の争点訴訟（45条1項）がある。

　本問では、「本件裁決の効力そのものを争う方法によるほか」とされていることから、上記の無効確認訴訟は除外される。また、Bは民事訴訟を提起することとされており、

実質的当事者訴訟は民事訴訟ではないため、実質的当事者訴訟も除外される。

3　争点訴訟について

　争点訴訟とは、私法上の法律関係に関する訴え（民事訴訟）の中で、行政庁の処分・裁決の効力等が前提として争われる訴訟をいう。

　本問では、Bは、甲土地の所有権が自己にあることの確認をしておきたいと考えており、土地所有権は私法上の法律関係におけるものであるから、この確認訴訟は民事訴訟となる。そして、この訴えは、裁決の無効を先決問題として争点としていることから、争点訴訟となる。この場合、Bは、A市を被告として、自己に所有権があることに加えて、本件裁決が無効であることを主張することとなる。

　したがって、本問の場合、Bは、A市を被告として、本件裁決が無効であることを主張することとなり、このような訴訟は、行政事件訴訟法上、争点訴訟と呼ばれる。

❖民　法❖

| 問題45 | 抵当権の消滅・費用償還請求 | ランク
A |

➡ 総合テキスト　Chapter 20 **4**

> **【解答例】** Cに第三者弁済又は抵当権消滅請求をすればよく、Bに費用償還請求をすることができる。（41字）

1　抵当権の抹消について

　抵当権の消滅原因としては、①物権共通の消滅原因（目的物の滅失、混同など）、②担保物権共通の消滅原因（被担保債権の消滅など）、及び③抵当権固有の消滅原因（代価弁済、抵当権消滅請求など）がある。

　本問では、問題文に、「A自らが主体的にCの抵当権を抹消しようとするとき」とある。そこで、抵当不動産の第三取得者であるAが主体的に関与する抵当権の消滅原因を考えることとなる。

　まず、Aが、Cの抵当権の被担保債権を第三者弁済（民法474条）することが考えられる。これによると、被担保債権が消滅し、担保物権の付従性により、抵当権もまた消滅することとなる。

　次に、抵当権消滅請求（379条以下）をすることが考えられる。これは、抵当不動産の第三取得者が、抵当不動産の代価又は特に指定した金額を抵当権者に提供して抵当権の消滅を請求するという制度である（379条〜386条）。代価弁済（378条）が、抵当権者が要求し、第三者が応じた場合に可能となるのに対して、抵当権消滅請求は、第三者の側から抵当権者に対して抵当権の消滅を請求する制度である。

　以上から、本問の解答としては、第三者弁済及び抵当権消滅請求を挙げることになる。

2　AのBに対する請求

　民法570条は、「買い受けた不動産について契約の内容に適合しない先取特権、質権

又は抵当権が存していた場合において、買主が費用を支出してその不動産の所有権を保存したときは、買主は、売主に対し、その費用の償還を請求することができる。」と規定している。

この規定は、抵当権等のある不動産の買主が、上記の抵当権消滅請求等をした場合において、当該不動産の売主に対して、その費用の償還請求をすることを認めるものである。

以上から、本問の解答としては、売主Bに対する費用償還請求を挙げればよい。

問題46 債務の弁済 ランク B

 総合テキスト　Chapter 25 **5**、27 **2**

【解答例】 Cは保証債務を履行し、Dは第三者弁済をする。弁済をするについて正当な利益を有するため。（43字）

1　Cのとり得る手段について

　　Cは、本件債務についてBとの間で保証契約を締結している。そのため、Cが本件債務を消滅するためにとり得る手段としては、保証債務を履行することが考えられる。

　　民法446条1項は、「保証人は、主たる債務者がその債務を履行しないときに、その履行をする責任を負う。」と規定している。

　　本問では、AはBに対して本件債務を負っているが、本件債務の弁済期が到来しても、Aは本件債務を弁済していない。したがって、「主たる債務者」であるAが「その債務を履行しない」場合に当たる。

　　そのため、Cは、Bに対して保証債務を履行することにより、本件債務を消滅させることができる。

2　Dのとり得る手段について

　　Dは、本件債務を担保するために、Dが所有する甲土地に抵当権を設定しているから、Dは物上保証人である。

　　したがって、Dは、Bに対して第三者弁済（474条1項）をすることにより、本件債務を消滅させることができる。

3　とり得る手段の相違について

　　なお、保証人は債権者に対して保証債務を負担している。したがって、保証人は、自己の債務について、自己の債務の履行として債権者に対して弁済をするのであって、第三者として主債務者の債務を弁済するのではないから、第三者弁済には当たらない。

　　これに対して、物上保証人は債権者に対して債務を負担しているものではないため、物上保証人が債務者に代わって債権者に対して弁済することは、第三者弁済に当たる。

4　C及びDがBに代位する場合に、対抗要件を備える必要がない理由について

　　499条は、「債務者のために弁済をした者は、債権者に代位する。」と規定しており、500条は、「第467条の規定〔債権の譲渡の対抗要件〕は、前条の場合（弁済をするに

ついて正当な利益を有する者が債権者に代位する場合を除く。）について準用する。」と規定している。

　本問の場合、本件債務を弁済しなければ、保証人であるC及び物上保証人であるDは、それぞれ、Bから、保証債務の履行請求又はD所有の甲土地の抵当権を実行されるというおそれがあることから、「弁済をするについて正当な利益を有する者」（500条かっこ書）に当たると解されている。

　したがって、C及びDが、各々とり得る手段により、本件債務を消滅させた場合、債権者に代位するために対抗要件を備える必要はない理由としては、C及びDが、弁済をするについて正当な利益を有することを挙げることになる。

一 般 知 識 等

❖ 政治・経済・社会 ❖

問題47	正解 5	第二次世界大戦後のソ連・ロシアの動向	ランク B	正答率 50.3%

ア　妥当でない

　第二次世界大戦後の東西冷戦は、1945年2月にクリミア半島のヤルタで、アメリカのルーズベルト大統領、イギリスのチャーチル首相、ソ連のスターリン首相により行われた、戦後処理に関する会談である「ヤルタ会談」をきっかけとして始まった。ヤルタ会談では、米ソ二大陣営の対立というヤルタ体制ともいわれる戦後体制がつくり上げられた。また、44年間続いた東西冷戦は、1989年にマルタで、アメリカのブッシュ大統領とソ連のゴルバチョフ書記長が行った、「マルタ会談」により終結し、その翌年東西ドイツが統一され、また、1991年にはソ連が崩壊した。

イ　妥当でない

　北大西洋条約機構（NATO）に対抗するために、1955年にソ連と東欧の社会主義諸国が結成した軍事機構は、「ワルシャワ条約機構」である。コメコン（経済相互援助会議）は、アメリカがマーシャルプランによって西欧諸国を援助したことに対抗して、ソ連を中心とした東欧諸国が創設した経済協力機構である。ワルシャワ条約機構は、冷戦の終結、東欧の民主化、ドイツ統一を経て1991年に解体した。一方、北大西洋条約機構は、1949年、アメリカと西欧の資本主義諸国の合わせて12か国（原加盟国）が加盟して結成した集団安全保障のための軍事同盟であり、東西冷戦期にはソ連東欧圏への抑止力となっていたが、冷戦後は、集団防衛、危機管理及び協調的安全保障を任務としており、加盟国の領土及び国民を防衛することが最大の責務となっている。ベルギーのブリュッセルに本部を置き、現在30か国が加盟している。

ウ　妥当でない

　1960年代の「キューバ危機」の後、偶発戦争防止などを目的として、ソ連とアメリカの間にホットラインという直通回線が設置された。ギリシャ危機は、ギリシャ共和国が

2009年の政権交代を機に、財政赤字が公表数字よりも大幅に膨らむことを明かしたことに始まる一連の経済危機である。

エ　妥当である

そのとおりである。1985年からソ連のゴルバチョフ書記長が、社会主義経済の停滞を打破するため情報の公開、議会の民主化、市場原理をとりいれたペレストロイカを進め、新外交を展開するようになると、アメリカのレーガン政権も核軍縮のための交渉に応じ、中距離核戦力（INF）全廃条約が締結された。ペレストロイカは、東ヨーロッパの民主化に勇気をあたえ、冷戦の終結も実現した。しかし国内では経済が混乱し民族紛争に火をつけて、1991年にはソ連の解体をもたらした。

オ　妥当である

そのとおりである。2004年10月、ロシアのプーチン大統領と中国の胡錦濤国家主席が国境問題決着で合意し、両国間の長年の懸案であった国境問題が解決された。その後、両国の二国間関係は経済・軍事面を中心に発展し、2010年以降、中国は、ドイツやオランダを抜き、ロシアにとって最大の貿易相手国となった。なお、対EU全体でみると、ロシアの最大の貿易相手はEU諸国であり、輸出は約44％（中国は約10％）、輸入は約38％（中国は約21％）が対EU諸国となっている（出典：経済産業省・通商白書2018）。

以上により、妥当なものの組合せは選択肢5であり、正解は5となる。

問題48　**正解** 4　明治以降の日本の土地政策　ランク **C**　正答率 **42.6%**

本問は、平成30年版「土地白書」第1部第2章「明治期からの我が国における土地をめぐる状況の変化と土地政策の変遷」109頁の文章に題材を求めたものである。

I　私的所有権

明治新政府は、欧米列強に対峙するため、それまでの封建的な仕組みを改め、より自由な経済活動を認めて、経済の発展を図り、中央集権的な近代国家の形成を急いだ。土地に関しては、江戸時代の封建的な土地所有権の制限の解除を通じて、より自由な私的所有権を認め、地租改正とともに、この土地制度改革は我が国の経済社会の基礎を築いたものといえる。登記制度は、明治19年に公布された登記法により創設された制度であるが、これは土地の権利関係を公証するものである。また、家督相続制度は、明治31年に公布されたいわゆる明治民法で規定された制度であり、これは戸主（家長）が死亡等した場合、通常、長男一人がその身分及び全財産を承継するというものである。これらの2つの制度は、我が国の経済社会の基礎を築いた直接的な制度とはいえない。

II　農地改革

農地改革は、農業生産力を高め食糧の供出を確保するために、農地における大土地所有が解体された改革であり、土地にかかわる政策である。財閥解体は、日本経済の非軍事化・民主化の実現のために行われた政策であり、その具体的な内容は、持株会社の解体、財閥関係会社間の株式保有や役員兼任の禁止等であり、土地にかかわる政策ではない。

Ⅲ　シャウプ勧告　　Ⅳ　固定資産税

　シャウプ勧告は、戦後インフレーションを収束するための経済安定九原則とドッジ・ラインを税制面から補完して経済安定を達成することを目的としたものである。シャウプ勧告に基づいた昭和25年の税制改革では、地方自治拡充のために市町村財政の収入強化が図られ、地租は廃止され、市町村税の固定資産税へと転換された。特別土地保有税は、昭和48年に導入された市町村税であり、土地の有効利用促進や投機的取引の抑制を図るため、一定規模以上の土地を取得又は所有する者に課税されるものである。また、不動産取得税は、土地や家屋の購入、贈与、家屋の建築などで不動産を取得したときに、取得した者に課される都道府県税である。

Ⅴ　市町村

　昭和43年に制定された都市計画法では、広域的見地から決定すべき事項や根幹的な重要事項等に関する都市計画の決定主体は、都道府県知事とされ、その他の都市計画の決定主体は市町村とされた。

　以上により、空欄に当てはまる語句の組合せとして、妥当なものは選択肢4であり、正解は4となる。

問題49	**正解** 5	地域経済統合	ランク **A**	正答率 **30.2%**

➡ 総合テキスト　Chapter 1 **7**

1　妥当である

　TPP11協定（環太平洋パートナーシップに関する包括的および先進的な協定）により、日本がTPPに参加する10か国に輸出する工業製品の関税は、協定の発効後、即時撤廃されるものと、段階的に引き下げられるものをあわせて最終的に全品目の99.9％で撤廃した。

2　妥当である

　APEC（アジア太平洋経済協力）は、アジア太平洋地域の21の国と地域（エコノミー）が参加する経済協力の枠組みであり、ロシア、中国、アメリカ等が参加している。

3　妥当である

　MERCOSUR（南米南部共同市場）は1995年、域内の関税撤廃等を目的に発足した関税同盟であり、ブラジル等の6か国が加盟国、チリ等の6か国が準加盟国となっている。

4　妥当である

　日・ASEAN包括的経済連携（AJCEP）協定は、我が国初のマルチEPA（Economic Partnership Agreement：経済連携協定）であり、我が国と緊密な関係を有するASEANとの戦略的関係を強化するものである。本協定は、物品貿易の自由化・円滑化のほか、知財・農林水産分野での協力や、サービス貿易及び投資の自由化・保護についての交渉継続につき規定している。

5　妥当でない

　RCEP（地域的な包括的経済連携）協定の参加国は、ASEAN10か国のほか、日本、中国、韓国、オーストラリア、ニュージーランドである。したがって、アメリカは参加していない。なお、インドは、2019年11月以降、RCEP交渉に不参加となり、本協定に署名していない。

問題50	正解 3	現代日本の財政状況	ランク A	正答率 34.9%

➡ **総合テキスト　Chapter 2❷**

〈本問の出典〉

「我が国の財政事情（令和3年度政府予算案）」（財務省）

「令和2年度第3次補正予算における財政投融資計画の追加について」（財務省）

Ⅰ　112.6

　2020年度第3次補正後予算案によると、特例公債発行額が90兆円、建設公債発行額が約22.6兆円であり、これらを合計した公債発行額は112.6兆円となっている。なお、「国民の命と暮らしを守る安心と希望のための総合経済対策」とは、雇用と事業を支えながら、新型コロナウイルス感染症の拡大を防止するとともに、ポストコロナに向けた経済構造の転換・好循環の実現を図り、防災・減災、国土強靭化の推進など安全・安心の確保を進めるものである。

Ⅱ　64.1

　公債依存度は、公債発行額を一般会計歳出総額で除して算出する。なお、2021年度の公債依存度は40.9％、2022年度は34.3％、2023年度は31.1％となっている。

Ⅲ　51.9

　新型コロナウイルス感染症対策等として、第1次補正予算で10.2兆円、第2次補正予算で39.4兆円、弾力追加と第3次補正予算で2.3兆円が追加されている。

Ⅳ　4.3

　2019年度の財政投融資計画額（当初計画額に補正による改定額及び弾力追加額を加えた計数）は15.2兆円、2020年度は65.1兆円であるから、2020年度は2019年度の約4.3倍の規模となった。なお、当該計画額は、リーマン・ショックのあった2009年が23.9兆円、東日本大震災のあった2011年が20.6兆円であり、その後2012年度から2019年度までは、約15〜19兆円で推移してきた。

　以上により、当てはまる数値の組合せとして、妥当なものは選択肢3であり、正解は3となる。

1　妥当である

　エネルギー自給率とは、国民生活や経済活動に必要な一次エネルギー（石油、天然ガス、石炭、原子力、太陽光、風力などのエネルギーのもともとの形態）のうち、自国内で算出・確保できる比率である。2010年には日本のエネルギー自給率は20.2％であったが、2019年には12.1％となり、アメリカの104.2％、イギリスの71.3％、ドイツの34.6％等他のOECD諸国と比べて、低水準となっている。（出典：資源エネルギー庁ウェブサイト）

2　妥当である

　2020年のデータによると、日本の原油総輸入量は約9.2億バレルであり、そのうちの40.1％をサウジアラビア、31.5％をUAE、9.0％をクウェート、8.3％をカタール、0.6％をオマーンから輸入しており、合計約90％をこれら中東地域から輸入している。（出典：資源エネルギー庁ウェブサイト）

3　妥当である

　2019年の日本の温室効果ガス総排出量は12.1億トンである。これに対する二酸化炭素の排出量は、エネルギー起源の二酸化炭素排出量（燃料の燃焼や、供給された電気や熱の使用に伴って排出される二酸化炭素排出量）が10.3億トン、非エネルギー起源の二酸化炭素排出量（すべての二酸化炭素排出量からエネルギー起源の二酸化炭素排出量を除いた二酸化炭素排出量）が0.8億トンである。したがって、温室効果ガスの総排出量に占める二酸化炭素の総排出量は約92％と9割を超え、その8割以上がエネルギー起源の二酸化炭素排出量である。（出典：資源エネルギー庁ウェブサイト）

4　妥当でない

　2020年10月に菅内閣総理大臣によって出された「2050年カーボンニュートラル宣言」は、日本が2050年までに、温室効果ガスの排出を全体としてゼロにするというものである。「全体としてゼロ」とは、「温室効果ガスの排出量から森林等による吸収量と除去量を差し引いた合計をゼロにする」ことを意味している。また、「温室効果ガス」とは、二酸化炭素だけでなく、メタン、N_2O（一酸化二窒素）、フロンガスを含むものである。（出典：環境省ウェブサイト）

5　妥当である

　国は、2030年度における電源構成を、LNG火力27％程度、石炭火力26％程度、再生可能エネルギー22〜24％程度、原子力20〜22％程度、石油火力3％程度を目指している。（出典：「2030年エネルギーミックス実現へ向けた対応について〜全体整理〜」（資源エネルギー庁））

→ 総合テキスト　Chapter 3 **1**

ア　妥当である

そのとおりである。先進諸国の高齢化率を比較してみると、日本は 1980 年代までは下位、1990 年代にはほぼ中位であったが、2005 年には最も高い水準となった。なお、高齢化率が 21％を超えた社会を「超高齢社会」というが、日本は 2007 年に世界に先駆けて超高齢社会に突入している。

イ　妥当でない

後期高齢者医療制度の財源については、窓口負担を除き、原則として 75 歳以上の高齢者の保険料負担が約 1 割、国民健康保険・被用者保険からの支援金（現役世代の保険料）が約 4 割、公費が 5 割という負担割合によって賄われている。

ウ　妥当でない

2021 年の合計特殊出生率は 1.30 であり、人口置換水準を大きく下回る状況が続いている。人口置換水準とは、長期的に人口が安定的に維持される合計特殊出生率の水準をいう。この水準を下回ると人口が減少することになり、人口学の世界では、この水準を相当期間下回っている状況を「少子化」と定義している。近年の日本における人口置換水準は、2.06〜2.07 となっている。

エ　妥当でない

本記述は、学童保育について述べている。認定こども園制度は、近年の急速な少子化の進行や家庭・地域を取り巻く環境の変化に伴い、2006 年より開始された制度であり、「就学前」の教育・保育を一体として捉え、一貫して提供する新たな枠組みである。幼稚園、保育所等のうち、就学前の子どもに幼児教育・保育を提供する機能と、地域における子育て支援を行う機能を備える施設を、認定こども園として都道府県知事が認定する。

オ　妥当である

そのとおりである。内閣府の高齢社会白書によると、総人口が減少する中で高齢者が増加することにより高齢化率は上昇を続け、2036 年に 33.3％で 3 人に 1 人が高齢者となり、2042 年以降は、高齢者人口が減少に転じても高齢化率は上昇傾向にあり、2065 年に国民の約 2.6 人に 1 人が 65 歳以上の高齢者となる社会が到来すると推計されている。こうした少子化と高齢化を伴う人口減少社会では、労働力人口の減少による経済へのマイナスの影響のほか、年金、医療、介護など社会保障費が増大することにより、経済社会に大きな影響を与えることが懸念されている。

以上により、妥当なものの組合せは選択肢 2 であり、正解は 2 となる。

問題53　正解 1　日本の建造物等　ランク B　正答率 43.8%

ア　妥当である

　東京駅の丸の内駅舎と首里城の守礼門のいずれの記述ともに妥当である。東京駅の丸の内駅舎は、2012年に復原され、首里城の守礼門は、1958年に復元された。また、2024年に発行予定の新一万円札では、東京駅の丸の内駅舎と渋沢栄一氏の肖像がデザインとして採用された。また、首里城の守礼門は、2000年に発行された二千円札のデザインとして採用された。

イ　妥当である

　厳島神社と原爆ドームのいずれの記述ともに妥当である。また、いずれも、1996年に世界文化遺産に登録された。

ウ　妥当でない

　旧富岡製糸場と旧東宮御所（迎賓館赤坂離宮）が、いずれも国宝に指定された建造物（建築物）であるとの記述は、妥当である。旧東宮御所（迎賓館赤坂離宮）は2009年、旧富岡製糸場は2014年に、国宝に指定された。しかし、いずれも明治期に建設された建造物（建築物）であり、第二次世界大戦後の外交や貿易の復興を目的として建設されたものではない。なお、旧富岡製糸場は、渋沢栄一氏が設立にかかわっている。

エ　妥当でない

　新関門トンネルと青函トンネルが、いずれも本州と九州又は北海道とを結ぶ海底トンネルであるとの記述は、妥当である。新関門トンネルは本州の山口県と九州の福岡県、青函トンネルは本州の青森県と北海道とを結ぶ海底トンネルである。そして、新関門トンネルの完成は1974年であり、1975年に山陽新幹線が開通したので、完成と同時期に新幹線が開通した。しかし、青函トンネルの完成は1988年であるところ、北海道新幹線が開通したのは2016年と完成から約30年後であり、完成と同時期に新幹線が開通してはいない。

オ　妥当でない

　国立競技場と国立代々木競技場についての東京2020オリンピック・パラリンピック競技大会の競技会場に関する記述は、妥当である。しかし、国立競技場の設計は隈研吾氏であるところ、国立代々木競技場の設計は丹下健三氏等であり、隈研吾氏は含まれてはいない。

　以上により、妥当なものの組合せは選択肢1であり、正解は1となる。

問題54　正解 3　SDGs　ランク C　正答率 36.6%

➡ 総合テキスト　Chapter 3 ②

ア　妥当である

　SDGs（Sustainable Development Goals：持続可能な開発目標）は、2030年を達成年限とする17のゴール（国際目標）であり、その下に169のターゲット、231の指標が決め

られている。

SDGs は、2015 年 9 月に、ニューヨーク・国連本部で開催された、潘基文国連事務総長の主催による「持続可能な開発のための 2030 アジェンダ」を採択する国連サミットにおいて策定された。なお、2019 年に日本が議長国を務めた G20 大阪サミットでの成果文書「G20 大阪首脳宣言」では、SDGs 主要課題について G20 首脳のコミットメントが再確認された。

ウ 妥当である

SDGs の前身となる MDGs（Millennium Development Goals：ミレニアム開発目標）は、2000 年に採択された「国連ミレニアム宣言」と、1990 年代の主要な国際会議で採択された国際開発目標を統合したものであり、2001 年に国連で専門家間の議論を経て策定された。発展途上国向けの開発目標として、2015 年を期限とする 8 つの目標（①貧困・飢餓、②初等教育、③女性、④乳幼児、⑤妊産婦、⑥疾病、⑦環境、⑧連帯）を設定したものであり、達成期限となる 2015 年までに一定の成果をあげた。

エ 妥当である

SDGs の 17 のゴールは、①貧困や飢餓、教育など未だに解決を見ない社会面の開発アジェンダ、②エネルギーや資源の有効活用、働き方の改善、不平等の解消などすべての国が持続可能な形で経済成長を目指す経済アジェンダ、③地球環境や気候変動など地球規模で取り組むべき環境アジェンダといった世界が直面する課題を網羅的に示している。

オ 妥当でない

2016 年 5 月の安倍内閣において、SDGs にかかる施策の実施について、関係行政機関相互の緊密な連携を図り、総合的かつ効果的に推進するため、内閣に SDGs 推進本部が設置された。

以上により、妥当でないものの組合せは選択肢 3 であり、正解は 3 となる。

❖ 情報通信・個人情報保護 ❖

問題55 **正解** 4 スマートシティに関する用語 ランク **C** 正答率 **26.7**%

本問は、「スマートシティガイドブック第 1 版（ver.1.00）（令和 3 年 4 月 9 日）」（https://www8.cao.go.jp/cstp/society5_0/smartcity/index.html）に題材を求めたものである。

ア 妥当である

都市 OS は、OS の誕生によって、異なる種類のコンピューターで同一のソフトウェアが利用できるようになったことに由来し、データ連携基盤等のことを比喩として「都市 OS」（海外では City OS）と呼ぶ。しかし、コンピューターと違い、（都市）OS がなくとも都市自体は機能することから、OS というよりも、「様々な都市のデータやサービスを繋ぐネットワークのノード（結節点）」だと捉える方が正確であるとされている。都市 OS に求められる機能は、大きくは、①相互運用（つながる）、②データ流通（ながれ

る）、③拡張容易（つづけられる）、という３つの特徴に整理できる。

イ　妥当でない

本記述は、「スーパーシティ」の説明である。「Society 5.0」とは、サイバー空間（仮想空間）とフィジカル空間（現実空間）を高度に融合させたシステムにより、経済発展と社会的課題の解決を両立する、人間中心の社会のことである。狩猟社会（Society 1.0）、農耕社会（Society 2.0）、工業社会（Society 3.0）、情報社会（Society 4.0）に続く、新たな社会を指すものである。

ウ　妥当である

正式には、「Digital Transformation（デジタル・トランスフォーメーション）」という。ICT が人々の生活を良くしていくことについては、従来から主張されていたことであるが、デジタル・トランスフォーメーションにおいては、その産業のビジネスモデル自体を変革していくということを意味している。

エ　妥当である

正式には、「Privacy Impact Assessment（プライバシー影響評価）」という。

オ　妥当でない

本記述は、「AI」の説明である。「API」とは、あるサービスやアプリケーションにおいて、その機能や管理するデータ等を他のサービスやアプリケーションから呼び出して利用するための接続仕様等のことである。

　以上により、妥当でないものの組合せは選択肢４であり、**正解は４**となる。

問題56　**正解 4**　近年の日本のデジタル化の動向　ランク **B**　正答率 **51.2%**

➡ 総合テキスト　Chapter 4 **1**

ア　妥当である

　デジタル社会形成基本法１条は、「この法律は、……デジタル社会の形成に関し、基本理念及び施策の策定に係る基本方針を定め、国、地方公共団体及び事業者の責務を明らかにし、並びにデジタル庁の設置及びデジタル社会の形成に関する重点計画の作成について定めることにより、デジタル社会の形成に関する施策を迅速かつ重点的に推進し、もって我が国経済の持続的かつ健全な発展と国民の幸福な生活の実現に寄与することを目的とする。」と規定している。

イ　妥当である

　デジタル行政推進法は、①デジタルファースト（個々の手続・サービスが一貫してデジタルで完結する）、②ワンスオンリー（一度提出した情報は、二度提出することを不要とする）、③コネクテッド・ワンストップ（民間サービスを含め、複数の手続・サービスをワンストップで実現する）、の３つをデジタル化の基本原則としている（２条参照）。本記述は、③の基本原則をあらわしたものである。（出典：「デジタル手続法（令和元年５月31日公布）の概要」（内閣府ウェブサイト））（https://www5.cao.go.jp/keizai-shimon/

kaigi/special/reform/wg6/191011/pdf/shiryou3-2.pdf）

ウ 妥当でない

デジタル行政推進法 11 条は、申請等をする者にかかる住民票の写し、登記事項証明書その他の政令で定める書面等であって当該申請等に関する他の法令の規定において当該申請等に際し添付することが規定されているものについては、当該法令の規定にかかわらず、同法所定の要件を満たした場合には、当該書面等を添付することを要しない旨を定めている。

エ 妥当でない

デジタル庁は、「公平・倫理」、「安全・安心」等の 10 原則を、日本のデジタル社会を形成するための原則としている。そして、「公平・倫理」原則の一内容として、「個人が自分の情報を主体的にコントロール」することを掲げており、「安全・安心」原則の一内容として、「デジタルで生涯安全・安心して暮らせる社会の構築」を掲げている。したがって、デジタル庁は、デジタル社会を形成するための 10 原則として、デジタルで生涯安全・安心して暮らせる社会を構築することを掲げているが、国家が主導して個人の情報をコントロールすることを掲げているわけではない。（出典：デジタル庁ウェブサイト）（https://www.digital.go.jp/）

オ 妥当である

デジタル庁は、デジタル社会形成の司令塔として、未来志向の DX（デジタル・トランスフォーメーション）を大胆に推進し、すべての国民にデジタル化の恩恵が行き渡る社会を実現すべく、取組みを進めるとしている。そして、その組織体制として、デジタル庁の長が内閣総理大臣、内閣総理大臣の下に、内閣総理大臣を助け、デジタル庁の事務を統括するデジタル大臣、デジタル大臣の下に、デジタル大臣に進言等を行い、かつ、庁務を整理し、各部局等の事務を監督する内閣任免の特別職であるデジタル監が配置されている。（出典：デジタル庁ウェブサイト）（https://www.digital.go.jp/）

以上により、妥当でないものの組合せは選択肢 4 であり、正解は 4 となる。

問題57 **正解 2** **個人情報保護法** ランク **A** 正答率 **44.9%**

➡ 総合テキスト　Chapter 4 **4**

1 誤 り

「個人関連情報」とは、生存する個人に関する情報であって、個人情報、仮名加工情報及び匿名加工情報のいずれにも該当しないものをいう（個人情報保護法 2 条 7 項）。

2 正しい

「仮名加工情報」とは、個人情報保護法 2 条 1 項に該当する個人情報を、所定の措置を講じて他の情報と照合しない限り特定の個人を識別することができないように個人情報を加工して得られる個人に関する情報である（同条 5 項）。仮名加工情報を作成した個人情報保護事業者においては、作成に用いられた個人情報や当該個人情報から削除された記述

等と容易に照合して、特定の個人を識別することができる。そこで、この場合、仮名加工情報は、「他の情報と容易に照合することができ、それにより特定の個人を識別することができることとなるもの」（同条1項1号かっこ書）に当たり、「個人情報」に該当することになる。

3 誤 り

「要配慮個人情報」とは、本人の人種、信条、社会的身分、病歴、犯罪の経歴、犯罪により害を被った事実その他本人に対する不当な差別、偏見その他の不利益が生じないようにその取扱いに特に配慮を要するものとして政令で定める記述等が含まれる個人情報をいう（2条3項）。同項の「政令で定める記述等」として、「本人を被疑者又は被告人として、逮捕、捜索、差押え、勾留、公訴の提起その他の刑事事件に関する手続が行われたこと。」が掲げられている（個人情報保護法施行令2条4号）。

そして、個人情報保護法についてのガイドラインでは、「犯罪の経歴」として「有罪の判決を受けこれが確定した事実」が、「本人を被疑者又は被告人として、逮捕、捜索、差押え、勾留、公訴の提起その他の刑事事件に関する手続が行われたこと。」として「本人を被疑者又は被告人として刑事事件に関する手続が行われたという事実」が挙げられている。したがって、本記述の事実のいずれも、「要配慮個人情報」に該当する。

4 誤 り

個人情報（1号個人情報）に該当するためには、他の情報との照合が容易でなければならない（個人情報保護法2条1項1号参照）。

5 誤 り

特定の個人の身体の一部の特徴を電子計算機の用に供するために変換した文字、番号、記号その他の符号であって、当該特定の個人を識別することができる文字、番号、記号その他の符号のうち、政令で定めるものは、個人識別符号に該当する（2条2項1号参照）。そして、歩行の際の姿勢及び両腕の動作、歩幅その他の歩行の態様と発声の際の声帯の振動、声門の開閉並びに声道の形状及びその変化によって定まる声の質のいずれも、個人識別符号に該当するとされている（個人情報保護法施行令1条1号ニ、ホ、個人情報保護法ガイドライン参照）。

❖ 文章理解 ❖

| 問題58 | 正解 2 | 空欄補充 | ランク B | 正答率 34.0% |

I 具 体

空欄　Ⅰ　を含む「機械力でも腕力でもいい、　Ⅰ　的ないかなる力でも不可能なことを可能にしてしまう力」とは、これを含む文の前の文に記述されている「和歌がもつふしぎな力」の言い換えである。そして、機械力と腕力は、「　Ⅰ　的ないかなる力」の具体例であり、機械力は機械が出す力、腕力は肉体的な力をいう。選択肢中の語句、「一般（的）」とは、「特別な物事に限らないで、広く全体に通じる状態であるさま」、「具体

（的）」とは、「はっきりとした実体を備えているさま」、「抽象（的）」とは、「単に概念的に思考されるだけで、実際の形態・内容を持たないさま」をいう。そして、機械力と腕力ははっきりとした実体を備えている力であるから、この２つは、「具体（的）」な力の具体例と考えるのが妥当である。

Ⅱ　人　為

　空欄 Ⅱ を含む文は、和歌は「われわれの Ⅱ をこえた、命そのものと響き合う形式にととのえられたことば」であり、その理由は、「ごく本質的で生命的な形で発せられる」ことにあるとの内容である。選択肢中の語句、「想像」とは、「実際には経験していない事柄などを推し量ること。また、現実には存在しない事柄を心の中に思い描くこと」、「人為」とは、「（天然、自然によって行われるのではなく）人によってなされること。自然の状態に人が手を加えること」、「常識」とは、「一般の社会人が共通にもつ、またもつべき普通の知識・意見や判断力」である。「われわれの Ⅱ をこえた」は、「命そのものと響き合う形式」という部分を修飾しており、前述のとおり、その理由は、「ごく本質的で生命的な形で発せられる」ことにある。以上より、「われわれの Ⅱ をこえた」は、「自然の状態に人が手を加えた状態をこえた」という意味に捉え、空欄 Ⅱ には「人為」が入ると考えるのが最も妥当である。

Ⅲ　発　露

　空欄 Ⅲ を含む文の冒頭に「いわば」とあり、これは「言ってみれば。たとえて言えば」という意味であるから、空欄 Ⅲ を含む「生命のリズムとしてことばが Ⅲ すること」とは、この部分以前の内容を端的にまとめた意味になることがわかる。本文第11段落では、「そもそも五七調とは、自然な日本人の呼吸法によるものだという。」とあり、続いて、第12段落には、「それに従うなら、和歌はごく本質的で生命的な形で発せられるのだから、われわれの Ⅱ （人為）をこえた、命そのものと響き合う形式にととのえられたことばだと、いうことになる。」とある。選択肢中の語句、「発露」とは、「心の中にあるものや隠していたことがおもてに現れ出ること。また、現し出すこと」、「実在」とは、「実際に存在すること。現実にあるもの」、「後発」とは、「後から遅れて出発すること。後から開発すること」をいう。以上より、生命のリズム、すなわち自然な日本人の呼吸法によりことばを発するという意味として最も妥当な語句は、こころの中にあるものを現し出すという意味合いを含む「発露」となる。

Ⅳ　奔　流（ほん　りゅう）

　空欄 Ⅳ を含む文の内容は、その前の文「もっとも力強く霊魂と交信さえできることばは、生き生きとした、命あふれたことばであろう。」を受けてのものであるから、「生き生きとした、命あふれたことば」と「和歌となって体から Ⅳ することば」は、類似の内容と考えるのが妥当である。選択肢中の語句、「奔流」とは、「激しい勢いで流れること」、「昇華」とは、「物事が一段上の状態に高められること」、「離脱」とは、「ある状態から抜け出すこと」をいう。以上より、「生き生きとした、命あふれた」と類似の内容の語句としては、勢いをもって体から流れ出る様子を意味する「奔流」が空欄 Ⅳ に入

る語句として妥当である。

Ⅴ　真　率

「　Ⅴ　な命のことば」は、この前の文にある「虚飾にみちたことば」と反対の意味を
もつ内容となると推測できる。選択肢中の語句、「真摯」とは、「まじめで熱心なこと」、
「真率」とは、「ありのままでつつみかくしのないこと。正直でかざりけのないこと」、「流
麗」とは、「よどみがなく美しいさま」をいう。虚飾とは、「実質を伴わない外見だけの飾
り」という意味であるから、「ありのまま、かざりけのない」という意味が含まれている、
「真率」が妥当である。

以上により、空欄に入る語句の組合せとして、妥当なものは選択肢２であり、正解は
２となる。

問題59　**正解 4**　短文挿入　　　ランク **A**　　正答率 **66.2%**

Ⅰ イ　Ⅱ エ　Ⅲ ア　Ⅳ ウ

1　記述ア～エの内容から、記述アと記述イは一般論であり、記述ウと記述エはその具体
　例であると推測し得る。そこで、記述アと記述イは、それぞれ、記述ウ又は記述エのい
　ずれかとの組合せになり、その組合せが“　Ⅰ　・　Ⅱ　”又は“　Ⅲ　・
　Ⅳ　”のどちらかに入ると考えることができる。

2　　Ⅰ　・　Ⅱ　について

(1)　　Ⅱ　の直後では、「　Ⅱ　、という論法である。先の奥さんもこの論法で列の
　　尻尾にくっついた。」とある。そこで、　Ⅱ　には、本文において、「奥さん」が列
　　に並んだ「論法」が入る。

　　　この点について、本文では、「ある奥さんが店先に長い列ができているのを見て、
　　何を売っているか知らないが、胸をはずませて並んだ」旨の話や、「ある奥さんのす
　　ぐ前に並んでいる奥さんは、何を売るのか知らないが、こんなに列ができるくらいな
　　ら、悪いものであるはずがないと思って並んだ」旨の話が挙げられている。

　　　この「こんなに列ができるくらいなら、悪いものであるはずがない」という論法
　　は、記述エの「道が出来ている所には桃李のようないいものがあるに違いない」と同
　　趣旨であるといえる。そこで、　Ⅱ　に入る記述（論法）は、記述エである。

(2)　記述アと記述イの第1文の冒頭の「これ」とは、いずれも、直前の「桃李もの言わ
　　ず下おのずから蹊を成す」ということわざを指していると推測し得る。

　　　そして、ことわざについて、記述アでは、「逆はかならずしも真ではない」とある
　　のに対し、記述イでは、「逆も真となっていい」とある。

　　　ことわざは、「桃李のようないいものには人が集まり、その結果として道ができる」
　　という意味である（本問（注）参照）から、ここでいう「逆」は、「道ができている
　　所には、桃李のようないいものがある」ということを意味することになる。

　　　そこで、記述イの「逆も真となっていい」は、「道ができている所には、桃李のよ

うないいものがあっていい」という意味となる。　Ⅰ　には、上記　Ⅱ　の論法（「奥さん」が列に並ぶに至った論法）から人々が期待ないし推測する事柄が妥当するので、記述エと結びつくのは、「道ができている所には、桃李のようないいものがあっていい」＝「逆も真となっていい」である。したがって、　Ⅰ　には、記述イが入る。

3　　Ⅲ　・　Ⅳ　について

(1)　上述のとおり、　Ⅰ　・　Ⅱ　には記述イ、記述エが入ることから、　Ⅲ　・　Ⅳ　には、記述ア、記述ウが入ると判断することができる。

(2)　確認のため検討すると、記述ウは「大きな道だと思って歩いていたら、行きどまりということもないとはかぎらない」とあるから、「道が出来ている所には、桃李のようないいものがある」とは反対の内容が示されている。そうすると、これと結びつくのは、記述アの「逆はかならずしも真ではない」である。

　　そして、上記　Ⅰ　・　Ⅱ　の箇所では、「……と考える人がいてもおかしくない」という表現をし、一般的に人々が陥りやすい考え方が示されているのに対し、　Ⅲ　・　Ⅳ　の箇所では、そのような表現をしておらず、ことわざについての正しい理解の仕方が示されている。

4　以上から、　Ⅰ　・　Ⅱ　には記述イ、記述エが入り、　Ⅲ　・　Ⅳ　には記述ア、記述ウが入る。

　　以上により、組合せとして妥当なものは選択肢4であり、正解は4となる。

問題60　**正解** 5　文章整序（短文挿入）　ランク **A**　正答率 **41.8**%

Ⅰ　エ

　選択肢の組合せによれば、　Ⅰ　には、記述ア又は記述エが入る。そこで、いずれが入るのかを検討する。

　　Ⅰ　の前の段落にある「あるいは……」以下の文では、「歩行」という具体例について、無意識のうちに行っている運動を分析的に示されたことで、歩きにくくなってしまった子供のことを述べている。これは、「自然にできていたことが、それに関する知識を得ることにより、できなくなってしまう」と言い換えることができる。　Ⅰ　は、この内容と特に接続詞等がなくつながる文同士であるから、類似の内容を述べていると考えられる。

　したがって、　Ⅰ　に入るのは、「自然にできていたことが、それに関する知識を得ることにより、できなくなってしまう」と類似の内容である記述エ「文法の知識は……母語であるばあい……実際の使用をだめにする。」が妥当である。

Ⅱ　イ

　　Ⅱ　の直前に、「なぜか。」という問いかけがあることから、　Ⅱ　には、その問いかけに対する理由が入ると考えることができる。

この点について、記述イは、文末に「……であるからだ。」とあり、何らかの理由を述べていることから、　Ⅱ　には、記述イが入ると推測し得る。

Ⅲ　ア　Ⅳ　ウ

1　　Ⅲ　と　Ⅳ　の間には、「しかし」とあることから、　Ⅲ　と　Ⅳ　には、対比される内容が入ると考えることができる。

　　この点について、記述アは、「知らない言語や古語の文法」について、我々は、「その支配に服するためにそれを学ぶ」ものとされている。これに対して、記述ウは、「母語の文法」について、「話し手みずからがその主人」であるものとされている。そこで、両記述は、互いに対比される内容になっており、　Ⅲ　と　Ⅳ　には、それぞれ、記述ア又は記述ウのいずれかが入るものと推測し得る。

2　記述アと記述ウの順序を検討する。

　　　Ⅳ　の後の文には、「だから」という接続詞があることから、　Ⅳ　の直後の文は、　Ⅳ　の内容の論理的帰結であることがわかる。　Ⅳ　の直後の文をみると、「かれの文法の内的進化にほかならない」との表現がある。ここでの「かれ」が指すものは、記述ウ文中の「話し手」であると解され、また、「文法の内的進化」は、母語の文法を「絶え間なく創造し発展させている」（記述ウ後段）との記述を受け、その帰結を示したものと考えることができる。

　　そこで、　Ⅳ　には、記述ウが入り、これと対比される　Ⅲ　には、記述アが入る（記述ア→記述ウの順になる）。

以上により、組合せとして妥当なものは選択肢5であり、正解は5となる。

合格への
特別講義

憲　法

憲法の出題傾向と直前期の学習

　憲法は、例年、5肢択一式で5題、多肢選択式で1題、出題されます。得点目標は、7割です。

　憲法の問題は、大きく人権と統治の分野に分かれます。

　憲法では、判例は必ず学習しなければなりません。特に、人権の分野においては、必ずです。なぜなら、本試験では必ず判例の知識を問う問題が出るからです。それに備えて、判例を学習しましょう。

　判例を学習する際には、事案、争点、結論、判旨を押さえましょう。争点は、憲法の何条が問題になっているのかに注意してください。人権であれば、どの自由が問題となっているのかに注意してください。判旨は、結論と理由に注意してください。

　まずは、お持ちのテキストに載っている著名な判例を押さえましょう。どの判例から始めてよいのか迷われる方は、まず違憲判決から押さえてはいかがでしょうか。そんなに数は多くありません。

　統治分野は、判例が出ないわけではないのですが、まずは条文です。41条以降の条文は覚えてしまうくらいに読んでください。

　直前期は、基本的な条文・判例を中心に復習するとよいでしょう。

憲法の出題項目

		平成28年度	平成29年度	平成30年度	令和元年度	令和2年度	令和3年度	令和4年度
択一式	1	最高裁判所裁判官の国民審査	人権の享有主体性	百里基地訴訟	議員の地位	被拘禁者の閲読の自由	国家賠償・損失補償	表現の自由
	2	住基ネット訴訟	財産権	学問の自由	家族・婚姻	表現の自由の規制	捜査とプライバシー	職業選択の自由
	3	立法	内閣	生存権	選挙権・選挙制度	議院自律権	政教分離	適正手続
	4	信教の自由・政教分離	予算	選挙の性質	教科書検定制度の合憲性	衆議院の解散	唯一の立法機関	内閣の権限
	5	法の下の平等	憲法の概念	恩赦	裁判官の身分保障等	違憲性の主張適格	国民投票制	裁判の公開
多肢選択式		税関検査事件	北方ジャーナル事件	公務員の政治的自由	放送と表現の自由	労働組合の統制権	裁判員制度	法律上の争訟

衆議院の優越①

▶第1回模試　問題5　国会

	法律案	予算案	条　約	内閣総理大臣の指名
衆議院の先議権	な　し	あ　り	な　し	な　し
参議院が議決しない日数の要件	60日	30日	30日	10日
議決しない場合の効果	否決とみなすことができる	衆議院の議決を優先	衆議院の議決を優先	衆議院の議決を優先
再議決	出席議員の3分の2以上の多数決	不　要	不　要	不　要
両院協議会	任意的	必要的	必要的	必要的

衆議院の優越②

▶第1回模試　問題5　国会

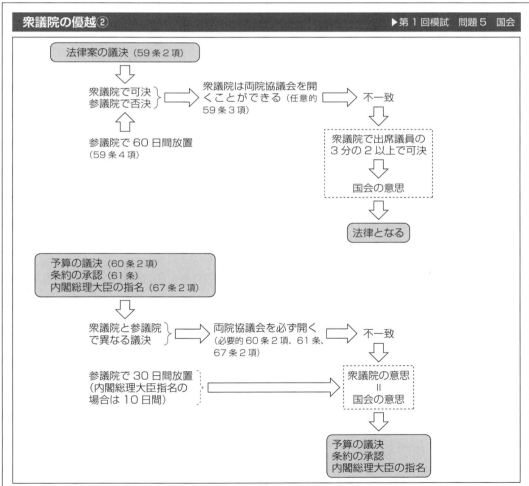

※　両院協議会は、議案及び内閣総理大臣の指名について両議院の意思の合致がみられない場合、両議院の意見を調整するために設置される。法律案の議決については両院協議会の開催は任意的だが、予算の議決・条約の承認・内閣総理大臣の指名の場合には開催は必要的である

巻末特集　合格への特別講義

民 法

民法の出題傾向と直前期の学習

　民法は、例年、5肢択一式で9題、記述式で2題出題されます。得点目標は、5肢択一式で確実に5割です。法令科目の中で、行政法の次に配点が高い科目ですので、民法でも得点できるようにならなければなりません。

　民法の問題を解くためには、条文と判例の両方の知識が必要です。テキスト掲載の条文と基本的な判例をしっかりと押さえましょう。

　条文は、どれが要件で、どれが効果かを意識し、それぞれの線の種類を分けて線を引きながら読みましょう。例えば、要件には直線、効果には波線のように。民法の問題は、要件が正しいかどうか、効果が正しいかどうかで、正誤判断ができますから。さらに、この学習が記述式対策にもなります。

　民法94条1項を例にとれば、こんな感じになります。

　「相手方と通じてした虚偽の意思表示は、無効とする。」

　判例は、結論のみを覚えれば基本的には十分です。テキスト掲載の基本的な判例を確実に押さえてください。もっとも、重要な文言は正確にアウトプットできるようにしておきましょう。そして、過去問、問題集を解いてください。

民法の出題項目

		平成28年度	平成29年度	平成30年度	令和元年度	令和2年度	令和3年度	令和4年度
択一式	1	時効の援用権者	法人その他の団体	公序良俗及び強行法規等の違反	時効の援用	制限行為能力者	意思表示	虚偽表示の無効を対抗できない善意の第三者
	2	無権代理と相続	錯誤等	条件・期限	代理	占有改定等	不在者財産管理人・失踪宣告	占有権
	3	共有	物権の成立	民法　総合	動産物権変動	根抵当権	物権的請求権	根抵当権
	4	不動産先取特権	占有の承継	抵当権の効力	用益物権等	選択債権	留置権	債務不履行
	5	根抵当権	物権的請求権等	弁済	質権	債務引受	債務不履行に基づく損害賠償	債務不履行を理由とする契約の解除
	6	債権者代位権・詐害行為取消権	連帯債務	使用貸借契約及び賃貸借契約	転貸借	同時履行の抗弁権	債権者代位権	賃貸人たる地位の移転
	7	債務不履行責任	民法　総合	使用者責任及び共同不法行為責任	事務管理及び委任契約	賃貸借契約	危険負担・契約不適合責任	法定利率
	8	不法行為	不法行為	離婚	不法行為	医療契約に基づく医師の患者に対する義務	不法行為	不法行為
	9	養子縁組	遺言	後見	氏	特別養子制度	配偶者居住権等	相続
記述式	1	担保責任	債権譲渡	制限行為能力者	共有物に関する法律行為	意思表示	債権譲渡	無権代理の本人相続
	2	離婚における財産分与の要素	不法行為	贈与契約	第三者のためにする契約	不動産物権変動	土地工作物責任	債権者代位権・賃貸借

　ただ、民法の傾向として、直近に出題された条文知識がまた出題されることは少ないです。もちろん、直近に出題された条文を過去問等を通して押さえることは必要ですが、出題されていない条文も、過去に出題されていないから覚えなくていいや、というわけにはいきません。まずテキストを押さえましょう。そして、答練や模試を利用して、過去に出題されていない条文も押さえてください。

　直前期は、テキストに載っている条文や判例をしっかり復習しましょう。

意思表示
▶第1回模試　問題28　意思表示

	意思表示の当事者間		第三者保護規定
	原　則	例　外	
心裡留保	有　効	悪意又は有過失の相手方に対しては無効	善意の第三者に無効を主張できない
虚偽表示	無　効	な　し	善意の第三者に無効を主張できない
錯　誤	取消し	表意者に重過失がある場合は取消し不可（※）	善意無過失の第三者に取消しを主張できない
詐　欺	取消し	な　し	善意無過失の第三者に取消しを主張できない
強　迫	取消し	な　し	な　し

※　相手方が悪意又は重過失の場合、共通錯誤の場合は取消し可（95条3項1号、2号）

制限行為能力者が単独で行った法律行為の効力

▶第 1 回模試　問題 27　保佐・補助

		未成年者	成年被後見人	被保佐人	被補助人
原　則		取り消すことができる		取り消すことができない	
例　外		取り消すことができない		取り消すことができる	
		① 単に権利を得たり、義務を免れる行為 ② 処分を許された財産の処分 ③ 営業の許可を受けた行為	日常生活に関する行為（日用品の購入など）	重要な財産上の処分行為	家庭裁判所が決めた特定の行為
保護者の権限	取消権	○	○	○	○
	同意権	○	×	○	○（※）
	追認権	○	○	○	○
	代理権	○	○	○（※）	○（※）

※　本人の同意が必要

制限行為能力者の相手方の保護

▶第 1 回模試　問題 27　保佐・補助

相手方の保護		権利の内容	
制限行為能力者の詐術		制限行為能力者が詐術を用いたときは、取り消すことはできなくなる（21 条）	
催告権	内　容	相手方は、制限行為能力者側に対して、1 か月以上の期間内に追認するか否かを確答すべき旨を催告できる（20 条）	
	確答がない場合	催告の相手方	確答がない場合の効果
		保護者	単独で追認し得る行為 　→　追認したものとみなされる 特別の方式を要する行為 　→　取り消したものとみなされる
		能力を回復した後の本人	追認したものとみなされる
		被保佐人 被補助人	取り消したものとみなされる
		未成年者 成年被後見人	催告自体に意味がない

債権者代位権と詐害行為取消権の比較

▶第1回模試　問題31　詐害行為取消権

	債権者代位権	詐害行為取消権
制度趣旨	強制執行の準備手続として債務者の責任財産を保全	
被保全債権	代位の目的たる権利より前に成立したことを要しない 原　則 　弁済期が到来していること 例　外 　保存行為	詐害行為前の原因に基づいて生じたものであることが必要 ※　弁済期は問わない
無資力要件	原　則：必　要 例　外：不　要（個別権利実現型の事例）	必　要
客　体	原　則 　債務者に属する権利 例　外 ①　行使上の一身専属権 ②　差押え不可能な権利は不可	原　則 　債権者を害する債務者の行為 例　外 　財産権を目的としない行為は不可
行使方法	裁判上、裁判外を問わない	裁判上行使することが必要
行使範囲	原則として、自己の債権の範囲内	
効　果	・　債務者は、被代位権利について、処分権限を失わない ・　相手方も、被代位権利について、債務者に対して履行することができる	受益者・転得者のほか、債務者及び全ての債権者にも取消しの効果が及ぶ
出訴期間	な　し	①　債務者が債権者を害することを知って行為をしたことを債権者が知った時から2年 ②　行為時から10年

巻末特集　合格への特別講義

137

配偶者居住権（長期）

▶第 1 回模試　問題 46　配偶者居住権

成立要件	① 被相続人の財産に属した建物であること ② 被相続人の配偶者が相続開始の時に居住していたこと ③ 遺産分割により配偶者が配偶者居住権を取得するものとされたとき若しくは配偶者居住権が遺贈の目的とされたとき
内　容	居住建物の全てについて、無償で、従前の用法に従い、使用及び収益をすることができる
存続期間	遺産分割協議等で別段の定めのない限り、配偶者の終身の間 →　期間の更新などは予定されていない
第三者等 との関係	居住建物の所有者は、配偶者に対し、配偶者居住権の設定の登記を備えさせる義務を負う。登記を備えることで、第三者に対抗することができるようになる →　これにより、妨害の停止の請求等もすることができるとされている
配偶者の 使用及び 収益	① 配偶者は、従前の用法に従い、善良な管理者の注意をもって、居住建物の使用及び収益をしなければならない。ただし、従前居住の用に供していなかった部分について、これを居住の用に供することを妨げない ② 配偶者居住権は譲渡することができない ③ 配偶者は、居住建物の所有者の承諾を得なければ、居住建物の改築若しくは増築をし、又は第三者に居住建物の使用若しくは収益をさせることができない ④ 配偶者が①、③の内容に違反した場合において、居住建物の所有者が相当の期間を定めてその是正の催告をし、その期間内に是正がされないときは、居住建物の所有者は、当該配偶者に対する意思表示によって配偶者居住権を消滅させることができる

※　なお、居住権の終了や費用負担等について、使用貸借や賃貸借の規定を準用することがある

商法の出題傾向と直前期の学習

　商法は、例年、5肢択一式で5題出題されます。得点目標は4〜5割です。横断的な問題も出題されます。

　また、知識としては条文中心ですが、細かい条文知識が問われることもあります。会社法の場合、会社法全体を理解した知識も要求されていると考えられます。

　会社法は、出題数のわりには、学習範囲が広く条文数も多いです。ですので、まずはテキストを通して、体系（目次）をしっかりと覚えましょう。その上で、過去問や問題集で出てきた条文が体系のどこに位置付けられるのかを意識して覚えていくとよいと思います。細かい条文を覚えようとするのではなく、まずは基本的な条文を覚えましょう。

　商法総則、商行為は、テキストにある基本事項を覚えてください。

　直前期も上に書いたのと同じ学習で大丈夫です。もちろん、過去問はちゃんと解いてください。

■ 商法の出題項目

		平成28年度	平成29年度	平成30年度	令和元年度	令和2年度	令和3年度	令和4年度
択一式	1	商法の適用	商人及び商行為	商人又は商行為	商行為の代理	運送契約における高価品の特則	絶対的商行為	営業譲渡
	2	設立における出資の履行等	株式会社の設立	設立における発起人等の責任等	設立における出資の履行等	株式会社の設立等	株式会社の設立に係る責任等	発行可能株式総数
	3	株　式	発行済株式の増減	譲渡制限株式	公開会社の株主の権利	自己株式	株式の質入れ	特別支配株主の売渡請求
	4	監査等委員会設置会社・指名委員会等設置会社	取締役の報酬等	社外取締役	取締役会	株主総会	社外取締役及び社外監査役の設置	公開会社における株主総会
	5	合名会社・合資会社	全ての株式会社に共通する内容	剰余金の配当	取締役会を設置していない株式会社	公開会社・大会社	剰余金の配当	会計参与

公開会社と非公開会社の比較

▶第2回模試　問題40　定款に定める事項

		公開会社	非公開会社
株式	発行可能株式数	4倍制限あり	4倍制限なし
	株主ごとに異なる取扱い	不　可	可
	募集事項の決定	原則：取締役会の決議	原則：株主総会の決議
	新株発行無効の訴え	提訴期間6か月	提訴期間1年
機関	総会招集通知	原則2週間前までに通知	原則1週間前までに通知
	株主提案権	6か月以上の保有が必要	保有期間の制限なし
	取締役会	設置義務あり	設置義務なし
	取締役の任期	最長2年	10年まで伸長可
	監査役 ※　監査等委員会設置会社及び 指名委員会等設置会社を除く	設置義務あり	取締役会設置会社では設置義務あり ※　ただし、会計参与設置会社では 設置義務なし
	監査範囲の限定	会計監査のみの限定不可	会計監査のみの限定可
	代表訴訟提起権	6か月以上の保有が必要	保有期間の制限なし

機関設計

▶第1回模試　問題39　監査等委員会設置会社・指名委員会等設置会社

	大会社	大会社以外
公開会社	①　取締役会＋監査役会＋会計監査人 ②　取締役会＋指名委員会等＋会計監査人 ③　取締役会＋監査等委員会＋会計監査人	①　取締役会＋監査役会＋会計監査人 ②　取締役会＋指名委員会等＋会計監査人 ③　取締役会＋監査等委員会＋会計監査人 ④　取締役会＋監査役＋会計監査人 ⑤　取締役会＋監査役会 ⑥　取締役会＋監査役
非公開会社	①　取締役会＋監査役会＋会計監査人 ②　取締役会＋指名委員会等＋会計監査人 ③　取締役会＋監査等委員会＋会計監査人 ④　取締役会＋監査役＋会計監査人 ⑤　取締役＋監査役＋会計監査人	①　取締役会＋監査役会＋会計監査人 ②　取締役会＋指名委員会等＋会計監査人 ③　取締役会＋監査等委員会＋会計監査人 ④　取締役会＋監査役＋会計監査人 ⑤　取締役会＋監査役会 ⑥　取締役会＋監査役（※1） ⑦　取締役会＋会計参与（※2） ⑧　取締役＋監査役＋会計監査人 ⑨　取締役＋監査役（※1） ⑩　取締役のみ

※1　会計監査権限に限定可
※2　この場合以外、すべての会社が、定款で会計参与を設置する旨を定めることができる

行政法

行政法の出題傾向と直前期の学習

　行政法は、例年、5肢択一式で19題、多肢選択式で2題、記述式で1題出題されます。得点目標は、5肢択一式で7割です。法令科目の中で配点が一番高い科目ですから、行政法は確実に得点する科目にしなければなりません。

　行政法の問題は、行政法の一般的な法理論、行政手続法、行政不服審査法、行政事件訴訟法、国家賠償法、地方自治法に分かれます。

　行政法の学習のポイントは、行政法の一般理論に関しては、抽象的な用語の定義や基本原理が出てきますから、それらの具体例と合わせて覚えていくとよいでしょう。他の行政法の分野に関しては、

　　行政手続法：条文が中心

　　行政不服審査法：条文が中心

　　行政事件訴訟法：条文・判例いずれも大切

　　国家賠償法：判例が中心

　　地方自治法：条文が中心

となります。

　条文については、六法を開いてしっかりと読みましょう（ただし、地方自治法は除きます。地方自治法はテキストや過去問に出てくる条文を押さえてください）。どんな要件のもと、どんな効果が生じるのか、民法のところで提案したように線の種類を分けて引きながら、覚えてしまうくらいに何回も読んでください。

　判例は、テキストに載っているものを押さえるようにしましょう。結論、判旨を中心に押さえるようにしましょう。特に、国家賠償法に関しては、条文のどの文言についての判例なのかを意識しながら（例えば、1条1項「公権力の行使」）読んでみてください。できれば事案も押さえてください。

　そして、過去問と問題集で知識の確認をしましょう。

　直前期には、過去問と問題集で知識の整理・確認をしていきましょう。そして、伊藤塾の実力診断模試と公開模擬試験を受ければ準備は万全です。

行政法の出題項目

		平成28年度	平成29年度	平成30年度	令和元年度	令和2年度	令和3年度	令和4年度
択一式	1	一般的法理論 取消しと撤回	一般的法理論 取消しと撤回	一般的法理論 行政代執行法	一般的法理論 行政上の義務の履行確保	一般的法理論 公表の処分性	一般的法理論 法の一般原則	一般的法理論 公法上の権利の一身専属性
	2	一般的法理論 行政裁量	一般的法理論 無効の行政行為	一般的法理論 行政上の法律関係	一般的法理論 内閣法及び国家行政組織法	一般的法理論 行政行為（処分）	一般的法理論 行政裁量	一般的法理論 行政契約
	3	一般的法理論 公定力	一般的法理論 執行罰	一般的法理論 行政処分の無効と取消し	一般的法理論 公有水面埋立訴訟	一般的法理論 普通地方公共団体の契約の締結	一般的法理論 行政立法	一般的法理論 行政調査
	4	行手法 処分又は行政指導	行手法 1条1項	行手法 申請に対する処分及び不利益処分	行手法 行政指導	行手法 用語	行手法 意見公募手続	行手法 申請に対する処分
	5	行手法 行政庁等の義務	行手法 処分理由の提示	行手法 行政指導	行手法 聴聞	行手法 聴聞と弁明の機会の付与	行手法 理由の提示	行手法 不利益処分
	6	行手法 申請に対する処分	行手法 聴聞	行手法 意見公募手続	行手法 総合	行手法 申請の取扱い	行手法 行政指導	行手法 届出
	7	行審法 再調査の請求	行審法 審査請求の対象	行審法 不作為についての審査請求	行審法 裁決及び決定	行審法 審査請求	行審法 執行停止	行審法 総合
	8	行審法 審理員	行審法 審査請求人	行審法 審査請求	行審法 審査請求の手続等	行審法 再審査請求	行審法 再調査の請求	行審法 審理員
	9	行審法 審査請求に対する裁決	行審法 執行停止	行審法 総合	行審法 総合	行審法 不作為についての審査請求	行審法 審査請求	行審法 教示
	10	行訴法 法律上の利益	行訴法 許認可の申請拒否処分の取消訴訟	行訴法 取消訴訟の判決の効力	行訴法 執行停止	行訴法 狭義の訴えの利益	行訴法 条文	行訴法 総合
	11	行訴法 行政事件訴訟と民事訴訟の関係	行訴法 裁決の取消しの訴え	行訴法 民衆訴訟と機関訴訟	行訴法 行政庁の訴訟上の地位	行訴法 出訴期間	行訴法 処分取消訴訟	行訴法 抗告訴訟の対象
	12	行訴法 処分性	行訴法 仮の差止め	行訴法 差止訴訟	行訴法 抗告訴訟	行訴法 義務付け訴訟	行訴法 取消訴訟の原告適格	行訴法 処分無効確認訴訟
	13	国賠法 総合	国賠法 1条	国賠法 1条	損失補償 都市計画法上の建築制限	国賠法 1条	国賠法 公務員の失火	国賠法 1条1項
	14	損失補償	国家賠償法と失火責任法	道路用地の収用に係る損失補償	国賠法 2条1項	国賠法 1条	国賠法 規制権限の不行使	国賠法 2条1項
	15	条例	公の施設	特別区	普通地方公共団体の議会	地方自治法 住民	地方自治法 公の施設	地方自治法 条例
	16	地方公共団体の事務	地方自治法 総合	条例と規則	公の施設	地方自治法 自治事務と法定受託事務	地方自治法 普通地方公共団体に適用される法令等	地方自治法 住民監査請求及び住民訴訟
	17	地方財務	住民監査請求と住民訴訟	都道府県の事務	監査委員	地方自治法 住民訴訟	地方自治法 長と議会の関係	地方自治法 都道府県の事務
	18	上水道の利用関係	林試の森事件判決	道路等	上水道	情報公開をめぐる判例	通達	国家行政組織法
	19	朝日訴訟	教示	行政法 総合	行政法 総合	自動車の運転免許	公立学校に関する判例	国籍と住民
多肢選択式	1	一般的法理論 工作物使用禁止命令と事前手続	一般的法理論 行政立法	行訴法 取消しの理由の制限	行訴法 狭義の訴えの利益	行手法 行政指導	一般的法理論 行政上の義務履行確保・行政罰	情報公開法
	2	行手法 無効確認訴訟における主張・立証責任	冷凍倉庫事件判決 宮川裁判官補足意見	一般的法理論 地方公共団体の施策の変更	行訴法 訴訟類型	普通地方公共団体の議会の議員に対する懲罰等と国家賠償	行手法 不利益処分の理由の提示	国家補償制度
記述式		一般的法理論 秩序罰	宝塚市パチンコ条例事件判決	行訴法 申請型義務付け訴訟	行手法 処分等の求め	行訴法 無効等確認の訴え	行手法 行政指導の中止等の求め	行訴法 義務付けの訴え

※ 行政法の一般的な法理論は一般的法理論と、行政手続法は行手法と、行政不服審査法は行審法と、行政事件訴訟法は行訴法と、国家賠償法は国賠法と表記する。

行政上の強制執行の比較

▶第2回模試　問題10　行政上の義務履行確保

	代執行	執行罰 （間接強制）	直接強制	行政上の 強制徴収
特徴	義務者に代わって行う	過料を課すことを予告し、義務者に心理的圧迫を加える	義務者の身体、財産に直接強制を加え、義務を履行させる	直接強制の一種
一般法	行政代執行法	な　し	な　し	な　し 国税徴収法の準用という形式をとることが多い
義務	代替的作為義務	非代替的作為義務 不作為義務	問わない	金銭債務
その他	〈手　続〉 文書による戒告 ↓ 代執行令書による通知 ↓（←緊急時） 代執行 ↓ 文書による 費用納付命令 ↓ 強制徴収		人権侵害のおそれ	〈手　続〉 督促 ↓ 差押え ↓ 換価 ↓ 配当

聴聞手続と弁明手続との比較

▶第1回模試　問題26　行政法総合

		聴聞手続	弁明手続
共通点		① 処分基準の設定・公表 ② 理由の提示 ③ 証拠提出権 ④ 代理人選任権 ⑤ 予定される不利益処分の内容等の通知	
相違点	審理方式	原則として口頭	原則として書面
	文書閲覧権	あ　り	な　し
	参加人の規定	あ　り	な　し
	陳述書等の提出	あ　り	な　し

巻末特集　合格への特別講義

行政不服審査法と行政事件訴訟法の執行停止の比較　　▶第2回模試　問題15　執行停止

	行政不服審査法		行政事件訴訟法
	審査庁が、処分庁又は上級行政庁	審査庁が、処分庁・上級行政庁以外	
ポイント	行政統制機能		権力分立
	指揮監督権あり	指揮監督権なし	
職　権	あ　り	な　し	な　し
執行停止できる場合	必要があると認める場合　※　重大な損害を避けるために緊急の必要があると認めるときは義務的		重大な損害を避けるため緊急の必要があるとき
その他の措置	可	不　可	不　可
公共の福祉に重大な影響を及ぼすおそれがあるとき、又は本案について理由がないとみえるとき	執行停止をしなければならないわけではない（執行停止をすることもできる）		執行停止をすることができない
取消し	職権による		申立てが必要
内閣総理大臣の異議	な　し		あ　り

原告適格を認めた判例

▶第 2 回模試　問題 17　原告適格

① 公衆浴場業の新規許可の無効確認を求める既存業者（最判昭 37.1.19）

② 放送局の開設許可が競願者に付与された場合には、自己の放送局免許拒否処分の取消しだけでなく、競願者への免許処分の取消しを求める点についても原告適格が認められる（東京 12 チャンネル事件　最判昭 43.12.24）

③ 保安林指定解除の取消しを求める下流地域住民（長沼ナイキ事件　最判昭 57.9.9）

④ 航空運送事業の免許の取消しを求める空港周辺住民（新潟空港訴訟　最判平元 .2.17）

⑤ 原子炉設置許可の無効確認を求める周辺住民（もんじゅ原発訴訟　最判平 4.9.22）

⑥ 開発許可処分取消しを求める、都市計画法に基づく開発許可によるマンション建設によって、がけ崩れ等による被害が直接的に及ぶことが予想される住民（最判平 9.1.28）

⑦ 林地開発行為許可処分取消しを求める、土砂の流出又は崩壊、水害等の災害により生命、身体等に直接的な被害を受けることが予想される範囲の地域に居住する者（最判平 13.3.13）

⑧ 建築基準法に基づく総合設計許可の取消しを求める、同許可に係る建築物の倒壊、炎上等により直接的な被害を受けることが予想される範囲の地域に存する建築物に居住し又はこれを所有する者（最判平 14.1.22）

⑨ 小田急線連続立体交差事業認可処分の取消しを求める、都市計画事業の事業地の周辺に居住する住民のうち同事業が実施されることにより騒音、振動等による健康又は生活環境に係る著しい被害を直接的に受けるおそれのある者（小田急高架化訴訟　最大判平 17.12.7）

⑩ 場外車券発売施設設置許可処分取消しを求める、場外車券発売施設の設置、運営に伴い著しい業務上の支障が生ずるおそれがあると位置的に認められる区域に文教施設又は医療施設を開設する者（サテライト大阪事件　最判平 21.10.15）

⑪ 滞納者と他の共有者との共有に係る不動産の滞納者の持分に対する差押処分の取消しを求める、他の共有者（最判平 25.7.12）

⑫ 産業廃棄物処分業及び特別管理産業廃棄物処分業の許可更新処分の取消しなどを求める、産業廃棄物の最終処分場の周辺に居住する住民のうち、当該最終処分場から有害な物質が排出された場合にこれに起因する大気や土壌の汚染、水質の汚濁、悪臭等による健康又は生活環境に係る著しい被害を直接的に受けるおそれのある者（最判平 26.7.29）

原告適格を否定した判例

▶第 2 回模試　問題 17　原告適格

① 質屋営業の新規許可の取消しを求める既存業者（最判昭 34.8.18）

② 公有水面埋立免許及び竣功認可の取消しを求める埋立水面の周辺において漁業権を有するにすぎない者（伊達火力発電所事件　最判昭 60.12.17）

③ 私鉄特急料金値上げの認可の取消しを求める利用者（近鉄特急事件　最判平元 .4.13）

④ 史跡指定解除処分の取消しを求める学術研究者（伊場遺跡保存訴訟　最判平元 .6.20）

⑤ 風俗営業（パチンコ店）許可の取消しを求める周辺住民（最判平 10.12.17）

⑥ 墓地経営許可の取消しを求める周辺住民（最判平 12.3.17）

⑦ 鉄道の連続立体交差化にあたり付属街路を設置することを内容とする都市計画事業の認可の取消しを求める、事業地の周辺住民（小田急高架化訴訟　最大判平 17.12.7）

⑧ 場外車券発売施設設置許可処分取消しを求める、設置許可がされた場外車券発売施設の周辺において居住し又は事業（文教施設又は医療施設に係る事業を除く）を営む者や、周辺に所在する文教施設又は医療施設の利用者（サテライト大阪事件　最判平 21.10.15）

〈参考〉不服申立適格を否定した判例
果実飲料等の表示に関する公正競争規約の認定の取消しを求める消費者団体及び一般消費者（主婦連ジュース不当表示事件　最判昭 53.3.14）

巻末特集　合格への特別講義

145

国家賠償法1条と民法715条との比較

▶第2回模試　問題20　国家賠償法1条
▶第2回模試　問題43　国家賠償法1条

	国家賠償法1条	民法715条
責任の性質	代位責任	代位責任 （報償責任の原理）
加害者の故意 又は過失の存在	1条責任では必要 2条責任では不要 （2条は無過失責任）	必要
加害者本人に対する 責任追及	認められない （たとえ加害公務員に故意又は重過失が あっても認められない）	可能 （709条による）
選任者・監督者（使用 者）の免責規定の有無	なし	あり （使用者が被用者の選任等に相当な注意 を尽くしたとき、又は相当な注意をし ても損害が生じるようなとき　715条1 項ただし書）
加害者に対する 求償権行使の要件	加害公務員に故意又は重過失があると き ※　なお、この求償権には、民法の不 法行為に関する規定は適用されない （4条）	被用者に故意又は過失があるとき （もっとも、信義則上相当と認められる 限度に限られる）
費用負担者の責任	あり（3条） ※　なお、法律上定められた費用負担 者ではない者であっても、この責任 を負う場合がある（最判昭50.11.28）	なし
失火責任法の適用	あり ※　判例は、失火責任法は、失火者の 責任条件について民法709条の特則 を規定したものであるから、国家賠 償法4条の「民法」に含まれ、公権 力の行使に当たる公務員の失火によ る国又は公共団体の損害賠償責任に ついてのみ失火責任法の適用を排除 すべき合理的理由も存しないとして、 公権力の行使に当たる公務員の失火 による国又は公共団体の損害賠償責 任については、国家賠償法4条によ り失火責任法が適用され、当該公務 員に重大な過失のあることが必要で あるとする（最判昭53.7.17）	あり ※　判例は、失火者に重大な過失があ り、これを使用する者に選任監督に ついて不注意があれば、使用者は 715条により賠償責任を負うとする （最判昭42.6.30）

住民訴訟

▶ 第 2 回模試　問題 24　住民監査請求・住民訴訟

請求類型	① 当該執行機関又は職員に対する当該行為の全部又は一部の差止めの請求 　※ 当該行為を差し止めることによって人の生命又は身体に対する重大な危害の発生の防止その他公共の福祉を著しく阻害するおそれがあるときは、裁判所は差止めをすることができない ② 行政処分たる当該行為の取消し又は無効確認の請求 ③ 当該執行機関又は職員に対する当該怠る事実の違法確認の請求 ④ 当該職員又は当該行為若しくは怠る事実に係る相手方に損害賠償又は不当利得返還の請求をすることを当該普通地方公共団体の執行機関又は職員に対して求める請求 　※ ④の訴訟が提起された場合には、当該職員又は当該行為若しくは怠る事実の相手方に対して、当該普通地方公共団体の執行機関又は職員は、遅滞なく、その訴訟の告知をしなければならない
原告適格	住民訴訟の対象となる違法な財務会計上の行為又は怠る事実について住民監査請求をした住民（監査請求前置主義） 　※ 既に住民訴訟が係属しているときは、他の住民は、別訴をもって同一の請求をすることができない
出訴できる場合及び出訴期間 ※出訴期間は不変期間	① 監査委員の監査結果又は勧告に不服がある場合 ／ 当該監査の結果又は当該勧告の内容の通知があった日から 30 日以内 ② 監査委員が監査請求があった日から 60 日以内に監査又は勧告を行わない場合 ／ 当該 60 日を経過した日から 30 日以内 ③ 議会・長等の措置に不服のある場合 ／ 当該措置に係る監査委員の通知があった日から 30 日以内 ④ 監査委員の勧告を受けた議会・長等が必要な措置を講じない場合 ／ 当該勧告に示された期間を経過した日から 30 日以内
管轄	当該普通地方公共団体の事務所の所在地を管轄する地方裁判所の管轄に専属

事務の監査請求・住民監査請求・住民訴訟の比較

▶ 第 1 回模試　問題 23　直接請求
▶ 第 2 回模試　問題 24　住民監査請求・住民訴訟

	事務の監査請求	住民監査請求	住民訴訟
位置づけ	直接請求	財　務	
請求者	選挙権を有する者の総数の 50 分の 1 以上の者の連署	住民各自	住民各自 （住民監査請求前置）
請求先	監査委員	監査委員	裁判所
請求対象	普通地方公共団体の事務の執行（財務会計上の行為に限らない）	違法・不当な財務会計上の行為・怠る事実	違法な財務会計上の行為・怠る事実

147

基礎法学

基礎法学の出題傾向と直前期の学習

　基礎法学は、例年、5肢択一式で2題出題されます。得点目標は5割です。

　基礎法学は、他の法令科目をしっかりと学習していれば、それなりに対応できることもありますので、集中して学習する必要性は、さほど高くはありません。ただ、本試験でよく出題されているテーマについては、しっかりと押さえておきましょう。

　さて、直前期の基礎法学の学習ですが、テキストの内容を押さえ、過去問を解くということで、十分です。試験対策としては、基礎法学に時間を割くよりは、配点の高い他の法令科目に時間を割いたほうが効率的だからです。

基礎法学の出題項目

		平成28年度	平成29年度	平成30年度	令和元年度	令和2年度	令和3年度	令和4年度
択一式	1	裁判員制度	犯罪理論	〈法〉の歴史	法律史	紛争解決手段	刑罰論	裁判（少数意見制）
	2	法律の形式	法思想等	「法」に関する用語	裁判の審級制度等	簡易裁判所	法令の効力	法律用語

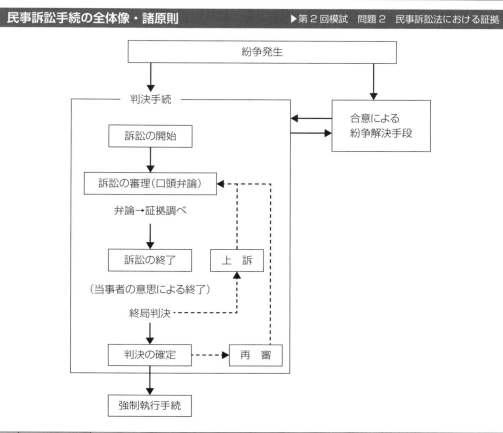

口頭弁論の諸原則	公開主義	訴訟の審理及び裁判が国民一般の傍聴できる状態で行われなければならないという原則
	双方審尋主義	対立当事者双方に、それぞれの主張を述べる機会を平等に与える審理原則
	口頭主義	弁論及び証拠調べを口頭で行い、口頭で陳述されたもののみが裁判資料となるという原則
	直接主義	弁論の聴取や証拠調べを、判決をする裁判官自身が行う原則
弁論主義	意　義	裁判の基礎をなす事実と証拠の収集・提出を当事者の権能かつ責任とする原則
	第1テーゼ	裁判所は、当事者の主張しない事実を判決の基礎とすることができない
	第2テーゼ	当事者が事実を主張した場合において、当事者間に争いのない事実については、裁判所は、そのまま判決の基礎としなければならない
	第3テーゼ	当事者が事実を主張した場合において、当事者間に争いのある事実については、裁判所は、原則として当事者の提出した証拠によって認定しなければならない

多肢選択式

多肢選択式の出題傾向と直前期の学習

　多肢選択式は、一見すると独特の出題形式ですが、特別な対策が必要というわけではありません。知識は、5肢択一用の学習で十分に身につけることができるからです。形式に慣れるだけで十分です。

　形式に慣れるには、過去問や問題集を解き、答練や模試等でアウトプットのトレーニングをしてみてください。

多肢選択式の出題項目

〈憲　法〉

	平成28年度	平成29年度	平成30年度	令和元年度	令和2年度	令和3年度	令和4年度
1	税関検査事件	北方ジャーナル事件	公務員の政治的自由	放送と表現の自由	労働組合の統制権	裁判員制度	法律上の争訟

〈行政法〉

	平成28年度	平成29年度	平成30年度	令和元年度	令和2年度	令和3年度	令和4年度
1	一般的法理論 工作物使用禁止命令と事前手続	一般的法理論 行政立法	行訴法 取消しの理由の制限	行訴法 狭義の訴えの利益	行手法 行政指導	一般的法理論 行政上の義務履行確保・行政罰	情報公開法
2	行手法 無効確認訴訟における主張・立証責任	冷凍倉庫事件判決 宮川裁判官補足意見	一般的法理論 地方公共団体の施策の変更	行訴法 訴訟類型	普通地方公共団体の議会の議員に対する懲罰等と国家賠償	行手法 不利益処分の理由の提示	国家補償制度

定　義	行政立法とは、行政機関が一般的・抽象的法規範を定立すること、又はそのような作用によって定立された定めをいう
種　類	1　法規命令 　→　国民の権利義務を規律する法規たる性質を有する行政立法 　→　法律の根拠必要 　　　　政令・内閣府令・省令・規則 　法規命令の分類 　委任命令：国民の権利義務を規制する命令をいう。委任命令を作るには、法律によって 　　　　　　個別的かつ具体的な委任がなされていなければならない 　執行命令：法律を執行するために必要な手続について定める命令をいう。執行命令を定 　　　　　　めるには、法律による個別的・具体的な委任は不要である 2　行政規則 　→　国民の権利義務を規律する法規たる性質を有しない（行政機関の内部組織のあり方や 　事務処理手続に関する行政組織内部での）定め 　→　法律の根拠不要 　告示・訓令・通達・審査基準・処分基準など 　※　告示の中には、法規命令としての性質を有するものもある。例えば、学習指導要領 　　は、文部大臣（当時）が告示として、普通教育である高等学校の教育及び方法につい 　　ての基準を定めたもので法規としての性質を有するものということができる（伝習館 　　高校事件　最判平2.1.18）

巻末特集　合格への特別講義

記述式

記述式の出題傾向と直前期の学習

　記述式は、問題文の指示に従って、条文や判例の語句等を 40 字程度で記述させる問題です。

　知識は、5 肢択一用の学習で十分に身につけることができます。

　行政法も民法もテキストを通して、条文と基本的な判例を押さえましょう。記述式のために特別に何かを覚えるというわけではなく、5 肢択一用の学習をしていれば、知識面では十分です。

　また、形式に慣れることは極めて重要です。実際に、40 字で書いてみて、本試験に備えなければなりません。

　直前期は、過去問、問題集を使ってたくさん書きましょう。40 字書くことに慣れなければなりません。記述式問題に苦手意識のある方は、答練や模試等を受けて、記述式問題に慣れてください。

記述式の出題項目

〈行政法〉

	平成28年度	平成29年度	平成30年度	令和元年度	令和2年度	令和3年度	令和4年度
1	一般的法理論 秩序罰	宝塚市パチンコ 条例事件判決	行訴法 申請型義務付け 訴訟	行手法 処分等の求め	行訴法 無効等確認の訴え	行手法 行政指導の中止 等の求め	行訴法 義務付けの訴え

〈民　法〉

	平成28年度	平成29年度	平成30年度	令和元年度	令和2年度	令和3年度	令和4年度
1	担保責任	債権譲渡	制限行為能力者	共有物に関する 法律行為	意思表示	債権譲渡	無権代理の本人 相続
2	離婚における 財産分与の要素	不法行為	贈与契約	第三者のために する契約	不動産物権変動	土地工作物責任	債権者代位権・ 賃貸借

担保責任の全体像

▶第1回模試　問題45　契約不適合責任

	追完請求権	代金減額請求	解除損害賠償	権利行使期間の定め
物の品質、種類に関する契約不適合（562条）	◯	◯	◯	1年（566条）（※5）
物の数量に関する契約不適合（562条）	◯	◯	◯	5年又は10年（※6）
権利移転に関する契約不適合（565条）（※1）	◯	◯	◯	5年又は10年（※6）
目的物の滅失等についての危険の移転（567条）（※2）	×	×	×	―
競売における担保責任（568条）（※3）	×	◯	◯（※4）	5年又は10年（※6）

※1　権利の一部が他人に属する場合において、その権利の一部を移転しないときを含む
※2　特定物、特定した種類物が対象。引渡し以後に「当事者双方の責めに帰することができない事由」によって滅失・損傷
※3　数量不足又は権利に関する不適合があった場合が対象（568条4項）
※4　損害賠償は「債務者が物若しくは権利の不存在を知りながら申し出なかったとき、又は債権者がこれを知りながら競売を請求したとき」に限る（568条3項）
※5　債権の消滅時効の一般原則（166条1項）の適用を排除するものではない
※6　債権の消滅時効の一般原則（166条1項）による

一般知識等科目

一般知識等科目の出題傾向と直前期の学習

　一般知識等科目は、政治・経済・社会、情報通信・個人情報保護、文章理解に分かれ、14問出題されます。合格するためには4割以上（6問以上）を得点しなければなりません。

　一般知識等科目の中で、情報通信・個人情報保護は、例年、3題出題されますが、得点目標は2題です。対策の立てやすい分野といえるでしょう。なぜなら、個人情報保護法等の法律から出題されるからです。ここは一般知識等科目というよりも、法令科目という意識で学習したほうがよいと考えられます。

　なお、平成27年度から29年度までは、個人情報保護法及び関連法の大幅改正の過渡期であり、個人情報保護法の内容を直接的に問う問題は出題されませんでしたが、平成30年度から令和4年度までは、改正個人情報保護法をメインテーマにした問題が出題されています。さらに、2022年から2023年までにかけて個人情報保護法に関する法制度が大きく変わったことから、今後の本試験でも、個人情報保護法は常に出題されることが予想されます。テキストや各省庁のホームページなどを利用して、改正のポイントを押さえておきましょう。

　政治・経済・社会の分野は、例年、8題出題されますが、得点目標は2～3題です。出題範囲が際限なく広く、対策が立てにくい分野ではありますが、過去問で出題された知識と、常識とで解きましょう。テキスト、過去問の知識を押さえ、日々ニュースや新聞等を見ておきましょう。そして、答練や模試を通して、最近の事項について押さえてください。なお、『うかる！ 行政書士 憲法・商法・一般知識等 解法スキル完全マスター』（日本経済新聞出版）では、一般知識等科目のうち、政治・経済・社会及び情報関連の分野において、全く知らないテーマや知識がない問題に対しても、ある程度対応できる解法テクニックを紹介しています。苦手意識があれば参考にしてください。

　文章理解の分野は、例年、3題出題されますが、得点目標は2題です。まずは、過去問を解いて感覚をつかんだ上で、答練や模試を利用して、問題を解く練習をしてみましょう。また、文章理解が苦手という方は、大学入試の現代文の論説文の解き方や公務員試験対策の文章理解の書籍が出ていますので、気に入った解法を見つけて練習しておくと苦手意識が解消されるでしょう。

一般知識等科目の出題項目

（1）政　治

	平成28年度	平成29年度	平成30年度	令和元年度	令和2年度	令和3年度	令和4年度
1	日本と核兵器の関係	各国の政治指導者	専門資格に関する事務をつかさどる省庁	日中関係	普通選挙	近代オリンピック大会と政治	ロシア・旧ソ連の外交・軍事
2	改正公職選挙法（2015年）			女性の政治参加	フランス人権宣言	新型コロナウイルス感染症対策と政治	ヨーロッパの国際組織
3	中央政府の庁			国の行政改革の取組み		公的役職の任命	軍備縮小（軍縮）

（2）経　済

	平成28年度	平成29年度	平成30年度	令和元年度	令和2年度	令和3年度	令和4年度
1	TPP協定	ビットコイン	近年の日本の貿易及び対外直接投資	経済用語	日本のバブル経済とその崩壊	ふるさと納税	GDP
2	日本経済	度量衡			日本の国債制度とその運用	国際収支	

（3）社　会

	平成28年度	平成29年度	平成30年度	令和元年度	令和2年度	令和3年度	令和4年度
1	日本社会の多様化	日本の公的年金制度	外国人技能実習制度	日本の雇用・労働	日本の子ども・子育て政策	エネルギー需給動向・エネルギー政策	郵便局
2	終戦後の日本で発生した自然災害	日本の農業政策	戦後日本の消費生活協同組合	元号制定の手続	新しい消費の形態	先住民族	日本の森林・林業
3		消費者問題・消費者保護	日本の墓地・埋葬等に関する法律	日本の廃棄物処理	地域再生・地域活性化等の政策や事業	ジェンダー・セクシュアリティ	アメリカ合衆国における平等と差別
4		山崎豊子の著作	地方自治体の住民等		日本の人口動態		地球環境問題に関する国際的協力体制
5			風適法による許可又は届出の対象				

（4）情報通信・個人情報保護

	平成28年度	平成29年度	平成30年度	令和元年度	令和2年度	令和3年度	令和4年度
1	人工知能	クラウド	防犯カメラ	情報や通信に関する用語	インターネット通信で用いられる略称	顔認識・顔認証システム	人工知能（AI）
2	IoTの定義	日本の著作権	欧州データ保護規則	通信の秘密	行政機関個人情報保護法	車両の自動運転化の水準	情報通信に関する用語
3	情報処理に関する用語	情報技術	個人情報保護法総合	放送又は通信の手法	個人情報保護法	国の行政機関の個人情報保護制度	個人情報保護制度
4	公文書管理法	情報公開法制と個人情報保護法制	個人情報保護法2条2項	個人情報保護委員会			

（5）文章理解

	平成28年度	平成29年度	平成30年度	令和元年度	令和2年度	令和3年度	令和4年度
1	短文挿入	短文挿入	短文挿入	短文挿入	短文挿入	短文挿入	文書整序
2	短文挿入	空欄補充	短文挿入	空欄補充	文章整序	空欄補充	短文挿入
3	文章整序	文章整序	空欄補充	短文挿入	空欄補充	短文挿入	空欄補充

	内　閣	歴　史
1945	東久邇宮稔彦王	ポツダム宣言受諾
1945〜46	幣原喜重郎	戦後初の総選挙・女性初の参政権行使
1946〜47	吉田茂	日本国憲法公布
1947〜48	片山哲	初の社会主義政党の政権
1948	芦田均	昭和電工事件（昭和疑獄）
1948〜54	吉田茂	サンフランシスコ平和条約調印 旧安保条約調印、自衛隊発足
1954〜56	鳩山一郎	日ソ共同宣言（国交回復） 国連へ加盟
1956〜57	石橋湛山	（3か月で総辞職）
1957〜60	岸信介	新安保条約調印
1960〜64	池田勇人	所得倍増計画 東京オリンピック開催
1964〜72	佐藤栄作	日韓基本条約調印 非核三原則を表明 小笠原諸島返還 沖縄返還協定調印
1972〜74	田中角栄	日中共同声明（国交回復）、日本列島改造論（狂乱物価）
1974〜76	三木武夫	ロッキード事件発覚（田中前首相逮捕）
1976〜78	福田赳夫	日中平和友好条約調印
1978〜80	大平正芳	初の衆参同日選挙
1980〜82	鈴木善幸	増税なき財政再建 中国残留孤児の正式来日開始
1982〜87	中曽根康弘	日本国有鉄道・日本専売公社・日本電信電話公社の民営化
1987〜89	竹下登	消費税導入 リクルート事件発覚

	内　閣	歴　史
1989	宇野宗佑	日米構造協議
1989～91	海部俊樹	日米構造協議、ペルシャ湾へ自衛隊掃海艇派遣
1991～93	宮沢喜一	自衛隊を PKO 活動でカンボジア派遣
1993～94	細川護煕	非自民連立政権成立（55 年体制の崩壊）
1994	羽田孜	ゼネコン汚職事件発覚
1994～96	村山富市	阪神淡路大震災
1996～98	橋本龍太郎	中央省庁改革法成立
1998～2000	小渕恵三	周辺事態法制定
2000～01	森喜朗	三宅島噴火
2001～06	小泉純一郎	郵政事業民営化 テロ対策特別措置法で自衛隊をインド洋へ イラク復興支援特別措置法で自衛隊をイラクへ派遣
2006～07	安倍晋三	「年金記録漏れ」判明
2007～08	福田康夫	サブプライムローン不況
2008～09	麻生太郎	リーマンショック不況
2009～10	鳩山由紀夫	民主党政権誕生
2010～11	菅直人	東日本大震災
2011～12	野田佳彦	消費税増税法成立
2012～20	安倍晋三	自民党政権復活 TPP 交渉参加 特定秘密保護法成立 消費税引上げ（5％→8％） 集団的自衛権の行使容認を閣議決定 消費税 10％への引上げ決定 平和安全法制関連 2 法成立（平和安全法制整備法・国際平和支援法）
2020～21	菅義偉	新型コロナウイルス感染拡大による緊急事態宣言等 東京オリンピック・パラリンピック開催 デジタル庁発足
2021～	岸田文雄	変異株による新型コロナウイルス感染再拡大

巻末特集　合格への特別講義

地域統合

▶第1回模試　問題50　RCEP協定・TPP協定

	組織名	成立年	加盟国
AFTA	ASEAN自由貿易地域	1992年	インドネシア、フィリピン、タイ、マレーシア、シンガポール、ブルネイ、ベトナム、ミャンマー、ラオス、カンボジア
TPP	環太平洋パートナーシップ協定	2016年	シンガポール、ニュージーランド、チリ、ブルネイ、アメリカ、オーストラリア、ペルー、ベトナム、マレーシア、メキシコ、カナダ、日本の12か国が2016年2月に署名したが、アメリカは2017年1月、離脱を表明
EFTA	欧州自由貿易連合	1960年	アイスランド、ノルウェー、スイス、リヒテンシュタイン
メルコスール	南米南部共同市場	1995年	ブラジル、アルゼンチン、ウルグアイ、パラグアイ、ベネズエラ、ボリビア
USMCA（※）	米国・メキシコ・カナダ協定	2020年	アメリカ、メキシコ、カナダ
RCEP	地域的な包括的経済連携	2020年	ASEAN10か国（ブルネイ、カンボジア、インドネシア、ラオス、マレーシア、ミャンマー、フィリピン、シンガポール、タイ、ベトナム）、日本、中国、韓国、オーストラリア、ニュージーランド

※　USMCA：NAFTA（北米自由貿易協定　1994年）に代わる協定

パリ協定

▶第1回模試　問題51　近年の日本の食料・環境

採択・発効	・　2015年12月、京都議定書に代わる2020年以降の新しい地球温暖化対策の国際ルールとして、気候変動枠組み条約締約国会議（COP21）で採択 ・　中国とアメリカ（※）が2016年9月上旬に締結したことをきっかけに、インドやEUが続いて条件を満たし、2016年11月に発効 　※　アメリカ： 　　　2017年6月、離脱を表明（トランプ大統領） 　　　2021年2月、復帰（バイデン大統領）
対象ガス	温室効果ガス
削減目標	・　先進国、途上国を問わずすべての国が温室効果ガスの削減に取り組み、世界平均気温の上昇を産業革命以前に比べて1.5～2℃に抑える ・　各締約国が国情に応じて緩和（温室効果ガスの削減・抑制）目標を策定し、5年ごとに更新する
発効要件	総排出量の55%以上、55か国以上の締結

▶第1回模試　問題57　個人情報保護法
▶第2回模試　問題57　個人情報保護法

個人情報	生存する個人に関する情報であって、次のいずれかに該当するものをいう ①　当該情報に含まれる氏名、生年月日その他の記述等により特定の個人を識別することができるもの ※　他の情報と容易に照合することができ、それにより特定の個人を識別することができることとなるものを含む ②　個人識別符号が含まれるもの
個人識別符号	次のいずれかに該当する文字、番号、記号その他の符号のうち、政令で定めるものをいう ①　特定の個人の身体の一部の特徴を電子計算機の用に供するために変換した文字、番号、記号その他の符号であって、当該特定の個人を識別することができるもの ②　個人に提供される役務の利用若しくは個人に販売される商品の購入に関し割り当てられ、又は個人に発行されるカードその他の書類に記載され、若しくは電磁的方式により記録された文字、番号、記号その他の符号であって、その利用者若しくは購入者又は発行を受ける者ごとに異なるものとなるように割り当てられ、又は記載され、若しくは記録されることにより、特定の利用者若しくは購入者又は発行を受ける者を識別することができるもの
要配慮個人情報	本人の人種、信条、社会的身分、病歴、犯罪の経歴、犯罪により害を被った事実その他本人に対する不当な差別、偏見その他の不利益が生じないようにその取扱いに特に配慮を要するものとして政令で定める記述等が含まれる個人情報をいう
個人情報データベース等	個人情報を含む情報の集合物であって、次に掲げるもの（利用方法からみて個人の権利利益を害するおそれが少ないものとして政令で定めるものを除く）をいう ①　特定の個人情報を電子計算機を用いて検索することができるように体系的に構成したもの ②　その他、特定の個人情報を容易に検索することができるように体系的に構成したものとして政令で定めるもの（これに含まれる個人情報を一定の規則に従って整理することにより特定の個人情報を容易に検索することができるように体系的に構成した情報の集合物であって、目次、索引その他検索を容易にするためのものを有するもの）

巻末特集　合格への特別講義

個人情報取扱事業者	個人情報データベース等を事業の用に供している者をいう ※　ただし、次に掲げる者を除く ①　国の機関 ②　地方公共団体 ③　独立行政法人等 ④　地方独立行政法人
個人データ	個人情報データベース等を構成する個人情報
保有個人データ	個人情報取扱事業者が、開示等を行うことのできる権限を有する個人データであって、その存否が明らかになることにより公益その他の利益が害されるものとして政令で定めるもの以外のもの
本　人	個人情報によって識別される特定の個人
仮名加工情報	次に掲げる個人情報の区分に応じて所定の措置を講じて他の情報と照合しない限り特定の個人を識別することができないように個人情報を加工して得られる個人に関する情報をいう ①　「個人情報」の定義①に該当する個人情報 　当該個人情報に含まれる記述等の一部を削除すること（当該一部の記述等を復元することのできる規則性を有しない方法により他の記述等に置き換えることを含む） ②　「個人情報」の定義②に該当する個人情報 　当該個人情報に含まれる個人識別符号の全部を削除すること（当該個人識別符号を復元することのできる規則性を有しない方法により他の記述等に置き換えることを含む）
仮名加工情報取扱事業者	仮名加工情報を含む情報の集合物であって、特定の仮名加工情報を電子計算機を用いて検索することができるように体系的に構成したものその他特定の仮名加工情報を容易に検索することができるように体系的に構成したものとして政令で定めるもの（仮名加工情報データベース等）を事業の用に供している者 ※　ただし、国の機関等（「個人情報取扱事業者」※①～④）を除く

個人情報保護法・定義③

▶第1回模試　問題57　個人情報保護法
▶第2回模試　問題57　個人情報保護法

匿名加工情報	次に掲げる個人情報の区分に応じた措置を講じて、特定の個人を識別することができないように個人情報を加工して得られる個人に関する情報であって、当該個人情報を復元することができないようにしたものをいう ① 「個人情報」の定義①に該当する個人情報 　当該個人情報に含まれる記述等の一部を削除すること（当該一部の記述等を復元することのできる規則性を有しない方法により他の記述等に置きかえることを含む） ② 「個人情報」の定義②に該当する個人情報 　当該個人情報に含まれる個人識別符号の全部を削除すること（当該個人識別符号を復元することのできる規則性を有しない方法により他の記述等に置き換えることを含む）
匿名加工情報取扱事業者	匿名加工情報を含む情報の集合物であって、特定の匿名加工情報を電子計算機を用いて検索することができるように体系的に構成したものその他特定の匿名加工情報を容易に検索することができるように体系的に構成したものとして政令で定めるもの（匿名加工情報データベース等）を事業の用に供している者をいう ※ ただし、国の機関等（「個人情報取扱事業者」※①～④）を除く
個人関連情報	生存する個人に関する情報であって、個人情報、仮名加工情報及び匿名加工情報のいずれにも該当しないものをいう
行政機関	次に掲げる機関をいう ① 法律の規定に基づき内閣に置かれる機関（内閣府を除く）及び内閣の所轄の下に置かれる機関 ② 内閣府及び宮内庁 ③ 内閣府設置法、国家行政組織法及び宮内庁法等に規定する一定の機関 ④ 会計検査院
行政機関等	行政機関、地方公共団体の機関（議会を除く）、独立行政法人等及び地方独立行政法人をいう

巻末特集　合格への特別講義

■ 編者紹介

伊藤塾（いとうじゅく）

毎年、行政書士、司法書士、司法試験など法律科目のある資格試験や公務員試験の合格者を多数輩出している受験指導校。社会に貢献できる人材育成を目指し、司法試験の合格実績のみならず、合格後を見据えた受験指導には定評がある。1995年5月3日憲法記念日に、法人名を「株式会社　法学館」とし設立。憲法の心と真髄をあまねく伝えること、また、一人一票を実現し、日本を真の民主主義国家にするための活動を行っている。
（一人一票実現国民会議　https://www2.ippyo.org/）

伊藤塾　〒150-0031　東京都渋谷区桜丘町17-5
　　　　　　https://www.itojuku.co.jp/

■正誤に関するお問い合わせ
万一誤りと疑われる箇所がございましたら、まずは弊社ウェブサイト［https://bookplus.nikkei.com/catalog/］で本書名を入力・検索いただき、正誤情報をご確認の上、下記までお問い合わせください。
https://nkbp.jp/booksQA
※正誤のお問い合わせ以外の書籍に関する解説や受験指導は、一切行っておりません。
※電話でのお問い合わせは受け付けておりません。
※回答は、土日祝日を除く平日にさせていただきます。お問い合わせの内容によっては、回答までに数日ないしはそれ以上の期間をいただく場合があります。
※本書は2023年度試験受験用のため、**お問い合わせ期限は2023年11月1日（水）まで**とさせていただきます。

うかる！行政書士 直前模試 2023 年度版

2023 年 5 月 17 日　1 刷

編　者　　伊藤塾
　　　　　ⓒ Ito-juku, 2023
発行者　　國分 正哉
発　行　　株式会社日経 BP
　　　　　日本経済新聞出版
発　売　　株式会社日経 BP マーケティング
　　　　　〒 105-8308 東京都港区虎ノ門 4-3-12
装　丁　　斉藤 よしのぶ
印刷・製本　シナノ印刷
ISBN978-4-296-11779-6
Printed in Japan

bookplus.nikkei.com

いま読みたい
最高の1冊が見つかるWebサイト

行政書士

うかる!

2023 年度版
直前模試

別冊

模擬試験 問題

矢印の方向に引くと
取り外せます

直前模試

日本経済新聞出版

第1回

模擬試験
問題

法 令 等 [問題 1〜問題 40 は択一式（5 肢択一式）]

問題 1 下級裁判所の裁判所や裁判官に関する次の記述のうち、妥当なものはどれか。

1 簡易裁判所は、訴訟の目的の価額が 140 万円を超えない請求に関する民事事件及び行政事件、罰金以下の刑に当たる罪など一定の犯罪についての刑事事件について、第一審の裁判権を有する。

2 家庭裁判所は、家事事件手続法で定める家庭に関する事件の審判及び調停、人事訴訟法で定める人事訴訟の第一審の裁判を行う権限を有するが、少年法で定める少年の保護事件の審判を行う権限を有しない。

3 民事事件又は刑事事件のいずれについても、簡易裁判所が第一審の判決を行った場合には、地方裁判所が第一審の判決に対する控訴について裁判を行う権限を有する。

4 簡易裁判所の裁判は、事案の性質に応じて、3 人の裁判官による合議体で行われる場合を除き、1 人の裁判官によって行われるが、地方裁判所及び高等裁判所の裁判は、法律に特別の定めがある場合を除き、複数の裁判官による合議体で行われる。

5 裁判官が合議体によって裁判を行う場合、裁判官は、評議において、その意見を述べなければならないところ、下級裁判所では、裁判官の意見が一致しないときであっても、裁判書に少数意見を付すことはできない。

問題 2 法令の形式に関する次の記述のうち、正しいものはどれか。

1 法令は、その内容を分類する意味で「条」に分けて規定し、条には、「第〇〇条」という条名をつけるが、条に見出しをつけることはない。

2 1 つの条を内容によって更に区分する必要がある場合においては、「項」に分ける。そして、条名がないときの「項」は、1 項のみであるときを除き、1・2・3……の項番号をつけ、条名があるときの「項」は、2 項以降に項番号をつける。

3 条の中において多くの事項を列挙する場合、「節」を用いて分類し、節を列記する場合、(1)・(2)・(3)を用いてあらわす。

4 項の中において多くの事項を列挙する場合、「号」を用いて分類し、号を列記する場合、イ・ロ・ハを用いてあらわし、一・二・三を用いてあらわすことはない。

5 法令には、「第〇〇条の△」などのような、枝番号が規定されることはない。

問題 3　Aは日本国内においてある工業製品を製造・販売しているが、当該工業製品の原材料である農産物については、国内における生産業者を保護する目的で、海外からの輸入を規制する法的規制措置（以下、「本件規制措置」という。）がとられているため、Aは国際標準価格の2倍程度の国内価格で当該農産物を購入することを余儀なくされていた。このような事情のもとにおいて、Aが、本件規制措置が違憲であるとして以下のように主張する場合、ア～オのうち、最高裁判所の判例の趣旨と明らかに矛盾する内容を含むものの組合せはどれか。

ア　本件規制措置は、主として社会政策ないしは経済政策上の積極的な目的のための措置であるといえるが、このような規制措置は、国民の生命及び健康に対する危険の防止という消極的、警察的目的のための規制措置に比して規制の必要性、緊急性が高いとはいえないため、その合憲性については、より厳格な審査基準によって判断すべきである。

イ　憲法22条1項が職業選択の自由を保障するというなかには、広く一般に、いわゆる営業の自由を保障する趣旨を包含しているところ、本件規制措置は、Aの営業の自由を侵害するものであり、憲法22条1項の規定に違反する。

ウ　憲法は私有財産制度を保障しているのみでなく、社会的経済的活動の基礎をなす国民の個々の財産権についてこれを基本的人権として保障していると解すべきところ、本件規制措置は、Aの財産権行使の自由を侵害するものであり、憲法29条1項の規定に違反する。

エ　財産権の種類、性質等は多種多様であり、また、財産権に対する規制も種々の態様のものがあり得ることから、財産権に対する規制が憲法に適合するものかどうかは、規制の目的、必要性、内容、その規制によって制限される財産権の種類、性質及び制限の程度等を比較考量して判断すべきである。

オ　本件規制措置は、Aのような事業者に対して特別の財産的損失を課したものとみるべき余地があるところ、その損失に関する補償規定を欠いている点において、財産権の制約につき補償を要する旨を定めた憲法29条3項の規定に直ちに違反する。

1　ア・エ
2　ア・オ
3　イ・ウ
4　イ・エ
5　ウ・オ

問題 4　次の文章の空欄　ア　〜　エ　に当てはまる語句の組合せとして、妥当なものはどれか。

　　論旨は、要するに、学生の署名運動について事前に学校当局に届け出てその指示を受けるべきことを定めた被上告人大学の原判示の生活要録六の六の規定は憲法 15 条、16 条、21 条に違反するものであり、また、学生が学校当局の許可を受けずに学外の団体に加入することを禁止した同要録八の一三の規定は憲法 19 条、21 条、23 条、26 条に違反するものであるにもかかわらず、原審が、これら要録の規定の効力を認め、これに違反したことを理由とする本件退学処分を有効と判断したのは、憲法及び法令の解釈適用を誤つたものである、と主張する。

　　しかし、右生活要録の規定は、その文言に徴しても、被上告人大学の学生の　ア　若しくは請願権の行使又はその　イ　と直接かかわりのないものであるから、所論のうち右規定が憲法 15 条、16 条及び 26 条に違反する旨の主張は、その前提において既に失当である。また、憲法 19 条、21 条、23 条等のいわゆる自由権的基本権の保障規定は、国又は公共団体の統治行動に対して個人の基本的な自由と平等を保障することを目的とした規定であつて、専ら国又は公共団体と個人との関係を規律するものであり、　ウ　の関係について当然に適用ないし類推適用されるものでないことは、当裁判所大法廷判例……の示すところである。したがつて、その趣旨に徴すれば、私立学校である被上告人大学の学則の細則としての性質をもつ前記生活要録の規定について直接憲法の右基本権保障規定に違反するかどうかを論ずる　エ　ものというべきである。所論違憲の主張は、採用することができない。

（最判昭和 49 年 7 月 19 日民集 28 巻 5 号 790 頁）

	ア	イ	ウ	エ
1	財産権	表現の自由	国家個人間	余地は限定的な
2	選挙権	教育を受ける権利	私人相互間	余地はない
3	財産権	表現の自由	私人公人間	余地はない
4	選挙権	教育を受ける権利	私人相互間	余地は限定的な
5	選挙権	教育を受ける権利	国家個人間	余地は限定的な

問題5　国会に関する次の記述のうち、憲法の規定に照らし、妥当なものはどれか。

1　衆議院が、両議院の協議会を開くことを求めることは許されない。

2　衆議院で可決したものの参議院でこれと異なる議決がなされた法律案は、衆議院で出席議員の過半数で再び可決したときは、法律となる。

3　参議院が、衆議院の可決した法律案を受け取った後、国会休会中の期間を除いて30日以内に、議決しないときは、その法律案を否決したものとみなされる。

4　内閣総理大臣の指名の議決につき、衆議院が指名の議決をした後、国会休会中の期間を除いて10日以内に、参議院が、指名の議決をしないときは、衆議院の議決を国会の議決とする。

5　予算について、参議院が、衆議院の可決した予算を受け取った後、国会休会中の期間を除いて10日以内に、議決しないときは、衆議院の議決を国会の議決とする。

問題6　内閣に関する次の記述のうち、憲法の規定に照らし、妥当なものはどれか。

1　内閣総理大臣は国務大臣を任命するが、国務大臣の3分の2以上の者は、国会議員の中から選ばれなければならない。

2　内閣は、衆議院で不信任の決議案を可決し、又は信任の決議案を否決したときは、10日以内に衆議院が解散されない限り、総辞職をしなければならない。

3　衆議院議員総選挙の後に初めて国会の召集があった場合、内閣は、総辞職をしなければならないが、あらたに国務大臣が任命されるまで引き続きその職務を行う。

4　内閣は条約を締結する事務を行うとされているが、条約の締結前には必ず国会の承認を経なければならない。

5　国務大臣の在任中の行為については、その退任後であっても、内閣総理大臣の同意がなければ訴追されない。

問題7　昭和 43 年 1 月 16 日、原子力空母エンタープライズの佐世保寄港阻止闘争に参加するべく博多駅に下車した全学連学生に対し、機動隊及び鉄道公安職員が、同学生らを駅構内から排除するとともに、検問と所持品検査を行った事案に関連する事件（博多駅テレビフィルム提出命令事件）についての最高裁判所決定*に関する次の記述のうち、この判決の論旨として妥当でないものはどれか。

1　報道機関の報道は、民主主義社会において、国民が国政に関与するにつき、重要な判断の資料を提供し、国民の「知る権利」に奉仕するものである。

2　事実の報道の自由は、表現の自由の趣旨を及ぼすべきであるとしても、表現の自由を規定した憲法 21 条の保障のもとにはない。

3　すでに放映されたフイルムを含む放映のために準備された取材フイルムは、報道機関の取材活動の結果すでに得られたものであるから、その提出を命ずることは、同フイルムの取材活動そのものとは直接関係がない。

4　取材の自由といっても、もとより何らの制約を受けないものではなく、たとえば公正な裁判の実現というような憲法上の要請があるときは、ある程度の制約を受けることはあり得る。

5　公正な刑事裁判の実現を保障するために、報道機関の取材活動によって得られたものが、証拠として必要と認められるような場合には、取材の自由がある程度の制約を蒙ることとなってもやむを得ない。

（注）　＊　最大決昭和 44 年 11 月 26 日刑集 23 巻 11 号 1490 頁

問題8　次の会話の空欄　ア　〜　エ　に当てはまる語句の組合せとして、妥当なものはどれか。

A：法律による行政の原理の内容の１つとして、法律の留保が挙げられますが、これはどのような問題ですか。

B：行政が具体的な活動をするにあたって、いかなる性質の行政活動について法律の根拠が必要とされるべきかという問題です。

A：その問題について、どのような考え方がありますか。

B：国民に義務を課したり、国民の権利を制限したりする侵害的な行政作用については法律の根拠が必要であるが、そうでないものについては法律の根拠を要しないとする侵害留保説が通説とされています。

A：それでは、ここからは、侵害留保説の立場を採ることを前提に答えてください。

B：はい。

A：国の基本的な政策や計画を策定する場合、法律の根拠が必要となりますか。

B：国の将来の基本的な政策について、その在り方を規定するような事項については、法律の根拠に基づくことが　ア　ということになります。

A：隔離を要する疾病が発生し、当該疾病に罹患した患者について、強制隔離の措置を執る場合、法律の根拠が必要となりますか。

B：強制隔離の措置を執るためには、法律の根拠に基づくことが　イ　ということになります。

A：国が補助金の交付を行う場合、法律の根拠が必要となりますか。

B：補助金の交付については、法律の根拠に基づくことが　ウ　ということになります。

A：国民に義務を課したり、その権利を制限したりする内容の行政契約を締結する場合、法律の根拠が必要となりますか。

B：国がそのような内容の行政契約を締結する場合、法律の根拠に基づくことが　エ　ということになります。

	ア	イ	ウ	エ
1	不要	不要	不要	不要
2	不要	必要	不要	不要
3	不要	必要	不要	必要
4	必要	不要	必要	必要
5	必要	必要	必要	必要

問題9 行政上の取消しと撤回に関する次の記述のうち、最高裁判所の判例に照らし、正しいものはどれか。

1 　農業委員会は、旧自作農創設特別措置法に基づいてした買収計画、売渡計画といった行政処分が法定の不服申立期間を経過した場合には、当該処分が違法又は不当であるときでも、自らこれを取り消す余地はない。

2 　公有水面の埋立承認の職権取消しの適否は、当該埋立承認取消しにかかる県知事の判断に裁量権の範囲の逸脱又はその濫用があったか否かではなく、当該埋立承認がされた時点における事情に照らし、県知事がした当該埋立承認に違法等が認められるか否かによって判断されなければならない。

3 　恩給受給者が国民金融公庫からの借入金の担保に供した恩給を、国が国民金融公庫に払渡しをした後、当該恩給受給者に対する恩給裁定が取り消された場合、国は、当該恩給裁定の取消しの効果が国民金融公庫に及ぶとして、常に、当該払渡しにかかる金員〔恩給〕の返還を求めることができる。

4 　処分をした行政庁が、自らその処分を取り消すことができるかどうかは、当該処分の性質によって定まるのではなく、当該処分について授権をした法律の規定によって一義的に定まる。

5 　法令上撤回について直接明文の規定が存在しない場合には、撤回すべき公益上の必要性が高いと認められるときであっても、指定医師の指定の権限を付与されている医師会は、その権限において当該指定を撤回することはできない。

問題10 行政調査に関する次の記述のうち、最高裁判所の判例に照らし、妥当でないものはどれか。

1 法人税法上の質問又は検査の権限の行使に当たって、取得収集される証拠資料が後に犯則事件の証拠として利用されることが想定できたとしても、そのことによって直ちに、上記質問又は検査の権限が犯則事件の調査あるいは捜査のための手段として行使されたことにはならない。

2 憲法35条1項の規定は、本来、主として刑事責任追及の手続における強制について、それが司法権による事前の抑制の下におかれるべきことを保障した趣旨であるが、当該手続が刑事責任追及を目的とするものでないとの理由のみで、その手続における一切の強制が当然に右規定による保障の枠外にあると判断することは相当ではない。

3 所得税法上の質問検査の範囲、程度、時期、場所等実定法上特段の定めのない実施の細目については、質問検査の必要があり、かつ、これと相手方の私的利益との衡量において社会通念上相当な限度にとどまるかぎり、権限ある税務職員の合理的な選択に委ねられている。

4 警察法2条1項が「交通の取締」を警察の責務として定めていることに照らすと、交通の安全及び交通秩序の維持などに必要な警察の諸活動は、強制力を伴わない任意手段による限り、一般的に許容されるべきものであるが、それが国民の権利、自由の干渉にわたるおそれのある事項にかかわる場合には、任意手段によるからといって無制限に許されるべきものでない。

5 憲法31条の定める法定手続の保障は、直接には刑事手続に関するものであり、行政手続は刑事手続ではないのであるから、そのすべてが当然に同条による保障の枠外にあって、同条の保障は及ばない。

問題11 行政手続法における行政庁等の義務に関する次の記述のうち、正しいものはどれか。

1 行政庁は、行政上特別の支障があるときを除き、法令により申請の提出先とされている機関の事務所における備付けその他の適当な方法により審査基準を公にするよう努めなければならない。

2 行政庁は、申請に対する処分であって、申請者以外の者の利害を考慮すべきことが当該法令において許認可等の要件とされているものを行う場合には、公聴会の開催その他の適当な方法により当該申請者以外の者の意見を聴く機会を設けなければ、当該処分をすることができない。

3 行政庁は、処分基準を定め、かつ、これを公にしておかなければ、当該処分基準に関する処分をすることができない。

4 行政指導に携わる者は、その相手方に対して、当該行政指導の趣旨及び内容並びに責任者を明確に示さなければならない。

5 命令等制定機関は、意見公募手続を実施して命令等を定めるに当たっては、当該意見公募手続の実施について周知し、当該意見公募手続の実施に関連する情報を提供しなければ、当該命令をすることができない。

問題12 行政手続法における標準処理期間に関する次の記述のうち、正しいものはどれか。

1 行政庁は、申請がその事務所に到達してから当該申請に対する処分をするまでに通常要すべき標準的な期間を定めなければならない。

2 行政庁は、申請に対する処理につき、当該行政庁が設定していた標準処理期間を超過した場合、その超過の理由を申請者に対し、超過後14日以内に通知しなければならない。

3 行政庁は、申請がその事務所に到達してから当該申請に対する処分をするまでに通常要すべき標準的な期間につき、当該申請の提出先とされている機関の事務所における備付けその他の適当な方法により公にするよう努めなければならない。

4 行政庁は、申請がその事務所に到達してから当該申請に対する処分をするまでに通常要すべき標準的な期間につき、法令により当該行政庁と異なる機関が当該申請の提出先とされている場合、当該申請が当該提出先とされている機関の事務所に到達してから当該行政庁の事務所に到達するまでに通常要すべき標準的な期間を定めなければならない。

5 標準処理期間の設定は行政手続法に限って行われるものではなく、行政手続法以外の法律においても法定処理期間が規定されることがある。

問題13　意見公募手続に関する次のア～オの記述のうち、行政手続法の規定に照らし、正しいものの組合せはどれか。

ア　意見公募手続は、予算の定めるところにより金銭の給付決定を行うために必要となる当該金銭の額の算定の基礎となるべき金額及び率並びに算定方法その他の事項を定める命令等を定めようとする場合にも実施しなければならない。

イ　命令等制定機関が命令等を定めようとする場合、当該命令等の案及びこれに関連する資料をあらかじめ公示し、意見の提出先及び意見の提出のための期間を定めて広く一般の意見を求めるよう努めなければならない。

ウ　命令等制定機関が命令等を定めようとする場合において、30日以上の意見提出期間を定めることができない如何なる理由があるときであっても、意見提出期間は、公示の日から起算して30日以上でなければならない。

エ　意見公募手続における公示は、電子情報処理組織を使用する方法その他の情報通信の技術を利用する方法により行うものとし、その公示に関し必要な事項は、総務大臣が定める。

オ　命令等制定機関は、意見公募手続を実施して命令等を定める場合には、意見提出期間内に当該命令等制定機関に対し提出された当該命令等の案についての意見を十分に考慮しなければならない。

1　ア・イ
2　ア・エ
3　イ・エ
4　ウ・オ
5　エ・オ

問題14 行政不服審査法に基づく審査請求の対象に関する次の記述のうち、正しいものはどれか。

1 収用対象の土地の所有者が収用委員会による裁決について不服を有する場合であって、不服の内容が損失の補償に関するものであるときは、当該損失の補償の内容に関して、審査請求をすることができる。

2 行政不服審査法は、審査請求の対象となる処分を具体的に列挙しており、同法に掲げられていない処分については、個別の法律に特段の定めのない限り、審査請求をすることができない。

3 国の機関に対する処分で、その機関が固有の資格において当該処分の相手方となるものについても、行政不服審査法に基づく審査請求をすることができる場合がある。

4 法令に違反する行為の是正を求める行政指導の相手方は、当該行政指導が当該法律に規定する要件に適合しないと思料する場合であっても、当該行政指導に対して、審査請求をすることができない。

5 行政庁の処分につき処分庁以外の行政庁に対して審査請求をすることができる場合において、法律に再調査の請求をすることができる旨の定めがあるときは、当該処分に不服がある者は、再調査の請求を経た後でなければ、審査請求をすることができない。

問題15 再調査の請求についての行政不服審査法の規定に関する次の記述のうち、正しいものはどれか。

1 行政庁の処分につき処分庁以外の行政庁に対して審査請求をすることができる場合において、法律に再調査の請求をすることができる旨の定めがないときであっても、当該処分に不服がある者は、処分庁に対して再調査の請求をすることができる。

2 法令に基づき行政庁に対して処分についての申請をした者は、当該申請から相当の期間が経過したにもかかわらず、行政庁の不作為がある場合には、当該不作為についての再調査の請求をすることができる。

3 再調査の請求がされた行政庁は、審査庁に所属する職員のうちから審理手続を行う者を指名するとともに、その旨を再調査の請求人及び処分庁等に通知しなければならない。

4 再調査の請求人の申立てがあった場合には、審理員は、当該申立てをした者に口頭で再調査の請求にかかる事件に関する意見を述べる機会を与えなければならない。

5 処分庁の上級行政庁又は処分庁である審査庁は、必要があると認める場合であっても、再調査の請求人の申立てにより又は職権で、処分の効力、処分の執行又は手続の続行の全部又は一部の停止その他の措置をとることはできない。

問題16 行政不服審査法における教示に関する次の記述のうち、誤っているものはどれか。

1 不服申立てにつき裁決等をする権限を有する行政庁は、当該行政庁がした裁決等の内容その他当該行政庁における不服申立ての処理状況について公表するよう努めなければならない。

2 行政庁は、利害関係人から、当該処分が不服申立てをすることができる処分であるかどうか並びに当該処分が不服申立てをすることができるものである場合における不服申立てをすべき行政庁及び不服申立てをすることができる期間につき教示を求められたときは、当該事項を教示しなければならない。

3 行政庁が教示をしなかった場合、当該処分について不服がある者は、当該処分庁に不服申立書を提出することができるが、不服申立書の提出があり、当該処分が処分庁以外の行政庁に対し審査請求をすることができる処分であっても、処分庁は、当該不服申立書を当該行政庁に送付する必要はない。

4 行政庁が教示をしなかった場合、当該処分について不服がある者は、当該処分庁に不服申立書を提出することができるが、不服申立書が審査請求ができる他の行政庁に送付されたときは、初めから当該行政庁に審査請求又は当該法令に基づく不服申立てがされたものとみなされる。

5 処分庁は、再調査の請求がされた日の翌日から起算して3か月を経過しても当該再調査の請求が係属しているときは、遅滞なく、当該処分について直ちに審査請求をすることができる旨を書面でその再調査の請求人に教示しなければならない。

問題17　処分性に関する次の記述のうち、最高裁判所の判例に照らし、妥当なものはどれか。

1　医療法に基づく病院開設中止の勧告は行政指導にすぎないが、当該勧告の保険医療機関の指定に及ぼす効果及び病院経営における保険医療機関の指定の持つ意義を併せ考えれば、当該勧告は、行政事件訴訟法3条2項にいう「行政庁の処分その他公権力の行使に当たる行為」にあたる。

2　都市計画区域内における高度地区を指定する決定は、当該決定が告示されて効力を生ずると、当該地区内においてはその基準に適合しない建築物については、建築確認を受けることができず、ひいてその建築等をすることができないこととなるから、直ちに右地区内の個人に対する具体的な権利侵害を伴う処分となる。

3　保育所の廃止を内容とする条例制定行為は、他に行政庁の処分を待つことなく、その施行により各保育所廃止の効果を発生させ、当該保育所に現に入所中の児童及びその保護者という限られた特定の者らに対して、直接、当該保育所において保育を受けることを期待し得る上記の法的地位を奪う結果を生じさせるものではなく、行政庁の処分と実質的に同視することができない。

4　市町村の施行に係る土地区画整理事業の事業計画の決定は、施行地区内の宅地所有者等の法的地位に変動をもたらすものではないから、行政事件訴訟法3条2項にいう「行政庁の処分その他公権力の行使に当たる行為」に当たらない。

5　ごみ焼却場設置行為は、公権力の行使により直接上告人らの権利義務を形成し、且つその範囲を確定することを法律上認められている場合に該当するものであるから、「行政庁の処分」に該当する。

問題18 行政事件訴訟法の定める審理手続に関する次の記述のうち、妥当でないものはどれか。

1　裁判所は、処分をした行政庁以外の行政庁を訴訟に参加させることが必要であると認めるときであっても、当事者の申立てがなければ、職権で、その行政庁を訴訟に参加させる決定をすることはできない。

2　裁判所は、必要があると認める場合、職権で証拠調べをすることができるが、その証拠調べの結果について当事者の意見をきかなければならない。

3　執行停止は、公共の福祉に重大な影響を及ぼすおそれがあるとき、又は本案について理由がないとみえるときは、することができない。

4　取消訴訟に関連請求にかかる訴えを併合する場合、取消訴訟の第一審裁判所が高等裁判所であるときにおいて、被告が異議を述べないで、本案について弁論をしたときは、同意したものとみなされる。

5　原告は、取消訴訟の第一審裁判所が地方裁判所である場合、取消訴訟の口頭弁論の終結に至るまで、関連請求にかかる訴えをこれに併合して提起することができる。

問題19 行政事件訴訟法における取消訴訟の規定の準用に関する次の記述のうち、妥当でないものはどれか。

1　事情判決は、処分が有効であることを前提として処分に瑕疵があるにもかかわらず取消しをしない制度であるから、その規定は、処分を無効であるとして提起する無効等確認訴訟に準用されない。

2　取消判決の拘束力の規定は、執行停止に準用されるため、町議会議員の除名処分の効力停止決定がなされた場合、その拘束力により町選挙管理委員会は繰上補充による当選人の決定を撤回する義務を負うことになる。

3　無効等確認訴訟では、処分の無効を主張する原告が、処分が有効であることを前提とする処分の効力の停止を求めることは論理的に矛盾するから、執行停止の規定は準用されない。

4　原処分主義の規定は無効等確認訴訟に準用されるから、処分の無効等確認訴訟と処分についての審査請求を棄却した裁決にかかる抗告訴訟とを提起することができる場合、審査請求を棄却した裁決にかかる抗告訴訟において、原告は、原処分の無効を主張することはできず、裁決固有の瑕疵のみを主張し得る。

5　不作為の違法確認訴訟における違法確認の判決は形成判決ではないことから、不作為の違法確認訴訟には、取消判決の第三者効に関する規定は準用されず、また、第三者の再審の訴えに関する規定も準用されない。

問題20　国家賠償法に関する次の記述のうち、法令及び判例に照らし、正しいものはどれ
　　　か。

1　国家賠償法1条の規定に基づいて国又は公共団体が損害賠償責任を負う場合、公
　　務員の選任、監督にあたる者と公務員の俸給、給与その他の費用を負担する者とが
　　異なるときには、当該費用を負担する者は、損害賠償責任を負わない。

2　都道府県警察の警察官が交通犯罪の捜査を行うについて故意又は過失によって違
　　法に他人に損害を加えた場合、原則として当該都道府県が国家賠償法1条1項によ
　　り損害賠償責任を負い、国は損害賠償責任を負わない。

3　国家賠償法2条の規定に基づいて国又は公共団体が損害賠償責任を負う場合、公
　　の営造物の設置、管理にあたる者と公の営造物の設置、管理の費用を負担する者と
　　が異なるときには、費用を負担する者は、損害賠償責任を負わない。

4　国が、地方公共団体に対し、国立公園に関する公園事業の一部の執行として周回
　　路の設置を承認し、当該周回路の設置、改修費用について補助金を交付して、当該
　　周回路に関する費用の2分の1近くを負担しているときであっても、国は、国家賠
　　償法3条1項所定の公の営造物の設置費用の負担者にあたらない。

5　国又は公共団体の損害賠償の責任については、国家賠償法1条から3条までの規
　　定のほか、民法の規定が適用されるが、国家賠償法又は民法以外の他の法律が適用
　　されることはない。

問題21 損失補償に関する次の記述のうち、最高裁判所の判例に照らし、正しいものはどれか。

1 国家賠償法1条1項の規定に基づく損害賠償請求に憲法29条3項の規定に基づく損失補償請求を予備的、追加的に併合することが申し立てられた場合、当該予備的請求が相互に密接な関連性を有するものであるときであっても、当該予備的請求の追加的併合は、許されない。

2 都有行政財産である土地について建物所有を目的とし期間の定めなくされた使用許可が当該行政財産本来の用途又は目的上の必要に基づき将来に向かって取り消されたときは、使用権者は、特別の事情のないかぎり、当該取消による土地使用権喪失についての補償を求めることができる。

3 私有財産の収用が正当な補償のもとに行われた場合においてその後に収用目的が消滅した場合には、法律上当然に、収用した財産を被収用者に返還しなければならない。

4 土地収用法における損失の補償については、収用の前後を通じて被収用者の財産価値を等しくならしめるような補償をなすべきであり、金銭をもって補償する場合には、被収用者が近傍において被収用地と同等の代替地等を取得することをうるに足りる金額の補償を要する。

5 警察法規が一定の危険物の保管場所等につき保安物件との間に一定の離隔距離を保持すべきことなどを内容とする技術上の基準を定めている場合、道路工事の施行の結果、警察違反の状態を生じ、危険物保有者が当該技術上の基準に適合するように工作物の移転等を余儀なくされ、これによって損失を被った場合、このような損失は、道路法の規定に定める補償の対象に属することになる。

問題22　公の施設についての地方自治法の規定に関する次の記述のうち、誤っているものはどれか。

1　普通地方公共団体は、法律又はこれに基づく政令に特別の定めがあるものを除くほか、公の施設の設置及びその管理に関する事項は、条例でこれを定めなければならない。

2　普通地方公共団体は、住民が公の施設を利用することについて、不当な差別的取扱いをしてはならず、また、普通地方公共団体は、正当な理由がない限り、住民が公の施設を利用することを拒んではならない。

3　普通地方公共団体は、条例の定めるところにより、当該普通地方公共団体が指定する法人その他の団体に、公の施設の管理を行わせることができ、当該条例には、指定の手続、指定管理者が行う管理の基準及び業務の範囲を定める必要がある。

4　普通地方公共団体は、公の施設の管理を行わせる法人その他の団体の指定をしようとするときは、あらかじめ、当該普通地方公共団体の議会の議決を経なければならない。

5　普通地方公共団体は、その区域外においても、また、関係普通地方公共団体との協議により、公の施設を設けることができるが、普通地方公共団体は、他の普通地方公共団体との協議により、当該他の普通地方公共団体の公の施設を自己の住民の利用に供させることはできない。

問題23 直接請求についての地方自治法の規定に関する次の記述のうち、正しいものはどれか。

1　普通地方公共団体に居住する外国人は、政令で定めるところにより、その総数の50分の1以上の者の連署をもって、当該普通地方公共団体の事務の執行に関し、監査の請求をすることができる。

2　普通地方公共団体において選挙権を有する者は、政令で定めるところにより、その総数の50分の1以上の者の連署をもって、その代表者から、普通地方公共団体の長に対し、地方税の賦課徴収に関するものも含めて、あらゆる条例の制定又は改廃の請求をすることができる。

3　普通地方公共団体において、当該普通地方公共団体の長の解職請求をすることができる場合、その請求は当該普通地方公共団体の議会に対してする必要がある。

4　普通地方公共団体において選挙権を有する者は、当該普通地方公共団体の議会の解散の請求をすることができるが、解散請求をするためには、少なくともその総数の過半数以上の者の連署がなければならない。

5　日本国民で年齢満30年以上のものは、別に法律の定めるところにより、都道府県知事の被選挙権を有し、日本国民で年齢満25年以上のものは、別に法律の定めるところにより、市町村長の被選挙権を有する。

問題24 普通地方公共団体の長についての地方自治法の規定に関する次の記述のうち、誤っているものはどれか。

1　都道府県にはその長として知事を置き、市町村にはその長として市町村長を置く。

2　普通地方公共団体の長の任期は、4年とされ、当該任期の起算については、公職選挙法の規定によって定められている。

3　普通地方公共団体の長は、地方公共団体の議会の議員と兼職することはできないが、常勤の職員と兼職することはできる。

4　普通地方公共団体の長は、衆議院議員又は参議院議員と兼職することができない。

5　普通地方公共団体の長が、被選挙権を有しなくなったときは、その職を失う。

問題25 行政の法律関係に関する次の記述のうち、最高裁判所の判例に照らし、誤っているものはどれか。

1 租税法規の適用には納税者間の平等、公平という要請が存在するから、租税法規の適用においては、常に信義則の法理を適用しなければならない。

2 私経済上の取引の安全を保障するために設けられた民法177条の規定は、自作農創設特別措置法による農地買収処分には適用されない。

3 公営住宅の使用関係については、法及び条例に特別の定めがない限り、原則として一般法である民法及び借家法の適用があり、その契約関係を規律するについては、信頼関係の法理の適用がある。

4 原子爆弾被爆者に対する援護に関する法律等に基づき健康管理手当の支給認定を受けた被爆者が外国へ出国したことに伴いその支給を打ち切られたため未支給の健康管理手当の支払を求める訴訟において、支給義務者が地方自治法所定の消滅時効を主張することは信義則に反し許されない。

5 郵政事務官として採用された者が、禁錮以上の刑に処せられたという失職事由が発生した後も約26年11か月にわたり事実上勤務を継続した場合、国において当該者が国家公務員法に基づき失職した旨を主張することは、信義則に反し権利の濫用に該当するものではない。

問題26 X社は、Y県知事より介護保険法に基づく指定居宅サービス事業者の指定を受け、居宅サービス事業を運営しているが、居宅介護サービス費の請求に関し不正があったとの疑いが生じた。そのため、Y県知事は、調査の上、X社に対して不利益処分をすることを検討している。この事例に関する次のア～オの記述のうち、法令に照らし、正しいものの組合せはどれか。

ア　Y県知事がX社に対して指定の効力の一部停止処分をしようとする場合には、原則として聴聞手続を執らなければならない。

イ　X社に対する不利益処分の発動に強い関心を持っているライバル事業者Aは、聴聞手続において、Y県知事に対し、当該不利益処分の原因となる事実を証する資料の閲覧を求めることができる。

ウ　X社からサービスを受けている高齢者Bは、サービスを受けられなくなると日常生活に困難を来すことから、X社に対する不利益処分の発動に反対するため、主宰者の許可を得て聴聞手続に参加し、口頭で意見を述べることができる。

エ　X社からサービスを受けていないCは、法令に違反する事実の是正のためにされるべき処分がされていないと思料するときであっても、Y県知事に対して、その旨を申し出て、当該処分をすることを求めることはできない。

オ　Y県知事がX社に対して書面により指定の取消処分をしようとする場合、当該処分につき不服申立てをすることができる旨並びに不服申立てをすべき行政庁及び不服申立てをすることができる期間を書面で教示しなければならない。

1　ア・ウ
2　ア・エ
3　イ・エ
4　イ・オ
5　ウ・オ

問題27 保佐・補助に関する次の記述のうち、民法の規定に照らし、妥当なものはどれか。

1 被保佐人が、保佐人の同意を得ずに貸付金の弁済を受けた場合、その弁済を受けた行為は、取り消すことができない。

2 家庭裁判所は、精神上の障害により事理を弁識する能力が著しく不十分であり保佐開始の原因がある者についても、補助開始の審判をすることができる。

3 家庭裁判所が特定の法律行為について補助人に代理権を付与する旨の審判をした場合は、被補助人は、その法律行為を自らすることはできない。

4 補助人の同意を得なければならない行為について、補助人が被補助人の利益を害するおそれがないにもかかわらず同意をしないときは、家庭裁判所は、被補助人の請求により、補助人の同意に代わる許可を与えることができる。

5 被保佐人が保佐人の同意を要する行為をその同意を得ずに行った場合において、相手方が被保佐人に対して、一定期間内に保佐人の追認を得るべき旨の催告をしたが、その期間内にその追認を得た旨の通知を発しないときは、当該行為を追認したものと擬制される。

問題28 ＡがＢに対してした意思表示に関する次のア〜オの記述のうち、民法の規定及び判例に照らし、妥当なものの組合せはどれか。

ア　Ａが真意ではないことを知って意思表示をした場合であっても、Ｂがその意思表示がＡの真意ではないことを知ることができたときは、その意思表示は無効である。

イ　ＡがＢと通じて虚偽の意思表示をした場合、当該意思表示は、Ａ・Ｂ間においては有効である。

ウ　Ａは、ＢがＡと同一の錯誤に陥っていたのであれば、Ａに重大な過失があったとしても、意思表示を取り消すことができない。

エ　Ａの意思表示に法律行為の基礎となる事情の錯誤があった場合、その事情が法律行為の基礎とされていることが明示的に表示されていたときに限り、Ａは、当該意思表示を取り消すことができる。

オ　ＡのＢに対する意思表示について第三者Ｃが詐欺を行った場合、Ｂがその事実を知ることができたときは、Ａは、当該意思表示を取り消すことができる。

　　1　ア・イ
　　2　ア・オ
　　3　イ・ウ
　　4　ウ・エ
　　5　エ・オ

問題29　占有権の効力に関する次の記述のうち、民法の規定に照らし、正しいものはどれか。

1　Ａは、Ｂ所有の土地を自己の所有物であると誤信し、これをＣに賃貸した。その後、Ａが、Ｂから所有権に基づく土地の明渡請求を受け、敗訴した場合、Ａは、Ｂの訴えの提起後にＣから受領した賃料について、Ｂに返還する義務を負う。

2　Ａは、Ｂ所有の建物について、占有権原がないにもかかわらず、自己に賃借権があると誤信してこれを占有していた。その後、建物がＡの失火により滅失した場合、Ａは、現に利益を受けている限度においてＢに損害を賠償する義務を負う。

3　Ａは、自己に占有権原がないことを知りながら、Ｂ所有の建物を占有していた。Ａが占有時に建物をリフォームするなどして有益費を支出しており、その価格の増加が現存する場合でも、Ａは、その有益費について、Ｂに対し償還を請求することができない。

4　Ａは、自己所有の建物をＢに賃貸していたが、当該賃貸借契約はＢの賃料不払のために解除された。Ｂが契約解除後も建物を占有している場合、Ａは、Ｂに対して占有回収の訴えを提起し、建物の明渡しを請求することができる。

5　Ａがその所有する高価な腕時計をＢに寄託していたところ、ＢはＣに騙されて、その腕時計をＣに引き渡した。この場合、Ｂは、占有回収の訴えによってＣに腕時計の返還を請求することができる。

問題30　不動産先取特権に関する次の記述のうち、民法の規定に照らし、誤っているものはどれか。

1　不動産の保存の先取特権の効力を保存するためには、保存行為に先立ち登記をしなければならない。

2　不動産の工事の先取特権の効力を保存するためには、工事を始める前にその費用の予算額を登記しなければならない。

3　不動産の保存の先取特権の効力を保存するために登記をした先取特権は、抵当権に先立って行使することができる。

4　不動産の売買の先取特権の効力を保存するためには、売買契約と同時に、不動産の代価又はその利息の弁済がされていない旨を登記しなければならない。

5　不動産の先取特権者は、利息その他の定期金を請求する権利を有する場合、その満期となった最後の２年分についてのみ、その先取特権を行使することができる。

問題31 AがBに対して有する金銭債権を保全するために、BのCに対する行為を詐害行為として取り消す場合に関する次の記述のうち、民法の規定に照らし、誤っているものはどれか。

1 Aが、BのCに対する行為を詐害行為として取り消す場合、AのBに対する債権は、B・C間の詐害行為の前の原因に基づいて生じたものでなければならない。

2 Aが、BのCに対する行為を詐害行為として取り消す場合、当該B・C間の行為は、財産権を目的とする行為でなければならない。

3 Aは、BがCに対する弁済期到来済みの債務を弁済した場合、当該弁済がBが支払不能の時であり、かつ、BとCが通謀してAを害する意図をもって行われたものであるときは、当該弁済について詐害行為取消請求をすることができる。

4 Aは、B・C間の行為を詐害行為として取り消すとともに、Cに移転した財産の返還を請求する場合、その返還の請求が金銭の支払を求めるものであるときは、Cに対して、直接自己に支払うよう請求することができる。

5 Aは、B・C間の行為を詐害行為として取り消す場合、BがAを害することを知って当該詐害行為をしたことを知った時から1年以内に詐害行為取消請求にかかる訴えを提起しなければならない。

問題32 A及びBが相互に金銭債権を有し、それらがいずれも弁済期にある場合に関する次の記述のうち、民法の規定に照らし、妥当なものはどれか。

1 Aは、Bに対する一方的な意思表示によって、AのBに対する金銭債権とBのAに対する金銭債権とを対当額について相殺し、その債務を免れることはできない。

2 Aは、A・B間において相殺を禁止する旨の特約をした場合、BからBのAに対する金銭債権を譲り受けたCが当該特約を軽過失によって知らなかったときであっても、当該特約をCに対抗することができる。

3 Aは、AのBに対する債務が悪意による不法行為に基づく損害賠償債務である場合、Bがその債務にかかる債権を第三者Cから譲り受けたときを除き、BのAに対する債務との相殺をもってBに対抗することができる。

4 Aが、AのBに対する金銭債権とBのAに対する金銭債権とを相殺した場合、その意思表示は、A・B双方の債務が互いに相殺に適するようになった時に遡って効力を生ずる。

5 Aが、AのBに対する金銭債権とBのAに対する金銭債権とを相殺する場合、その相殺の意思表示には、条件を付することはできないが、期限を付することはできる。

問題33　A・B間の贈与契約に関する次の記述のうち、民法の規定及び判例に照らし、妥当でないものはどれか。

1　Aは、不動産を贈与の目的とした場合、当該不動産の所有権移転登記がされたときは、当該贈与契約が書面によらない贈与であっても、当該贈与契約を解除することはできない。

2　Aは、不動産を贈与の目的とした場合、当該不動産を贈与の目的として特定した時の状態で引き渡すことを約したものと推定される。

3　Aの贈与が、Bに対して毎月末10万円ずつ無償で与えるというものである場合、受贈者Bが死亡したときは、当該贈与契約は効力を失う。

4　Aは、A・B間の贈与契約が負担付贈与契約である場合、Bが負担の履行をするまでは、自己の債務の履行を拒むことができるときがある。

5　Aの贈与が、Aが死亡したらBに対して100万円を贈与するというものである場合、Bは、当該贈与の履行を受けなければ、利息を請求することはできない。

問題34　交通事故における加害者Aの被害者Bに対する義務に関する次の記述のうち、民法の規定及び判例に照らし、妥当なものはどれか。

1　Aが未成年者である場合、Aに意思能力が認められれば、責任能力が認められないときであっても、Aは、自らの加害行為について、必ず損害賠償の責任を負う。

2　Bが死亡した場合、Bの父母、配偶者及び子以外の者は、Bが死亡したことに伴う精神的苦痛を理由とする固有の慰謝料について、Aに対して損害賠償請求をすることはできない。

3　Bが幼児である場合、Bの両親からBの監護を委託された保育園の保育士がBと身分上ないし生活関係上一体をなすとみられるような関係にないときは、裁判所は、Bの損害賠償額を算定するにあたり、当該保育士の過失を斟酌することはできない。

4　Aがその使用者の事業の執行につき第三者Cと共同で交通事故を起こした場合、Cは、自己の負担部分を超えてBに損害を賠償したとしても、Aの使用者に対して、求償することはできない。

5　AがBに対して不法行為に基づく損害賠償債務を負う場合、当該債務は期限の定めのない債務であるから、Aは、Bから履行の請求を受けた時から遅滞の責任を負う。

問題35 婚姻に関する次のア〜オの記述のうち、民法の規定及び判例に照らし、正しいものの組合せはどれか。

ア　内縁を不当に破棄された者は、不法行為を理由として損害賠償を請求することはできない。

イ　事実上の夫婦の一方が他方の意思に基づかないで婚姻届を作成提出した場合、その後他方の配偶者がその婚姻を追認したときであっても、当該婚姻が届出の当初に遡って有効となることはない。

ウ　再婚禁止期間の規定に反することを理由とする婚姻の取消しは、取消事由が発生した時点に遡って効力を生ずる。

エ　17歳の男性と15歳の女性が婚姻をした場合、検察官は、その取消しを家庭裁判所に請求することができる。

オ　夫又は妻は、婚姻によって氏を改めた後協議上の離婚をした場合、婚姻前の氏に復する。

　　1　ア・イ
　　2　ア・オ
　　3　イ・ウ
　　4　ウ・エ
　　5　エ・オ

問題36 商人・商行為に関する次のア〜オの記述のうち、商法の規定に照らし、誤っているものの組合せはどれか。

ア　商人とは、自己の名で行うかにかかわらず、商行為をすることを業とする者をいう。

イ　店舗によって物品を販売することを業とする者は、商行為を行うことを業としない者であっても、商人とみなされる。

ウ　商人の行為は、その営業のためにするものと推定される。

エ　取引所においてする取引は、商行為となる。

オ　運送に関する行為を営業としてするときは、専ら賃金を得る目的で労務に従事する者の行為であっても、商行為となる。

1　ア・イ
2　ア・オ
3　イ・ウ
4　ウ・エ
5　エ・オ

問題37 設立における発起人等の責任等に関する次のア～オの記述のうち、会社法の規定に照らし、正しいものの組合せはどれか。

ア　発起人は、株式会社が成立しなかった場合、連帯して、株式会社の設立に関してした行為についての責任を負い、株式会社の設立に関して支出した費用を負担する。

イ　発起人は、払込みを仮装した場合、株式会社に対し、払込みを仮装した出資に係る金銭の全額を支払う義務を負う。

ウ　発起人が株式会社の設立について任務を怠ったことにより当該株式会社に損害が生じた場合、当該発起人の当該株式会社に対する損害賠償責任は、総株主の同意があったときであっても、免除することはできない。

エ　発起人、設立時取締役又は設立時監査役が職務を行ったことにより第三者に損害が生じた場合、当該発起人等は、当該職務を行うについて悪意があったときに限り、当該第三者に対する損害賠償責任を負う。

オ　発起人又は設立時取締役は、株式会社の成立の時における現物出資財産等の価額が当該現物出資財産等について定款に記載された価額に著しく不足する場合、当該株式会社に対し、それぞれ独立して当該不足額を支払う義務を負う。

　　1　ア・イ
　　2　ア・ウ
　　3　イ・オ
　　4　ウ・エ
　　5　エ・オ

問題38　取締役の報酬等（取締役が職務執行の対価として株式会社から受ける財産上の利益のことをいい、当該株式会社の募集株式及び募集新株予約権を除くものとする。）に関する次の記述のうち、会社法の規定に照らし、誤っているものはどれか。

1　取締役の報酬等のうち額が確定しているものは、その額が定款に定められていない場合、その額を株主総会の決議によって定める。

2　取締役の報酬等のうち金銭でないものは、その具体的内容が定款に定められていない場合、その具体的内容を株主総会の決議によって定める。

3　監査等委員会が選定する監査等委員は、株主総会において、監査等委員である取締役以外の取締役の報酬等について監査等委員会の意見を述べることができる。

4　監査等委員会設置会社においては、報酬等のうち額が確定していないものは、その具体的な算定方法について監査等委員である取締役とそれ以外の取締役とを区別せずに定めることができる。

5　報酬委員会は、執行役等の個人別の報酬等の内容にかかる決定に関する方針を定めなければならない。

問題39　監査等委員会設置会社・指名委員会等設置会社に関する次の記述のうち、会社法の規定に照らし、誤っているものはどれか。

1　監査等委員会設置会社は、監査役を置くことができない。

2　指名委員会等設置会社は、監査等委員会を置くことができない。

3　監査等委員会設置会社は、取締役会を置かなければならない。

4　指名委員会等設置会社は、監査役を置かなければならない。

5　監査等委員会設置会社は、会計監査人を置かなければならない。

問題40 株式会社の剰余金の配当に関する次の記述のうち、正しいものはどれか。

1 　株式会社が剰余金の配当をしようとする場合においては、原則として、株主総会の普通決議によって、当該剰余金の配当にかかる事項の決定をすることができる。

2 　株式会社が剰余金の配当として交付する財産は、定款に別段の定めがある場合を除き、金銭でなければならない。

3 　取締役会設置会社は、定款に定めがない場合であっても、一事業年度の途中において1回に限り、取締役会の決議によって、剰余金の配当をすることができる。

4 　株式会社が分配可能額を超えて剰余金の配当をした場合、当該剰余金の配当に関する職務を行った業務執行者は、その職務を行うについて注意を怠らなかったことを証明したときであっても、会社に対し、交付した金銭の帳簿価額に相当する金銭を支払う義務を負う。

5 　株式会社が分配可能額を超えて剰余金の配当をした場合、当該剰余金の配当を受けた株主は、剰余金の配当額が分配可能額を超えることにつき善意であれば、株式会社及び債権者に対し、交付を受けた金銭等を支払う義務を負わない。

[問題41～問題43は択一式（多肢選択式）]

問題41　次の文章の空欄　ア　～　エ　に当てはまる語句を、枠内の選択肢（1～20）から選びなさい。

　　……普通地方公共団体の議会の議員は、当該普通地方公共団体の区域内に住所を有する者の投票により選挙され（憲法93条2項、地方自治法11条、17条、18条）、議会に議案を提出することができ（同法112条）、議会の議事については、特別の定めがある場合を除き、出席議員の　ア　でこれを決することができる（同法116条）。そして、議会は、条例を設け又は改廃すること、予算を定めること、所定の契約を締結すること等の事件を議決しなければならない（同法96条）ほか、当該普通地方公共団体の事務の管理、議決の執行及び出納を検査することができ、同事務に関する調査を行うことができる（同法98条、100条）。議員は、憲法上の　イ　の原則を具現化するため、議会が行う上記の各事項等について、議事に参与し、議決に加わるなどして、住民の代表としてその意思を当該普通地方公共団体の意思決定に反映させるべく活動する責務を負うものである。

　　……出席停止の懲罰は、上記の責務を負う公選の議員に対し、議会がその権能において科する処分であり、これが科されると、当該議員はその期間、会議及び委員会への出席が停止され、議事に参与して議決に加わるなどの議員としての　ウ　な活動をすることができず、住民の負託を受けた議員としての責務を十分に果たすことができなくなる。このような出席停止の懲罰の性質や議員活動に対する制約の程度に照らすと、これが議員の権利行使の一時的制限にすぎないものとして、その適否が専ら議会の自主的、自律的な解決に委ねられるべきであるということはできない。そうすると、出席停止の懲罰は、議会の自律的な権能に基づいてされたものとして、議会に一定の　エ　が認められるべきであるものの、裁判所は、常にその適否を判断することができるというべきである。

（最大判令和2年11月25日民集74巻8号2229頁）

1	過半数	2	全員	3	4分の3以上の多数	4	3分の2以上の多数
5	団体自治	6	地方自治	7	住民自治	8	3分の1以上の賛成
9	付随的	10	中核的	11	部分的	12	形式的
13	裁量	14	権力	15	強制力	16	刑罰権
17	国会中心立法	18	国会単独立法	19	指揮監督	20	内心的

問題42 次の文章の空欄 | ア | 〜 | エ | に当てはまる語句を、枠内の選択肢（1〜20）から選びなさい。

　行政活動は、歴史的な沿革からみて、主として市民の権利や自由を制約するような活動である侵害行政と、国民に便益を供与するような活動である給付行政に区別される。侵害行政の領域においては、公害防止協定や、開発負担金や教育負担金など私人の寄付を要請する規制的内容の契約がみられる。これに対して、給付行政の分野においては、国民に義務を課したり、国民の権利を制限したりするような行政作用については、法律の根拠が必要であるが、そうでない行政作用については、法律の根拠を要しないとする | ア | の下では、法律の留保が及ばないため、実務上は契約方式が積極的に利用されており、法律で契約方式が採用されていることも多い。例えば、水道事業は原則として | イ | が経営するものとされ、水道の供給は水道事業者と給水を受ける者との間で締結される給水契約による。給水契約に関連して、判例は、別荘住民の水道利用料金を高く設定した条例について、 | ウ | の利用関係における差別的取扱いを禁じている地方自治法244条3項に反し、無効としている。また、公営バスの利用関係においては、事業主体である地方公共団体と利用者の間で運送契約が締結されるが、道路運送法により、運賃、料金及び運送約款が国土交通大臣の | エ | にかからしめられるとともに、運送事業者は一定の場合を除いて運送の引受けを拒絶してはならず、契約締結義務が課されている。

1	営造物	2	公有財産	3	認証	4	認定
5	都道府県	6	広域連合	7	公の施設	8	公物
9	国	10	権力留保説	11	重要事項留保説	12	侵害留保説
13	全部留保説	14	社会留保説	15	確認	16	行政財産
17	認可	18	特許	19	市町村	20	道州

問題43　ふるさと納税制度にかかる平成31年総務省告示第179号2条3号のうち、平成31年法律第2号の施行前における寄附金の募集及び受領について定める部分に関する次の文章の空欄　ア　〜　エ　に当てはまる語句を、枠内の選択肢（1〜20）から選びなさい。

　　本件法律案〔本件指定制度の導入等を内容とする地方税法等の一部を改正する法律案〕は、具体的には、新制度の下においては、寄附金の募集を適正に実施する地方団体のみを指定の対象とし、指定対象期間中に基準に適合しなくなった場合には指定を取り消すことができるものとすることにより、当該制度の趣旨をゆがめるような返礼品の提供を行う地方団体を特例控除の対象外とするという方針を採るものとして作られ、　ア　に提出されたものといえる。他方、本件法律案について、　イ　制度の趣旨をゆがめるような返礼品の提供を行った地方団体を新制度の下で特例控除の対象外とするという方針を採るものとして作られ、　ア　に提出されたことはうかがわれない。

　　そして、　ア　における本件法律案の審議の過程……をみても、総務大臣等の答弁において、寄附金の募集を適正に行う地方団体をふるさと納税の対象とするよう制度の見直しを行うと説明する一方で、指定に当たり地方団体の過去の募集実績を考慮するか否かが明確にされたとはいい難く、少なくとも、募集適正基準の内容として、他の地方団体との公平性を確保しその納得を得るという観点から、本件改正規定の施行前における募集実績自体をもって指定を受ける適格性を欠くものとすることを予定していることが、　ウ　説明されたとはいえない。

　　そうすると、本件法律案につき、　ア　において、募集適正基準が上記観点から本件改正規定〔平成31年法律第2号〕の施行前における募集実績自体をもって指定を受ける適格性を欠くものとする趣旨を含むことが明確にされた上で審議され、その前提において可決されたものということはできない。

　　……以上によれば、……本件告示2条3号〔平成31年総務省告示第179号2条3号〕の規定のうち、本件改正規定の施行前における寄附金の募集及び受領について定める部分は、地方税法37条の2第2項及び314条の7第2項の　エ　を逸脱した違法なものとして無効というべきである。

（最三小判令和2年6月30日民集74巻4号800頁）

1	内閣府	2	地方議会	3	具体的に	4	行政裁量
5	内閣総理大臣	6	行政庁	7	委任の範囲	8	信義則
9	国会	10	現在の	11	過去に	12	受忍限度
13	将来に	14	既存の	15	抽象的に	16	立法趣旨
17	継続的に	18	当面の間	19	総合的に	20	明示的に

解答は、必ず答案用紙裏面の解答欄（マス目）に記述すること。なお、字数には、句読点も含む。

問題44 Aは、B市営のC会館においてB市の活性化のための催事を開くことを企画し、B市長からC会館の使用許可処分（処分①）を受けた。その使用許可申請書には、使用目的として、「1か月に1回、1年間にわたり、指定の日に参加無料の講演会を開催する」旨が記載されていた。その後、Aによる催事が2回開かれ、初回は当該申請書の記載に従って参加無料の講演会が開催されたものの、2回目は、初回の講演会の集客が振るわず、開催経費も想定額を超えたために、Aが催事の内容を急遽変更し、B市に無断で、講演会に代えて有料の上映会を開催したことが判明した。この事実を重く見たB市長は、B市市民会館条例に基づいて処分①を取り消す旨の処分（処分②）を行った。この場合、本件の処分②は、行政行為の効力を失わせるものとして、講学上、何と呼ばれるか。また、Aは、3回目以降も予定どおりにC会館を使用するために、行政事件訴訟法上、どのような訴訟を提起し、どのような仮の救済の申立てをすればよいか。40字程度で記述しなさい。

　なお、従来、他の類似の事例においてB市市民会館条例7条違反があった場合でも、使用許可処分が取り消されたことはなかった。Aは、処分②は重大かつ明白な瑕疵はないが違法であり、また、処分②に関して自身の受ける損害は、償うことのできない程のものではないが重大なものであると考えている。

（参照条文）

B市市民会館条例（抜粋）

　第7条　前条の許可〔市民会館使用についての市長の許可〕を受けた者は、その許可の申請書に記載した以外の目的で会館の施設を使用してはならない。

　第10条　市長は、次の各号のいずれかに該当すると認めるときは、使用の許可を取り消すことができる。

　　一　この条例又はこの条例に基づく規則に違反したとき。（以下略）

（下書用）

									10					15

問題45　次の文章は、契約上の問題に関する相談者Aと回答者Bの会話である。相談者Aの相談内容に対して、回答者Bは、下記のとおり、相談者Aが求める請求は原則として認められない旨を回答している。これは、どのような場合を除き、何をしていないからか。民法の規定に照らし、「Aは、引渡し時に」に続けて40字程度で記述しなさい。なお、記述にあたっては、相談者Aの相談内容における契約の不適合を「問題」と表記すること。

相談者A：本日は、私が以前契約した中古自動車の売買契約（以下、「本件契約」という。）について、相談に伺いました。私は、令和3年5月3日にCから中古自動車甲を購入したのですが、翌4日に乗車したところ、エンジンのかかり具合が悪いことがわかったので、自動車の修理工場で見てもらったところ、購入当時からエンジンに欠陥があることが判明しました。しかし、動かないわけではなかったことから、特にCに連絡することなく、そのまま乗り続けていました。その後、令和4年7月5日、遂にエンジンがかからなくなり、乗車できなくなりました。私は、Cに対して、修理や損害賠償の請求をしたのですが、Cは、中古自動車の売買はそういうものだと言うばかりで、全く応じてくれません。Cも本件中古自動車にこのような欠陥があることは知らなかったようです。しかし、本件契約では、Cとの間で中古自動車のエンジンには欠陥のないことが当然の前提とされていたのです。契約書にもそう書いてあります。私は、Cに対して、この問題について何か本件契約に基づく請求をすることができないのでしょうか。

回答者B：お困りのようですね。今回の場合、原則として、あなたの請求は認められません。もっとも、その事情次第では、請求が認められる可能性もありますので、よく思い出してみてくださいね。

（下書用）

A	は	、	引	渡	し	時	に			10					15

問題46 Aは、長年にわたり夫Bと婚姻関係にあったが、Bは急病のため遺言をすることなく死亡した。Bの遺産は、Bが単独で所有していた甲建物（2000万円）と預貯金（2000万円）のみであった。Bの相続人は、Aのほか、AB間の子Cがいる。Aは、甲建物を自らの住居として使用しつつ、今後の生活費としてBの預貯金のうち1000万円を受け取りたいと考えている。この場合、Aは、所定の要件を満たせば、預貯金について相応の金額を相続しながら、甲建物について、所有権を取得しなくても、原則として終身の間、無償で使用収益をする法定の権利を取得することができる。この建物の使用収益をする権利を何と呼ぶか。また、本件において、Aがこの権利を取得するのはどのようなときか。民法の規定に照らし、40字程度で記述しなさい。

なお、上記の権利の取得において家庭裁判所の審判による場合を考慮しないものとする。

（下書用）

									10					15

一般知識等 [問題47〜問題60は択一式（5肢択一式）]

問題47　次のア〜オの記述は、戦後の歴代内閣について述べたものである。それぞれの記述に対応する内閣の組合せとして、妥当なものはどれか。

ア　憲法改正と自主外交をうたい、日ソ共同宣言に調印し、ソ連との国交を回復した結果、日本の国際連合加盟が実現した。

イ　行政・財政改革や税制改革を進め、民間活力の導入による経済の活性化を目指し、電電公社、専売公社、国鉄の民営化を実現した。

ウ　日中共同声明を発表し、日中の国交を正常化するとともに、産業を全国の地方都市に拡張するという列島改造論を打ち出した。

エ　バブル経済崩壊の兆しの中、経済成長の路線から国民生活の充実を重視する方向への転換が宣言された一方で、PKO協力法が成立し、自衛隊がカンボジアに派遣された。

オ　前内閣の経済構造改革から積極財政へと明確な転換が図られる一方で、日本の安全保障に影響のある「周辺事態」が発生し、アメリカ軍が出動した際に、日本が行う後方支援の具体的あり方を決めた周辺事態法が成立した。

	ア	イ	ウ	エ	オ
1	鳩山一郎内閣	中曽根康弘内閣	田中角栄内閣	宮澤喜一内閣	小渕恵三内閣
2	鳩山一郎内閣	鈴木善幸内閣	三木武夫内閣	海部俊樹内閣	森喜朗内閣
3	岸信介内閣	中曽根康弘内閣	田中角栄内閣	宮澤喜一内閣	森喜朗内閣
4	岸信介内閣	鈴木善幸内閣	三木武夫内閣	宮澤喜一内閣	小渕恵三内閣
5	鳩山一郎内閣	中曽根康弘内閣	田中角栄内閣	海部俊樹内閣	小渕恵三内閣

問題48 次の年表は、核をめぐる動きを記載したものである。 A ～ E の中に入る語句の妥当な組合せはどれか。

1954 年	アメリカの水爆実験による日本漁船被爆事故の発生
1957 年	国際原子力機関（IAEA）設立
1960 年	フランス、初の核実験
1962 年	キューバ・ミサイル危機
1963 年	アメリカ、ソ連、イギリスによる部分的核実験禁止条約発効
1964 年	A 、初の核実験
1967 年	日本の佐藤栄作首相が非核三原則を表明
1970 年	B 発効
1988 年	アメリカとソ連による中距離核戦力（INF）全廃条約発効
1998 年	パキスタン、初の核実験
2006 年	C 、初の核実験
2011 年	新戦略兵器削減条約（新 START）発効
2017 年	核兵器廃絶国際キャンペーン（ICAN）にノーベル平和賞
2019 年	D 失効
2021 年	E 発効

	A	B	C	D	E
1	中国	核兵器不拡散条約（NPT）	北朝鮮	部分的核実験禁止条約	核兵器禁止条約
2	北朝鮮	オタワ条約	中国	中距離核戦力（INF）全廃条約	包括的核実験禁止条約
3	中国	オタワ条約	北朝鮮	包括的核実験禁止条約	核兵器禁止条約
4	北朝鮮	核兵器不拡散条約（NPT）	中国	部分的核実験禁止条約	包括的核実験禁止条約
5	中国	核兵器不拡散条約（NPT）	北朝鮮	中距離核戦力（INF）全廃条約	核兵器禁止条約

問題49 金融に関する次の記述のうち、妥当でないものはどれか。

1 1970年代のニクソン・ショックにより、金とドルとの交換を前提とした固定相場制は崩壊し、スミソニアン合意による通貨再調整によっても世界の貿易不均衡や通貨不安は収まらず、主要通貨は変動相場制へと移行した。

2 1980年代、プラザ合意後の円高不況を避けるために公定歩合（現在の基準割引率および基準貸付利率）の引下げによる低金利政策を継続的に採用した結果、株価、地価などの資産価格が異常に値上がりするバブル経済を迎えた。

3 1990年代半ば、円相場は、日本が実質的に変動相場制へ移行して以降の最高値（当時）を記録したが、その国内要因として、バブル崩壊後、経常収支黒字が拡大して需給面から円買い圧力が増大したことや、対外投資の減少などが挙げられる。

4 2010年の円高の背景には、リーマン・ショック後の世界的な景気後退の中で国際金融市場でリスク回避的な傾向が強まり、逃避通貨としての円が選択されるようになったこと、欧州財政危機の発生によりユーロへの信頼が低下したことなどが挙げられる。

5 2022年の円安は、インフレを抑えるために金融引き締めを進める日本銀行の政策と、大規模な金融緩和を続けるアメリカの中央銀行にあたるFRBの政策の方向性が異なっているために、日米の金利差が拡大していることが、主な要因として挙げられる。

問題50 「地域的な包括的経済連携（RCEP）協定」及び「環太平洋パートナーシップ（TPP）協定」に関する次の記述のうち、妥当なものはどれか。

1 参加に向けて協議を続けていたオーストラリアとインドは、ともに2019年に交渉からの離脱を表明し、発足時のRCEP協定には署名していない。

2 RCEP協定の対象となる地域のGDP、貿易総額（輸出額）、人口は、2019年ベースで、それぞれ世界の約1割を占めている。

3 RCEP協定参加国には日本の最大の貿易相手国（2019年）である中国も含まれており、RCEPは、日本にとって中国との初めての経済連携協定（EPA）となった。

4 韓国は、TPP協定とRCEP協定の双方について、日本と同様に、発足時から参加している。

5 アメリカは、トランプ大統領（当時）のもとでTPP協定からの離脱を表明したが、後任のバイデン大統領は、就任当初、TPP協定に復帰する方針を明らかにした。

問題51 近年の日本の食料や環境に関する次の記述のうち、妥当でないものはどれか。

1 パリ協定の枠組みのもとでの我が国の温室効果ガス排出削減目標の達成等を図るため、国税として森林環境税が創設された。

2 プラスチック製買物袋が有料化されたが、プラスチックのフィルムの厚さが一定以上のプラスチック製買物袋には、有料化の対象とはならないものもある。

3 市販の弁当や総菜、家庭外で調理・加工された食品を家庭や職場・学校等で調理加熱することなく食べるいわゆる「中食」産業の市場規模は、2010年代、増加傾向で推移した。

4 過疎地域において、高齢者等を中心に食料品の購入や飲食に不便や苦労を感じる人が増えてきており、「食料品アクセス問題」として社会的な課題になっているが、都市部ではそのような社会的な課題は生じていない。

5 SDGsのターゲットの1つとして食品廃棄物の半減が掲げられる等、国際的な食品ロス削減の機運が近年高まっており、日本においても、食品ロス削減の取組みを、国民運動として推進するための法律が施行された。

問題52　交通等に関する次のア〜オの記述のうち、妥当なものの組合せはどれか。

ア　令和4年版国土交通白書によると、超電導リニアを採用した中央新幹線は、2020年代に品川駅から大阪駅までが開業予定であり、それに向けて山梨実験線の活用等が進められている。

イ　MaaS（マース：Mobility as a Service）とは、地域住民や旅行者一人ひとりのトリップ単位での移動ニーズに対応して、複数の公共交通やそれ以外の移動サービスを最適に組み合わせて検索・予約・決済等を一括で行うサービスである。

ウ　令和4年版国土交通白書によると、ETCは、料金所渋滞の解消やCO_2排出削減等の環境負荷の軽減に寄与するものであるが、全国の高速道路でのETC利用率は、近年においても9割を超えてはいない。

エ　道路交通法の改正により、自動車のあおり運転等の妨害運転罪に対する罰則が創設され、自転車についても、道路交通法施行令の改正により、自転車のあおり運転にあたる妨害運転が摘発の対象となった。

オ　75歳以上の高齢者は、運転免許の更新時に記憶力や判断力の検査を義務づけられており、その検査により認知症であることが判明した場合には、運転免許証の返納が義務づけられている。

1　ア・エ
2　ア・オ
3　イ・ウ
4　イ・エ
5　ウ・オ

問題53 日本の宇宙開発に関する次のア～オの記述のうち、妥当なものの組合せはどれか。

ア　宇宙開発利用の推進に多大な貢献をした優れた成功事例に関して、その功績をたたえることにより、我が国の宇宙開発利用のさらなる進展等を目的とした表彰制度がある。

イ　「みちびき（準天頂衛星システム）」とは、日本の衛星測位システムであり、これに対応したさまざまな製品がこれまでに実用化されてきたが、スマートウオッチについては、まだ実用化には至っていない。

ウ　「アルテミス合意」とは、広範な宇宙空間の各国宇宙機関による民生宇宙探査・利用の諸原則につき、各国との共通認識を示す政治的宣言であるが、日本は、この合意にまだ署名していない。

エ　宇宙開発利用に関する施策を総合的かつ計画的に推進するため、防衛省に、宇宙開発戦略本部が置かれており、宇宙基本計画の案の作成及び実施の推進に関すること等が所掌事務とされている。

オ　小惑星探査機「はやぶさ2」が小惑星「リュウグウ」から採取したサンプルの入ったカプセルが地球に帰還し、そのサンプルは、太陽系の起源・進化と生命の原材料物質を解明することが期待されている。

    1　ア・イ
    2　ア・オ
    3　イ・エ
    4　ウ・エ
    5　ウ・オ

問題54　次世代技術・デジタル技術に関する次のア～オの記述にふさわしい略語等の組合せとして、妥当なものはどれか。

ア　植物由来の素材で鋼鉄の5分の1の軽さで5倍の強度等の特性を有し、脱炭素や資源循環の実現に向けて多大なる貢献が期待できる次世代素材

イ　SNS、決済、電子商取引等の多種多様なアプリケーション群を一貫したユーザ体験のもとで統合された一つのアプリケーション

ウ　これまで人間が行ってきた定型的なパソコン操作をソフトウェアのロボットにより自動化するものであり、従来よりも少ない人数で生産力を高めるための手段

エ　感染するとパソコンやスマートフォン内に保存しているデータが勝手に暗号化されて使用不能の状態となり、その制限を解除するための身代金を要求する画面を表示させるコンピュータウィルス

オ　実社会で、個人それぞれの行動や企業の活動が生み出す膨大なデータを活用する、新たな経済活動

	ア	イ	ウ	エ	オ
1	RPA	データエコノミー	CNF	スーパーアプリ	ランサムウェア
2	RPA	CNF	データエコノミー	ランサムウェア	スーパーアプリ
3	CNF	スーパーアプリ	RPA	ランサムウェア	データエコノミー
4	CNF	スーパーアプリ	ランサムウェア	RPA	データエコノミー
5	データエコノミー	CNF	スーパーアプリ	RPA	ランサムウェア

問題55 コンテンツが違法にアップロードされたことを知りながら、私的使用目的で各行為をする場合に関する次の記述のうち、明らかに妥当でないものはどれか。

1　ウェブ上の漫画、書籍、論文を視聴・閲覧するだけでは、違法とはならない。
2　ウェブ上の画像やテキストをプリントアウトすることは、違法とはならない。
3　数十ページで構成される漫画の1コマ～数コマをダウンロードすることは、違法とはならない。
4　二次創作者が原作者の許諾なくアップロードした同人誌等の二次創作・パロディをダウンロードすることは、違法とはならない。
5　コンテンツがコンピュータソフトウェア、学術論文、新聞であれば、それらをダウンロードすることは、違法とはならない。

問題56 マイナンバー制度に関する次の記述のうち、妥当でないものはどれか。

1　マイナンバーカードには有効期間があり、発行時において成年者である者と未成年者である者とでは、異なる有効期間が定められている。
2　マイナンバーカードには、氏名、住所、生年月日のほか、性別や臓器提供意思表示欄も記載される。
3　マイナンバーカードを利用することにより、住民票の写しや印鑑登録証明書をコンビニエンスストアで取得することができる「コンビニ交付」のサービスを導入している市区町村がある。
4　マイナンバーが漏えいし、不正に使われるおそれがある場合には、マイナンバーが変更されることがある。
5　マイナンバーは、日本に住民票を有する日本国民を対象としている制度であり、日本に住民票を有する外国籍の者は、マイナンバー制度の対象とされていない。

問題57 個人情報保護法に関する次の語句の1〜5の語群のうち、カギ括弧内の各定義に明らかに該当しないものを含んでいるものはどれか。

1　「個人情報」

　　　氏名　　　職種　　　音声

2　「個人情報データベース等」

　　　カルテ　　市販の電話帳　　　指導要録

3　「匿名加工情報」

　　　ポイントカードの購買履歴　　　交通系 IC カードの乗降履歴

　　　カーナビの走行位置履歴

4　「本人に通知」

　　　チラシ等の文書を直接渡す　　　口頭で知らせる

　　　電子メールにより送信

5　「公表」

　　　通信販売用のカタログへの掲載　　　店舗におけるポスターの掲示

　　　事業所におけるパンフレットの配布。

問題58 本文中の空欄 [＿＿＿＿] に入る文章を、あとのア～カを並べ替えて作る場合、3番目と5番目になる文の組合せはどれか。

　　　日本では高校二年生になると、ある選択を迫られる。
　　　──文系か理系か。（中略）
　　言うまでもなく、そこでの選択は自分の好みだけに基づくものではない。事実上は目の前にある科目、具体的に言えば「試験科目」に左右され、成績に左右される。なかでも「数学」は、おそらく世界の高校生共通の大問題である。数学が得意だから、その反対に数学が苦手だから、という理由でどちらかが「選択」される場合も多いだろう。その時点で、すでに数学は「理系」のために必要な科目となり、「文系」は数学のいらない進路、となる。「理数系」という言葉はあっても、「文数系」という言い方がされないことも、それを示している。

 仮にそうだとして、人間はそのどちらかを「選択」しなければ、学ぶことができないのだろうか。

　　進学という人生の途中で出くわすこの問題は、教育制度が共通している以上世界のどの国であっても、多かれ少なかれ共通している。それはとりもなおさず、わたしたちの生きる世界がさまざまな分類によってできているからだが、なかでも文系・理系の分類は、現代文明をその根底において決めているものと言ってもいいだろう。

　　　　　（出典　港千尋「芸術回帰論　イメージは世界をつなぐ」平凡社新書　から）

ア　そもそも世界は、科学と芸術とに二分されるのだろうか。

イ　たとえば「美術」はどうだろう。名称からすれば、それはどちらにも入らない。

ウ　だがはたして美術とは、それほど早い段階で選択しなければならないものなのか。

エ　美術という言葉が示すように、それは「術」であって「学」ではないのだから、文系か理系かという分け方以前の話ということになる。

オ　ではこの二分法に入らない進路は、どうなるのだろう。

カ　つまり科学か芸術かという選択はそれ以前の問題で、たとえばその選択を受け入れるのが専門学校、芸術系高校あるいは芸術系大学の付属機関ということになる。

	3番目	5番目
1	ア	カ
2	イ	ア
3	ウ	イ
4	エ	ウ
5	オ	エ

本文中の空欄 ⌐Ⅰ⌐ および ⌐Ⅱ⌐ には、それぞれあとのア～カのいずれかの文章が入る。その組合せとして妥当なものはどれか。

　「贈り物」を受け取った者は、心理的な負債感を持ち、「お返し」をしないと気が済まない。この「反対給付」の制度は地上に知られる限りのすべての人間集団に観察されます。

　例えば、マオリ族には「ハウ」という霊的贈り物の概念があります。それについてモースの『贈与論』は次のような印象深いインフォーマントの言葉を採録しています。

　「仮にあなたがある品物（タオンガ）を所有していて、それを私にくれたとしましょう。あなたはそれを代価なしにくれたとします。私たちはそれを売買したのではありません。そこで私がしばらく後にその品を第三者に譲ったとします。そして、その人はそのお返し（「ウトゥ（utu）」）として、何かの品（タオンガ）を私にくれます。ところで、彼が私にくれたタオンガは、私が始めにあなたから貰い、次いで彼に与えたタオンガの霊（ハウ）なのです。（あなたのところから来た）タオンガによって私が（彼から）受け取ったタオンガを、私はあなたにお返ししなければなりません。（……）それをしまっておくのは正しい（tika）とは言えません。私はそれをあなたにお返ししなければならないのです。それはあなたが私にくれたタオンガのハウだからです。この二つ目のタオンガを持ち続けると、私には何か悪いことがおこり、死ぬことになるでしょう。」

　このマオリ族のインフォーマントのハウについての証言には（いやに入り組んだ話に聞こえるでしょうが）非常に重要なことがいくつか含まれています。

　それは、贈り物（タオンガ）を受け取った人間は、それをくれた人間に直接お返し（ウトゥ）を返礼するのではないということです。いいものをもらったから「ありがとう」と直接返礼をするわけではないのです。⌐　　　　　Ⅰ　　　　　⌐そういう順番でことは起きています。受け取った返礼は自分の手元にとどめてはならない。返礼は自分のところに退蔵せず、最初の贈り主に差し戻されなければならない。

　このプロセスは非常に長いものになる可能性があります。例えば、このインフォーマントが贈った「タオンガ」を受け取った第三者が、それをさらに第四者に贈り、それをさらに第五者に贈り……というふうに続いていった場合。最後の受け取り手である第 n 者が「おお、これは結構なものをいただいた」と思って、「お返し」をしようと決意したそのときまでそれはタオンガとしては意識されていない、ということです。よろしいですか。ここが話のかんどころなんです。誰かが「これは贈り物だ」と認識して、「返礼せねば」と思うまで、それは厳密な意味では「贈り物」ではないのです。その品物には「ハウ」は含まれない。⌐　　　　　Ⅱ　　　　　⌐
　「豚に真珠」とか「猫に小判」ということわざに類するものはたぶん世界中にあ

ると思いますが、それが意味するのはまさにこのことです。「これには価値がある」と思う人が出現したときに価値もまた存在し始める。品物そのものに価値が内在するわけではありません。「私は贈り物の受け取り手である」と思った人間が「贈り物」と「贈り主」を遡及的に成立させるのです。

（出典　内田樹「街場のメディア論」光文社新書　から）

ア　何かをもらった。それを次の人にあげた。そしたら、その返礼が来た。返礼を受け取ったときに、はじめて自分が「パス」したものが「贈り物」であったことに気づく。

イ　良い品をもらった。こんな結構な「贈り物」を独り占めしてはいけないので、それを次の人に贈った。そしたら、その人が対価をくれた。それを受け取ったときに、あらためて自分が「プレゼント」したものが価値のある「贈り物」であったことに気づく。

ウ　自分の元で退蔵すべきでないものをもらった。それを必要とする人にすぐに渡した。そしたら、その返礼をくれた。それを最初の贈り主に届けたときに、ようやく自分が「スルー」したものが「贈り物」としての価値を持つようになったことに気づく。

エ　返礼義務を感じたものの出現と同時に「ハウ」もまた出現する。贈り物そのものには「ハウ」は内在していない。「これは贈り物だ」と思った人の出現と同時に、贈り物は「ハウ」を持ち始める。

オ　早晩これには価値があると評する人が出現する。それ以前から、贈り物（タオンガ）は内なる価値（ハウ）を秘めている。「これは結構な贈り物をいただいた」と思った人の出現と同時に、その「ハウ」は表にひょっこり現れる。

カ　結構なものをいただいたと思った人が返礼義務を果たすことによって、はじめて価値（ハウ）もまた出現する。その贈り物自体に「ハウ」があるかどうか、すぐには判らない。「これは価値がある」と思った人の出現により、その贈り物に「ハウ」が潜在していたことがはっきりする。

	I	II
1	ア	エ
2	ア	オ
3	イ	カ
4	ウ	オ
5	ウ	カ

問題60 本文中の空欄 ［ Ⅰ ］ ～ ［ Ⅴ ］ に入る語句の組合せとして、妥当なものはどれか。

　たとえば、「やさし」ということばがある。これは本来「恥し」という意味である。通説によれば、対象に対してこちらが恥ずかしく、身の痩せる思いをもつ。それが ［ Ⅰ ］ だという。

　ところが現代の「やさしい」は相手を傷つけないような振る舞いをいう。一時「ラブ　ミー　テンダー」という歌がはやったように、もっぱら自己中心的に相手に要求する内容が「やさしさ」である。

　昨今は「［ Ⅱ ］主義」の時代だときいた。すべて悪いのは他人、自分はつねに被害者だという意識の流行である。「やさし」の変容は、この傾向と一致する。「やさしさが必要」、「やさしさが必要」と強調する人間ほど、やさしさのない人である。

　このような、自らを痩せる思いに駆りたてることの ［ Ⅲ ］ は、みごとなまでの心の堕落であり、そのことにともなってことばも変容したことになる。

　さらにその上に、「やさしい」は安易、容易の意味につかわれることが、いっそう多くなった。労を要しないことがやさしさなのである。ますます「やさし」から本来の心が ［ Ⅳ ］ しているといえる。

　「やさしい」の反対は「むずかしい」だが、これも本来は心の状態だった。赤子がむずかるように、錯乱して整理のつかない状態が「むづかし」だったが、これまた、今日ではもっぱら対象の状態をしかいわない。「むずかしい仕事」は苦労の多い仕事、「むずかしい問題」はなかなか解けない問題である。仕事や問題に罪があって、これらに対して自分の抱く心が錯乱しているとは、だれも気づいていない。

　私事になるが、わたしの両親は香川県の生まれである。そこで東京生まれのわたしも、家庭ではときおり香川弁をきいて育つこととなったが、その中の一つに「むつごい」ということばがあった。すき焼きをすると、「少しむつごとな」などと父がいう。すると母が湯を足す。

　要するに「むつごい」とは味がゴチャゴチャしていて、あまり美味くないことだった。この「むつごい」が「むずっこい」で、「むずかしい」という古語が方言として残ったものだと気づいたのは、ずっと後年であった。

　このばあいは味についてだから、仕事や問題よりは、やや ［ Ⅴ ］ 的である。もとより本来の、自分自身の心の状態とは一歩外れているが、まったく対象についてだけいうのでもない、中間的なものだと思える。

　しかしそれも方言であって、どんどん消えていくであろう。まったく対象の状態をいうことばになることも、そう遠くはあるまい。

（出典　中西進「日本語の力」集英社文庫　から）

	I	II	III	IV	V
1	定義	利他	欠乏	乖離（かいり）	自省
2	由来	被害	欠陥	乖離（かいり）	個人
3	原義	被害	欠乏	離叛（りはん）	主観
4	由来	他罪	欠落	剝離（はくり）	自省
5	原義	他罪	欠落	剝離（はくり）	主観

第2回

模擬試験

問題

法 令 等 [問題1〜問題40は択一式（5肢択一式）]

問題1 次の文章の空欄 ア 〜 オ に当てはまる用語の組合せとして、正しいものはどれか。

　捜査機関以外の者の申告により、犯罪事実が発覚することがある。例えば、 ア は、捜査機関に対して犯罪事実を申告し、犯人の処罰を求める意思表示によって行われるが、刑事訴訟法上「何人でも」することができるとされている。

　犯罪事実の嫌疑が濃厚になってくると、逃亡や罪証隠滅等を防ぐために、被疑者が身体拘束を受けることがある。このような身体拘束のうち、拘束期間が短期のものを イ といい、長期に及ぶものを ウ という。これらの手続は、原則として裁判官の司法審査を経ることで適法とされる。

　捜査の結果、刑事処罰が必要と判断された場合には、検察官によって エ される。これにより、刑事裁判手続へと移行していくことになる。

　 エ 後は、裁判官又は裁判所が被告人の ウ をする。もっとも、被告人は現実の拘束状態から解放されることがある。この拘束状態を解放する制度を オ という。この制度は、金銭の納付を解放の条件とし、正当な理由なく出頭しないときは当該金銭を没取するという心理的威嚇を加えて、出頭を確保する仕組みとなっている。

	ア	イ	ウ	エ	オ
1	告発	逮捕	勾留	起訴	仮釈放
2	告訴	拘留	逮捕	略式命令	仮釈放
3	告発	逮捕	勾留	起訴	保釈
4	告訴	逮捕	拘留	起訴	仮釈放
5	告発	勾留	逮捕	略式命令	保釈

問題2 民事訴訟法における証拠に関する次の記述のうち、正しいものはどれか。

1 　証人を証拠方法として行う証拠調べを証人尋問といい、訴訟の当事者は証人となることができないが、当事者の法定代理人は証人となることができる。

2 　訴訟の当事者を証拠方法としてその経験した事実について尋問する証拠調べを当事者尋問といい、当事者と証人の双方を尋問する場合には、当事者尋問を先に実施するのが原則とされている。

3 　裁判官の専門的知識を補うために学識経験者に意見を述べさせる証拠調べを鑑定といい、鑑定人によって提供される専門的知識には、専門的経験則は含まれるが、経験則を事実に適用した判断結果は含まれない。

4 　文書の記載内容である思想や意味を証拠資料とするための証拠調べを書証といい、書証の申出は、文書を提出し、又は文書の所持者にその提出を命ずることを申し立ててしなければならないとされている。

5 　物、場所又は人についてその存在や状態等を五官の作用により認識する処分を検証といい、当事者が正当な事由がないのに検証を拒否した場合、裁判所は検証物に関する相手方の主張を真実と認めることはできない。

問題3 非嫡出子の相続分を嫡出子の半分とする民法の規定の合憲性に関して、最高裁判所決定で考慮要素とされたものの例として、妥当でないものはどれか。

1 　戦後の経済の急速な発展の中で、職業生活を支える最小単位として、夫婦と一定年齢までの子どもを中心とする形態の家族が増加するとともに、高齢化の進展に伴って生存配偶者の生活の保障の必要性が高まり、子孫の生活手段としての意義が大きかった相続財産の持つ意味にも大きな変化が生じている。

2 　現在、我が国以外で嫡出子と嫡出でない子の相続分に差異を設けている国は、欧米諸国にはなく、世界的にも限られた状況にあるといえる。

3 　一夫一婦制による法律婚主義を採る以上、配偶者に次ぐ相続人となるべき者が婚内子であることは法の当然に予定するところで、およそ法律婚主義を採る以上、婚内子と婚外子との間に少なくとも相続分について差等を生ずることがあるのは、いわば法律婚主義の論理的帰結である。

4 　法定相続分の定めは、遺言による相続分の指定等がない場合などにおいて補充的に機能する規定であるとしても、その補充性からすれば、嫡出子と嫡出でない子の法定相続分を平等とすることも何ら不合理ではないといえる上、遺言によっても侵害し得ない遺留分については本件規定は明確な法律上の差別というべきであるとともに、本件規定の存在自体がその出生時から嫡出でない子に対する差別意識を生じさせかねないことをも考慮すれば、当該規定が補充的に機能するものであることは、その合理性判断において重要性を有しない。

5 　父母が婚姻関係になかったという、子にとっては自ら選択ないし修正する余地のない事柄を理由としてその子に不利益を及ぼすことは許されず、子を個人として尊重し、その権利を保障すべきであるという考えが確立されてきている。

問題4　次の文章は、狭義の公務員の労働基本権に関する最高裁判所判決の一節である。空欄　ア　～　エ　に当てはまる語句の組合せとして、妥当なものはどれか。

　公務員の場合は、その給与の財源は国の財政とも関連して主として税収によつて賄われ、私企業における労働者の利潤の分配要求のごときものとは全く異なり、その勤務条件はすべて政治的、財政的、社会的その他諸般の合理的な配慮により適当に決定されなければならず、しかもその決定は　ア　のルールに従い、立法府において論議のうえなされるべきもので、同盟罷業等争議行為の圧力による強制を容認する余地は全く存しないのである。これを法制に即して見るに、公務員については、憲法自体がその73条4号において「法律の定める基準に従ひ、官吏に関する事務を掌理すること」は内閣の事務であると定め、その給与は法律により定められる給与準則に基づいてなされることを要し、これに基づかずにはいかなる金銭または有価物も支給することはできないとされており（国公法〔昭和40年法律69号による改正前の国家公務員法〕63条1項参照）、このように公務員の給与をはじめ、その他の勤務条件は、私企業の場合のごとく労使間の　イ　交渉に基づく合意によつて定められるものではなく、原則として、国民の代表者により構成される国会の制定した法律、予算によつて定められることとなつているのである。その場合、使用者としての政府にいかなる範囲の決定権を委任するかは、まさに国会みずからが立法をもつて定めるべき労働政策の問題である。したがつて、これら公務員の勤務条件の決定に関し、政府が国会から適法な委任を受けていない事項について、公務員が政府に対し争議行為を行なうことは、的はずれであつて正常なものとはいいがたく、もしこのような制度上の制約にもかかわらず公務員による争議行為が行なわれるならば、使用者としての政府によつては解決できない立法問題に逢着せざるをえないこととなり、ひいては　ウ　行なわれるべき公務員の勤務条件決定の手続過程を歪曲することともなつて、憲法の基本原則である　エ　（憲法41条、83条等参照）に背馳し、国会の議決権を侵す虞れすらなしとしないのである。

（最大判昭和48年4月25日刑集27巻4号547頁）

	ア	イ	ウ	エ
1	自由国家	自由な	民主的に	自由主義
2	民主国家	民主的な	自由に	議会制民主主義
3	民主国家	民主的な	民主的に	議会制民主主義
4	自由国家	民主的な	自由に	自由主義
5	民主国家	自由な	民主的に	議会制民主主義

問題5　天皇に関する次の記述のうち、妥当でないものはどれか。

1　天皇は、内閣の助言と承認により、国民のために、儀式を行う。

2　天皇の国事に関するすべての行為には、内閣の助言と承認を必要とし、内閣が、その責任を負う。

3　天皇は、国会の指名に基づいて、内閣総理大臣を任命する。

4　天皇は、国会の指名に基づいて、最高裁判所の長たる裁判官を任命する。

5　天皇は、内閣の助言と承認により、国民のために、衆議院を解散する。

問題6　憲法の改正及び最高法規性に関する次の記述のうち、憲法の規定に照らし、妥当なものはどれか。

1　憲法の改正は、各議院の総議員の過半数の賛成で、国会が、これを発議し、国民に提案してその承認を経なければならない。

2　憲法は、国の最高法規であるから、その条規に反する法律、命令、詔勅及び国務に関するその他の行為の全部又は一部は、その効力を有しない。

3　天皇又は摂政及び国務大臣、国会議員、裁判官その他の公務員並びに国民は、この憲法を尊重し擁護する義務を負う。

4　憲法が日本国民に保障する基本的人権は、公共の福祉に反しない限り、侵すことのできない永久の権利として、現在及び将来の国民に与えられる。

5　憲法改正について国民の承認を経たときは、天皇は、内閣の名で、この憲法と一体をなすものとして、直ちにこれを公布する。

問題7 知事選挙に立候補を予定していた Y は、出版社 X が発行する予定の雑誌『北方ジャーナル』4 月号に掲載される記事に、Y の名誉を毀損する記載があることを知った。そこで、Y は、当該 4 月号の出版の差止めを求める仮処分を申請し、これが認められた。当該差止めにつき、X が、国と Y に対し損害賠償を請求する訴訟を提起した事件（北方ジャーナル事件）についての判例（最大判昭和 61 年 6 月 11 日民集 40 巻 4 号 872 頁）に関する次の記述のうち、この判例の内容に明らかに反しているものはどれか。

1 仮処分による事前差止めは、裁判の形式によるとはいえ、非訟的な要素を有することを否定することはできないが、個別的な私人間の紛争について、司法裁判所により、当事者の申請に基づき差止請求権等の私法上の被保全権利の存否、保全の必要性の有無を審理判断して発せられるものであって、「検閲」には当たらない。

2 人格的価値について社会から受ける客観的評価である名誉を違法に侵害された者は、人格権としての名誉権に基づき、加害者に対し、現に行われている侵害行為を排除し、又は将来生ずべき侵害を予防するため、当該侵害行為の差止めを求めることができる。

3 表現行為に対する事前差止めは原則として許されないが、その表現内容が真実でなく、又はそれが専ら公益を図る目的のものでないことが明白であって、かつ、被害者が重大にして著しく回復困難な損害を被るおそれがあるという実体的要件を具備するときに限り、例外的に事前差止めが許される。

4 裁判所は、差止めの対象が公共の利害に関する事項についての表現行為である場合において、事前差止めを命ずる仮処分命令を発するには、常に口頭弁論又は債務者の審尋を経なければならない。

5 刑事上及び民事上の名誉毀損に当たる行為について、当該行為が公共の利害に関する事実にかかり、その目的が専ら公益を図るものである場合、当該事実が真実であることの証明があれば、当該行為には違法性がなく、また、真実であることの証明がなくても、行為者がそれを真実であると誤信したことについて相当の理由があるときは、当該行為には故意又は過失がないものとされる。

問題8 次の文章は、違法性の承継に関する最高裁判所判決の一節である。次の下線を引いた（ア）〜（オ）の用語のうち、誤っているものの組合せはどれか。

　平成11年東京都条例第41号による改正前の本件条例4条3項の下では、同条1項所定の接道要件を満たしていなくても安全上支障がないかどうかの判断は、建築確認をする際に建築主事が行うものとされていたが、この改正により、建築確認とは別に知事が安全認定を行うこととされた。これは、平成10年法律第100号により建築基準法が改正され、建築確認及び検査の業務を　(ア) 公的機関である指定確認検査機関も行うことができるようになったこと……に伴う措置であり、上記のとおり判断機関が分離されたのは、接道要件充足の有無は客観的に判断することが可能な事柄であり、建築主事又は指定確認検査機関が判断するのに適しているが、安全上の支障の有無は、専門的な知見に基づく裁量により判断すべき事柄であり、知事が一元的に判断するのが適切であるとの見地によるものと解される。以上のとおり、建築確認における接道要件充足の有無の判断と、安全認定における安全上の支障の有無の判断は、　(イ) 異なる機関がそれぞれの権限に基づき行うこととされているが、もともとは一体的に行われていたものであり、避難又は通行の安全の確保という同一の目的を達成するために行われるものである。そして、前記のとおり、安全認定は、建築主に対し建築確認申請手続における一定の地位を与えるものであり、建築確認と結合して初めてその効果を発揮するのである。……他方、安全認定があっても、これを申請者以外の者に通知することは予定されておらず、建築確認があるまでは工事が行われることもないから、周辺住民等これを争おうとする者がその存在を速やかに知ることができるとは限らない（これに対し、建築確認については、工事の施工者は、法89条1項に従い建築確認があった旨の表示を工事現場にしなければならない。）。そうすると、安全認定について、その適否を争うための　(ウ) 損失補償がこれを争おうとする者に十分に与えられているというのは困難である。仮に周辺住民等が安全認定の存在を知ったとしても、その者において、安全認定によって直ちに　(エ) 不利益を受けることはなく、建築確認があった段階で初めて　(エ) 不利益が現実化すると考えて、その段階までは争訟の提起という手段は執らないという判断をすることがあながち　(オ) 不合理であるともいえない。……以上の事情を考慮すると、安全認定が行われた上で建築確認がされている場合、安全認定が取り消されていなくても、建築確認の取消訴訟において、安全認定が違法であるために本件条例4条1項所定の接道義務の違反があると主張することは許されると解するのが相当である。

（最一小判平成21年12月17日民集63巻10号2631頁）

　　1　ア・ウ　　2　ア・エ　　3　イ・ウ　　4　ウ・オ　　5　エ・オ

問題 9　裁量に関する次の記述のうち、最高裁判所の判例に照らし、妥当でないものはどれか。

1　水俣病の認定の申請を棄却する処分の取消訴訟における裁判所の審理及び判断は、裁判所において、経験則に照らして個々の事案における諸般の事情と関係証拠を総合的に検討し、個々の具体的な症候と原因物質との間の個別的な因果関係の有無等を審理の対象として、申請者につき水俣病のり患の有無を個別具体的に判断すべきである。

2　土地収用法による補償金の額は、「相当な価格」等の不確定概念をもって定められているものではあるが、これは通常人の経験則及び社会通念に従って、客観的に認定され得るものであり、かつ、認定すべきものであって、補償の範囲及びその額の決定につき収用委員会に裁量権は認められない。

3　都市施設に関する都市計画の決定は、行政庁の裁量権の行使としてされた場合、その基礎とされた重要な事実に誤認があることにより重要な事実の基礎を欠くときであっても、当該裁量権の範囲を逸脱、濫用したものとはいえないから、適法となる。

4　仮換地指定処分は、指定された仮換地が、土地区画整理事業開始時における従前の宅地の状況と比較して、土地区画整理法所定の照応の各要素を総合的に考慮してもなお、社会通念上不照応であるといわざるをえない場合、裁量的判断を誤った違法なものとなる。

5　外務大臣が旅券法の規定により、旅券発給拒否処分をした場合において、裁判所の判断は、ただ単に当該処分が外務大臣の恣意によるかどうか、その判断の前提とされた事実の認識について明白な誤りがあるかどうか、または、その結論にいたる推理に著しい不合理があるかどうかなどに限定されるものではない。

問題10 行政上の義務履行確保に関する次の記述のうち、法令の規定及び最高裁判所の判例に照らし、誤っているものはどれか。

1　代執行のために現場に派遣される執行責任者は、その者が執行責任者たる本人であることを示すべき証票を携帯し、必ずこれを呈示しなければならない。
2　代執行に要した費用の徴収については、実際に要した費用の額及びその納期日を定め、義務者に対し、文書をもってその納付を命じなければならない。
3　代執行に要した費用は、国税滞納処分の例により、これを徴収することができる。
4　警察官が警察官職務執行法に基づき、泥酔者を病院において保護する措置は、行政法理論上、即時強制に該当する。
5　訴訟手続上の秩序を維持するために裁判所により科される秩序罰としての過料と刑事司法に協力しない行為に対して通常の刑事訴訟手続により科される刑罰は、目的、要件及び実現の手続を異にするから、両者は併科を妨げない。

問題11 行政手続法の定める適用除外に関する次の記述のうち、誤っているものはどれか。

1　学校において、教育の目的を達成するために、学生、生徒又は児童に対してされる処分及び行政指導については、行政手続法第2章から第4章の2までの規定は、適用されない。
2　外国人の出入国、難民の認定又は帰化に関する処分及び行政指導については、行政手続法第2章から第4章の2までの規定は、適用されない。
3　公務員の給与、勤務時間その他の勤務条件について定める命令等を定める行為については、行政手続法第6章の規定は、適用されない。
4　審査基準であって、法令の規定により公にされるもの以外のものを定める行為については、行政手続法第6章の規定は適用されない。
5　地方公共団体の機関がする処分及び行政指導については、その根拠となる規定が条例又は規則に置かれているか否かにかかわらず、行政手続法第2章から第4章の2までの規定は、適用されない。

問題12 審査基準に関する次の記述のうち、行政手続法の規定に照らし、正しいものはどれか。

1 行政庁は、申請に対する処分を行う場合、必ず公聴会を開催しなければならないことから、必ずしも法令により申請の提出先とされている機関の事務所における備付けその他の適当な方法により審査基準を公にしておかなくてもよい。

2 行政庁は、行政上特別の支障があるときを除き、法令により申請の提出先とされている機関の事務所における備付けその他の適当な方法により審査基準を公にしておくよう努めなければならない。

3 行政庁は、申請者が法令に基づき審査基準を閲覧できる場合であっても、法令により申請の提出先とされている機関の事務所における備付けその他の適当な方法により審査基準を公にしておかなければならない。

4 行政庁は、申請者が審査基準の提示を求めた場合にこれを示せば足り、必ずしも法令により申請の提出先とされている機関の事務所における備付けその他の適当な方法により審査基準を公にしておかなくてもよい。

5 行政庁は、行政上特別の支障がある場合であっても、法令により申請の提出先とされている機関の事務所における備付けその他の適当な方法により審査基準を公にしておかなければならない。

問題13 行政指導に関する次のア〜オの記述のうち、行政手続法の規定に照らし、正しいものの組合せはどれか。

ア 行政指導に携わる者は、行政機関の任務又は所掌事務の範囲を逸脱してはならないこと及び行政指導の内容が事実上相手方に対する強制力によって実現されるものであることに留意しなければならない。

イ 同一の行政目的を実現するため一定の条件に該当する複数の者に対し行政指導をしようとするときは、行政機関は、あらかじめ、事案に応じ、行政指導指針を定め、かつ、行政上特別の支障がない限り、これを公表しなければならない。

ウ 法令に違反する行為について条例上の根拠規定に基づき是正を求める行政指導の相手方は、当該行政指導が当該条例に規定する要件に適合しないと思料する場合は、当該行政指導をした行政機関に対し、その旨を申し出て、当該行政指導の中止その他必要な措置をとることを求めることができる。

エ 何人も、法令に違反する事実がある場合において、その是正のためにされるべき行政指導がされていないと思料するときは、当該行政指導の根拠となる規定が法律に置かれている場合に限り、当該行政指導をする権限を有する行政機関に対し、その旨を申し出て、当該行政指導をすることを求めることができる。

オ 法令に違反する事実がある場合において、その是正のためにされるべき行政指導がされていないと思料するときは、当該事実によって不利益を受ける者に限り、当該行政指導をする権限を有する行政機関に対し、その旨を申し出て、当該行政指導をすることを求めることができる。

1 ア・イ
2 ア・ウ
3 イ・エ
4 ウ・オ
5 エ・オ

問題14 行政不服審査法上の審査請求人に関する次の記述のうち、誤っているものはどれか。

1 法人でない社団又は財団で代表者又は管理人の定めがあるものは、その名で審査請求をすることができる。

2 審査請求人について合併があったときは、合併後存続する法人は、審査請求人の地位を承継する。

3 審査請求人は、審理員から弁明書の送付を受けた場合、当該弁明書に記載された事項に対して反論書を提出することができる。

4 審査請求人は、審査請求に関して代理人を選任することができ、当該代理人は、審査請求人のために、原則として、当該審査請求に関する一切の行為をすることができる。

5 多数人が共同して審査請求をしようとするときは、5人を超えない総代を互選することができ、総代は、各自、他の共同審査請求人のために、審査請求の取下げを除き、当該審査請求に関する一切の行為をすることができる。

問題15 行政不服審査法における執行停止に関する次の記述のうち、正しいものはどれか。

1 処分庁の上級行政庁又は処分庁のいずれでもない審査庁は、必要があると認める場合であれば、審査請求人の申立てにより、処分庁の意見を聴取した上、処分の効力、処分の執行又は手続の続行の全部又は一部の停止以外の措置をとることができる。

2 審査請求人から執行停止の申立てがあった場合、処分、処分の執行又は手続の続行により生ずる重大な損害を避けるために緊急の必要があると認めるときは、審査庁は、執行停止をしなければならないが、本案について理由がないとみえるときには、執行停止をすることができない。

3 審理員から審査庁に対し、執行停止をすべき旨の意見書が提出された場合、審査庁は、速やかに、行政不服審査会に諮問をしたうえで、執行停止をするかどうかを決定しなければならない。

4 執行停止をした後において、執行停止が公共の福祉に重大な影響を及ぼすことが明らかとなったとき、その他事情が変更したときは、審査庁は、その執行停止を取り消さなければならない。

5 処分庁の上級行政庁又は処分庁である審査庁は、必要があると認める場合には、職権で、処分の効力、処分の執行又は手続の続行の全部又は一部の停止をすることができるが、処分の効力の停止は、処分の効力の停止以外の措置によって目的を達することができるときは、することができない。

問題16 行政不服審査法に基づく審査請求に対する裁決に関する次の記述のうち、正しいものはどれか。

1 審査庁は、行政不服審査会等から諮問に対する答申を受けたときは、2週間以内に、裁決をしなければならない。

2 事実上の行為についての審査請求に理由があって、処分庁である審査庁が当該事実上の行為の全部を撤廃する場合、事情裁決をする場合を除き、裁決で当該事実上の行為が違法又は不当である旨を宣言する必要はない。

3 不作為についての審査請求に理由がある場合、不作為庁の上級行政庁である審査庁は、当該不作為庁に対し、申請に対する何らかの行為をすべきことを命ずることはできるが、一定の処分をすべきことを命ずることはできない。

4 申請に基づいてした処分が手続の違法を理由として裁決で取り消された場合、処分庁は、裁決の趣旨に従い、改めて申請に対する処分をしなければならない。

5 審査庁は、裁決をしたときは、速やかに、審査請求人が自ら提出した証拠書類をその提出人に返還しなければならないが、審理員からの提出要求に応じて提出された書類については、その提出人に返還する必要はない。

問題17 原告適格に関する次の記述のうち、最高裁判所の判例に照らし、妥当でないものはどれか。

1 公衆浴場法の適正配置規定は、国民保健及び環境衛生を保護するだけでなく、許可を受けた業者を、公衆浴場の濫立による経営の不合理化から守ろうとする意図をも有するものであるから、適正な許可制度の運用によって保護されるべき業者の営業上の利益は、単なる事実上の反射的利益にとどまらないため、既存業者は、他業者への営業許可に対する取消訴訟における原告適格を有する。

2 定期航空運送事業免許に係る路線の使用飛行場の周辺に居住していて、当該免許にかかる事業が行われる結果、当該飛行場を使用する各種航空機の騒音の程度、当該飛行場の一日の離着陸回数、離着陸の時間帯等からして、当該免許に係る路線を航行する航空機の騒音によって社会通念上著しい障害を受けることとなる者は、当該免許の取消しを求めるにつき法律上の利益を有する者として、その取消訴訟における原告適格を有する。

3 場外車券販売施設の周辺に居住し又は医療施設等にかかる事業以外の事業を営むにすぎない者や、医療施設等の利用者は、位置基準を根拠として場外施設の設置許可の取消しを求める原告適格を有しないが、当該施設の設置、運営に伴い著しい業務上の支障が生ずるおそれがあると位置的に認められる区域に医療施設等を開設する者は、位置基準を根拠として当該場外施設の設置許可の取消しを求める原告適格を有する。

4 文化財の価値は学術研究者の調査研究によって明らかにされるものであり、その保存・活用のためには学術研究者の協力を得ることが不可欠であることから、遺跡を研究の対象としてきた学術研究者は、当該遺跡の史跡指定解除処分の取消しを求める原告適格を有する。

5 原子炉の設置許可の際に行われる規制法*所定の技術的能力の有無及び安全性に関する各審査に過誤、欠落がある場合に起こり得る事故等による災害により直接的かつ重大な被害を受けるものと想定される地域内に居住する者は、原子炉設置許可処分の無効確認を求める原告適格を有する。

（注） ＊ 核原料物質、核燃料物質及び原子炉の規制に関する法律

問題18 判決の効力等に関する次のア～オの記述のうち、行政事件訴訟法の規定に照らし、誤っているものの組合せはどれか。

ア　処分が違法であるが、これを取り消すことにより公の利益に著しい障害を生ずる場合、原告の受ける損害の程度、その損害の賠償又は防止の程度及び方法その他一切の事情を考慮したうえ、処分を取り消すことが公共の福祉に適合しないと認めるときは、裁判所は、請求を棄却することができる。

イ　裁判所は、相当と認めるときは、終局判決前に、決定をもって、処分又は裁決が違法であることを宣言することができる。

ウ　処分又は裁決を取り消す判決は、その事件について、処分又は裁決をした行政庁のみを拘束し、その他の関係行政庁は拘束しない。

エ　申請を棄却した処分又は審査請求を棄却した裁決が判決により取り消されたときは、その処分又は裁決をした行政庁は、判決の趣旨に従い、改めて申請に対する処分又は審査請求に対する裁決をしなければならない。

オ　申請に基づいてした処分が判決により手続に違法があることを理由として取り消されたときは、その処分をした行政庁は、判決の趣旨に従い、改めて申請に対する処分をしなければならない。

1　ア・ウ
2　ア・エ
3　イ・ウ
4　イ・オ
5　エ・オ

問題19 次のア～オの各事例における X が仮の救済の申立てをする場合、最も適切な組合せはどれか。

ア　市が管理する公園で集会を開催しようと計画している X が、当該市の条例に基づき、公園の使用許可を市長に申請したところ、不許可処分を受けた事例

イ　市が管理する公園で集会を開催しようと計画していた X が、当該市の条例に基づき、公園の使用許可を市長に申請し使用許可を受けたが、その後、集会の開催前に、集会内容が不適切であるとして、市長から当該使用許可を取り消す処分を受けた事例

ウ　地方公務員である X が、非行があったとして、懲戒権者から地方公務員法に基づき停職処分をされようとしている事例

エ　マンションの建築に係る建築確認処分がされたところ、当該マンションの建築予定地の周辺住民である X が、当該マンションの建築を阻止したいと考えている事例

オ　市立の高等学校に入学を希望している X に対して、同校の校長が、X の身体の障害を理由として、同校の全課程を無事に履修する見通しがないとして、その入学を不許可とした事例

Ⅰ　執行停止の申立て
Ⅱ　仮の義務付けの申立て
Ⅲ　仮の差止めの申立て

	ア	イ	ウ	エ	オ
1	Ⅰ	Ⅱ	Ⅰ	Ⅰ	Ⅲ
2	Ⅲ	Ⅲ	Ⅱ	Ⅱ	Ⅰ
3	Ⅱ	Ⅰ	Ⅰ	Ⅲ	Ⅲ
4	Ⅱ	Ⅰ	Ⅲ	Ⅰ	Ⅱ
5	Ⅰ	Ⅱ	Ⅲ	Ⅲ	Ⅱ

問題20 国家賠償法に関する次の記述のうち、最高裁判所の判例に照らし、妥当なものはどれか。

1 国会議員は、立法に関しては、国民全体に対する関係で政治的責任を負うにとどまり、個別の国民の権利に対応した関係での法的義務を負わないから、国会議員の立法行為は、国家賠償法1条1項の規定の適用上、違法の評価を受けることは一切ない。

2 国会議員が国会で行った質疑等において、個別の国民の名誉や信用を低下させる発言があった場合、これによって当然に国家賠償法1条1項の規定にいう違法な行為があったものとして国の損害賠償責任が生ずる。

3 裁判官がした争訟の裁判に上訴等の訴訟法上の救済方法によって是正されるべき瑕疵が存在した場合、これによって当然に国家賠償法1条1項の規定にいう違法な行為があったものとして国の損害賠償責任が生ずる。

4 国又は公共団体の公務員による規制権限の不行使は、その権限を定めた法令の趣旨、目的や、その権限の性質等に照らし、具体的事情の下で、その不行使が許容される限度を逸脱して著しく合理性を欠くときは、その不行使により被害を受けた者との関係において、国家賠償法1条1項の適用上違法となる。

5 検察官による公訴権の行使は、犯罪の被害者の被侵害利益ないし損害の回復をも目的とするものであるから、犯罪の被害者は、検察官の不起訴処分の違法を理由として、国家賠償法の規定に基づく損害賠償請求をすることができる。

問題21　国家賠償法に関する次の記述のうち、同法の規定及び最高裁判所の判例に照らし、妥当でないものはどれか。

1　国家賠償法2条1項の営造物の設置又は管理の瑕疵とは、営造物が通常有すべき安全性を欠いていることをいい、これに基づく国及び公共団体の賠償責任については、その過失の存在を必要としない。

2　道路における防護柵を設置するための費用の額が相当の多額にのぼり、都道府県の予算措置に困却することが推察できるときには、都道府県は、直ちに道路の管理の瑕疵によって生じた損害に対する賠償責任を免れることができる。

3　河川の管理についての瑕疵の有無は、自然的条件、社会的条件等諸般の事情を総合的に考慮し、河川管理における財政的、技術的及び社会的諸制約のもとでの同種・同規模の河川の管理の一般水準及び社会通念に照らして是認しうる安全性を備えていると認められるかどうかを基準として判断すべきである。

4　公の営造物の設置又は管理に瑕疵があったために他人に損害を生じた場合において、他に損害の原因について責任を負うべき者があるときは、国又は公共団体は、その者に対して求償権を有する。

5　公の営造物の設置又は管理に瑕疵があったために国又は公共団体が損害賠償責任を負う場合において、公の営造物の設置又は管理にあたる者と公の営造物の設置又は管理の費用を負担する者とが異なるときは、当該費用を負担する者も、損害賠償責任を負う。

問題22 地方公共団体に関する次の記述のうち、地方自治法の規定に照らし、正しいものはどれか。

1 地方公共団体の組合は、全部事務組合、一部事務組合、役場事務組合及び広域連合である。

2 指定都市は、市長の権限に属する事務を分掌させるため、条例で、その区域を分けて区を設け、区の事務所又は必要があると認めるときはその出張所を置く必要があるが、区に選挙管理委員会を置く必要はない。

3 市町村の議会には、条例の定めるところにより、事務局を置かなければならず、事務局には、事務局長、書記その他の職員を置かなければならない。

4 普通地方公共団体は、その執行機関として普通地方公共団体の長の他、法律の定めるところにより、委員会又は委員を置くことができるが、必ず委員会又は委員を置く必要はない。

5 普通地方公共団体は、法律又は条例の定めるところにより、執行機関（政令で定めるものを除く。）の附属機関として自治紛争処理委員、審査会、審議会、調査会その他の調停、審査、諮問又は調査のための機関を置くことができる。

問題23 普通地方公共団体における条例と規則の関係に関する次の記述のうち、地方自治法の規定に照らし、正しいものはどれか。

1 普通地方公共団体は、法令に特別の定めがあるものを除くほか、その条例中に、条例に違反した者に対し、5年以下の懲役を科する旨の規定を設けることができる。

2 普通地方公共団体は、法令に特別の定めがあるものを除くほか、その条例中に、条例に違反した者に対し、3年以下の禁錮を科する旨の規定を設けることができる。

3 普通地方公共団体は、法令に特別の定めがあるものを除くほか、その条例中に、条例に違反した者に対し、100万円以下の罰金を科する旨の規定を設けることができる。

4 普通地方公共団体は、法令に特別の定めがあるものを除くほか、その条例中に、条例に違反した者に対し、50万円以下の過料を科する旨の規定を設けることができる。

5 普通地方公共団体の長は、法令に特別の定めがあるものを除くほか、普通地方公共団体の規則中に、規則に違反した者に対し、10万円以下の過料を科する旨の規定を設けることができる。

問題24 地方自治法の定める住民監査請求及び住民訴訟に関する次の記述のうち、正しいものはどれか。なお、争いがある場合には、最高裁判所の判例による。

1 普通地方公共団体の住民は、普通地方公共団体の長がした公金支出について住民監査請求をした場合、監査委員による監査の結果又は勧告がなされるまでは、当該公金支出について住民訴訟を提起することは許されない。

2 普通地方公共団体の住民が住民訴訟を提起するには、当該普通地方公共団体における選挙権を有する住民でなければならない。

3 住民訴訟を提起する前に、選挙権を有する者の総数の50分の1以上の者の連署をもって普通地方公共団体の監査委員に対し、当該普通地方公共団体の事務監査請求をしておかなければならない。

4 住民訴訟における共同訴訟参加の申出は、これと当事者、請求の趣旨及び原因が同一である別訴において適法な住民監査請求を前置していないことによる却下判決が確定している場合、その既判力によって却下される。

5 住民訴訟において、普通地方公共団体の職員の行為が違法であっても、差止めの請求を認容することにより公の利益に著しい障害を生ずる場合、一切の事情を考慮して、公共の福祉に適合しないと認めるときは、請求を棄却することができる。

問題25 行政組織上の関係に関する次のア～オの記述のうち、正しいものの組合せはどれか。

ア　行政組織のため置かれる国の行政機関は、省、委員会、庁、官房、局及び部とし、その設置及び廃止は、別に法律の定めるところによる。

イ　行政組織のため置かれる国の行政機関には、法律の定める所掌事務の範囲内で、法律又は政令の定めるところにより、重要事項に関する調査審議、不服審査その他学識経験を有する者等の合議により処理することが適当な事務をつかさどらせるための合議制の機関を置くことができる。

ウ　内閣官房長官は、内閣府の長であり、内閣府の事務を統括し、職員の服務について統督する。

エ　各省大臣は、主任の行政事務について、法律若しくは政令を施行するため、又は法律若しくは政令の特別の委任に基づいて、それぞれその機関の命令として省令を発することができる。

オ　内閣総理大臣は、内閣府に係る主任の行政事務について、法律又は政令を施行するため、内閣府の命令として内閣府令を発することができるとともに、憲法及び法律の規定を実施するために、政令を制定することができる。

1　ア・エ
2　ア・オ
3　イ・ウ
4　イ・エ
5　ウ・オ

問題26　建築確認と行政指導に関する次のア～オの記述のうち、最高裁判所の判例に照らし、妥当なものの組合せはどれか。

ア　建築主事による建築物の確認処分を行う義務は、いかなる場合にも例外を許さない絶対的な義務であり、建築主が確認処分の留保につき任意に同意をしていることが明確であるとはいえない場合に、確認申請に対する応答を留保することは、確認処分を違法に遅滞するものといえる。

イ　建築物の建築計画をめぐり建築主と付近住民との間に紛争が生じ、関係地方公共団体が建築主に対し、付近住民と話合いを行って円満に紛争を解決するようにとの行政指導を行い、建築主が任意に当該行政指導に応じて付近住民と協議をしている場合は、当然に建築主が建築主事に対し確認処分を留保することについて任意に同意をしているものとみることができる。

ウ　関係地方公共団体が、付近住民の良好な居住環境や市街環境を損なうことになることを考慮し、建築主に対し、建築物の建築計画につき一定の譲歩・協力を求める行政指導を行い、一定期間建築主事が確認処分を留保して、行政指導の結果に期待することは、直ちに違法な措置となる。

エ　確認処分の留保は、建築主の任意の協力・服従のもとに行政指導が行われていることに基づく事実上の措置にとどまるものであるから、建築主が自己の申請に対する確認処分を留保されたままでの行政指導には応じられないとの意思を明確に表明している場合には、原則として、建築主の明示の意思に反してその受忍を強いることは許されない。

オ　いったん建築主が行政指導に応じた場合でも、当該建築主が建築主事に対し、確認処分を留保されたままでの行政指導にはもはや協力できないとの意思を真摯かつ明確に表明し、確認申請に対し直ちに応答すべきことを求めているといえるときには、他に特段の事情がない限り、それ以後の行政指導を理由とする確認処分の留保は違法となる。

1　ア・イ
2　ア・ウ
3　イ・エ
4　ウ・オ
5　エ・オ

問題27 Ａ が Ｂ から権限が与えられていないにもかかわらず、Ｂ の代理人として Ｃ との間で、Ｂ 所有の甲土地の売買契約（以下、「本件契約」という。）をした場合に関する次のア〜オの記述のうち、民法の規定及び判例に照らし、妥当なものの組合せはどれか。

ア　Ｃ は、本件契約時に、Ａ が代理権を有しないことを知っていた場合であっても、Ｂ が追認をしない間であれば本件契約を取り消すことができる。

イ　Ａ は、Ｂ の追認を得たとしても、Ｃ の選択に従い、Ｃ に対して履行又は損害賠償の責任を負わなければならない。

ウ　Ａ は、本件契約後に死亡した Ｂ を単独で相続した場合、Ｂ が自ら本件契約をしたのと同様の法律上の地位が生じるから、Ｃ による甲土地の引渡請求を拒むことはできない。

エ　Ａ が、本件契約後に死亡した Ｂ を他の相続人 Ｄ と共同で相続した場合、Ｄ が本件契約について追認を拒絶したときは、本件契約は、当然に有効となるものではない。

オ　Ｂ が、本件契約後に死亡した Ａ を単独で相続した場合、Ａ のした本件契約について追認を拒絶することは信義則に反するから、追認を拒絶する余地はなく、本件契約は、当然に有効となる。

1　ア・イ
2　ア・オ
3　イ・ウ
4　ウ・エ
5　エ・オ

問題28　時効に関する次の記述のうち、民法の規定及び判例に照らし、誤っているものはどれか。

1　債務者は、あらかじめ時効の利益を放棄することはできないが、時効の完成後であれば、自由に時効の利益を放棄することができる。

2　ある土地に1番抵当権と2番抵当権が設定されている場合において、1番抵当権の被担保債権の消滅時効が完成したときは、2番抵当権者は、当該消滅時効を援用することができる。

3　債務者は、債権者に対して負っている債務の消滅時効完成後に当該債務を承認した場合、その時効完成の事実を知らなかったときであっても、その後に当該消滅時効を援用することはできない。

4　債権者が債務者に対して有する債権について、裁判外で履行の請求をした場合、当該履行の請求があった時から6か月の間は、当該債権は、時効によって消滅しない。

5　債権者が債務者に対して金銭消費貸借契約に基づく貸金返還請求権を有する場合、債権者が当該債権を行使することができることを知った時から5年間当該債権を行使しないときは、当該債権は、時効によって消滅する。

問題29　物権の成立に関する次の記述のうち、民法の規定に照らし、正しいものはどれか。

1　物権の移転は、当事者の意思表示のみでは効力を生じず、登記がされることによって、はじめて効力を生ずる。

2　土地の所有者が自己所有の土地を他人に賃貸して土地を引き渡した場合、土地の占有権は賃借人に移転するから、所有者は土地の占有権を失うことになる。

3　所有者を異にする数個の動産が付合によって、損傷しなければ分離することができなくなった場合、付合した動産について主従の区別をすることができるときであっても、各動産の所有者は、その付合した時の価格の割合に応じてその合成物を共有する。

4　他人の動産に工作を加えた者がある場合、その加工物の所有権は、常に他人の動産に工作を加えた者に帰属する。

5　ある動産を数人で共有している場合において、共有者の一人が自己の持分を放棄したときは、その放棄された持分は、他の共有者に帰属する。

問題30　債務者Ａは債権者Ｂのために Ａ の所有する不動産甲に抵当権を設定し、その旨の登記がされた。この場合における抵当権の消滅に関する次の記述のうち、民法の規定及び判例に照らし、妥当なものはどれか。

1　甲について、その後、ＡがＣのために抵当権を設定し、その旨の登記がされた場合において、ＢがＡから甲を買い受けたときは、Ｂの抵当権は消滅しない。

2　ＡがＢに対し、残存元本に加えて、最後の2年分の利息及び遅延損害金を支払った場合には、Ｂの抵当権は、確定的に消滅する。

3　Ａは、抵当権を実行することができる時から20年が経過すれば、被担保債権が消滅していなくても、抵当権が時効により消滅したと主張することができる。

4　第三者Ｃが、甲の所有権を時効によって取得した場合でも、それによってＢの抵当権が消滅することはない。

5　甲が建物である場合において、Ａが故意に甲を焼失させたときは、Ｂの抵当権は消滅しない。

問題31　ＡとＢが、Ｃに対して連帯債務を負っている場合に関する次の記述のうち、民法の規定に照らし、誤っているものはどれか。なお、Ｃ・Ａ間においては、各記述に記載している以外に別段の意思表示はないものとする。

1　Ｃは、Ｂに対する債権がＣの詐欺によって成立したものである場合、Ｂが詐欺を理由としてこれを取り消したときであっても、Ａに対して債務の履行を請求することができる。

2　Ｃは、Ｂに対する債権につき、Ｂとの間で更改契約をした場合、当該更改契約によって債権はすべての連帯債務者の利益のために消滅するから、Ａに対して債務の履行を請求することはできない。

3　Ｃは、Ｂに対する債権が時効によって消滅した場合、当該消滅時効の成立はＡに対しても効力が生じるから、Ａに対して債務の履行を請求することはできない。

4　Ｃは、Ｂに対する債権全額につき、Ｂが、Ｃに対して有する債権との相殺の意思表示をした場合、当該相殺によって債権はすべての連帯債務者の利益のために消滅するから、Ａに対して債務の履行を請求することはできない。

5　Ｃは、Ｂに対する債権に混同が生じた場合、当該混同によって債権は弁済したものとみなされ、その混同はＡに対しても効力が生じるから、Ａに対して債務の履行を請求することはできない。

問題32 AがBに対して債権を有する場合に関する次の記述のうち、民法の規定及び判例に照らし、妥当なものはどれか。

1 BのAに対する債務の弁済は、当該弁済が取引上の社会通念に照らして受領権者としての外観を有するCに対してされたものであった場合、BがCを権利者であると信じ、そう信じるにつき過失があったときでも、有効なものとなる。

2 BのAに対する債務の弁済は、当該弁済がAの代理人と称して債権を行使するDに対してされたものであった場合、有効なものとなることはない。

3 AがBに対する債権をEに譲渡した後、Fに対しても譲渡した場合、AがBに対して、Eへの債権譲渡につき確定日付のある証書による通知をしたときは、その後、Fへの債権譲渡についても同様の通知がされ、BがFに対して弁済をしたとしても、当該弁済が有効なものとなることはない。

4 AのBに対する債権が預金債権である場合、当該預金の払戻しがATMによる預金の払戻権限のないGに対してされたものであるときは、当該払戻しは常に無効なものとなる。

5 AのBに対する債権が預金債権である場合、BがAとは異なるHを預金者として認定しHに貸付けをしたときは、Bがその貸付けの当時、Hを預金者とすることについて金融機関として相当な注意を尽くしていれば、当該貸付債権を自働債権とし、当該預金債権を受働債権とする相殺は、有効なものとなる。

問題33 ＡとＢは、令和５年４月１日、Ａ所有の中古自転車（以下「甲」という。）を、同月10日引渡し、同月20日代金支払の約定でＢに売却する旨の売買契約を締結した。この事例に関する次のア～オまでの各記述のうち、民法の規定及び判例に照らし、正しいものの組合せはどれか。

ア　甲は、令和５年４月８日、Ｂの責めに帰すべき事由により滅失した。この場合において、ＡがＢに対して同月20日に代金の支払を請求したときは、Ｂは、この請求を拒むことができない。

イ　Ａは、Ｂに対し、令和５年４月10日、甲を引き渡したが、甲にはブレーキの故障があり、品質が契約に適合しないものであった。Ｂは、Ａに対して、相当期間を定めて履行の追完を催告したが、Ａから履行の追完はなされなかった。この場合において、Ｂは、当該契約の不適合があったとしても、契約の目的を達成することができるときは、契約を解除することができない。

ウ　Ａは、Ｂに対し、令和５年４月10日、甲を引き渡したが、Ｂは、同月20日を経過しても代金を支払わず、同月21日、事情を知らないＣに甲を売却し、引き渡した。この場合において、Ａが相当の期間を定めて催告してもＢが代金を支払わないときは、Ａは、Ｂとの間の売買契約を解除し、Ｃに対し、甲の返還を求めることができる。

エ　Ａは、Ｂに対し、令和５年４月10日、甲を引き渡したが、Ｂは、同月20日を経過しても代金を支払わず、その全額について支払を拒絶する意思を明確に表示した。この場合、Ａは、Ｂに対して、履行の催告をせずに直ちに本件売買契約を解除することができる。

オ　Ｂは、令和５年４月８日、甲をＣへ転売したが、同月20日を経過しても、Ａに対し売買代金の支払いをしていない。この場合、ＡがＣから甲の所有権に基づき引渡しの請求を受けたとき、Ａは、Ｃに対して、同時履行の抗弁権を主張してその請求を拒むことができる。

1　ア・エ
2　ア・オ
3　イ・ウ
4　イ・エ
5　ウ・オ

問題34 請負人Aと注文者Bの請負契約（以下、「本件請負契約」という。）に関する次の記述のうち、民法の規定に照らし、妥当なものはどれか。

1 Aは、本件請負契約の仕事が完成しない間に、Bの責めに帰すべき事由によりその完成が不能となった場合、Bに対して報酬全額を請求することはできない。

2 Aは、本件請負契約の仕事の目的物が引渡しを要する場合には、当該仕事の目的物の引渡しをした後でなければ、Bに対して報酬を請求することはできない。

3 Aは、仕事の完成前に本件請負契約が解除された場合、Aが既にした仕事の結果のうち、可分な部分の給付によってBが利益を受けていたとしても、当該部分は仕事の完成とみなされることはないから、Bに対して報酬を請求することはできない。

4 Bは、Aが品質に関して契約の内容に適合しない仕事の目的物をBに引き渡した場合、当該不適合がBの与えた指図によって生じたときは、Aが当該指図が不適当であることを知りながら告げなかったとしても、当該不適合を理由として報酬の減額請求をすることはできない。

5 Bは、Aが本件請負契約の仕事を完成しない間は、いつでも損害を賠償して本件請負契約の解除をすることができる。

問題35 Aが遺言をする場合に関する次のア～オの記述のうち、民法の規定及び判例に照らし、正しいものの組合せはどれか。

ア　Aが成年被後見人である場合、事理を弁識する能力を一時回復した時において遺言をするときは、医師2人以上の立会いがなければならない。

イ　Aが単独で有効な遺言をするには、成年に達している必要があるから、Aが15歳である場合には、単独で有効な遺言をすることはできない。

ウ　Aが自筆証書遺言をする場合、その全文、日付及び氏名を自書し、これに印を押さなければならず、当該日付は、「令和4年11月吉日」とすることもできる。

エ　AがBとともに同一の証書に遺言を記載しており、A・B双方の意思表示が遺言者ごとに峻別できない状態である場合、AがA・B両名の氏名を書き押印したときは、当該遺言は共同遺言となるから、有効な遺言とはならない。

オ　Aが前にした遺言と抵触する遺言をした場合、当該遺言によって、前にした遺言のうち、当該遺言と抵触する部分は撤回したものとみなされるから、当該遺言が錯誤を理由として取り消されたときであっても、前にした遺言の効力は回復しない。

1　ア・イ
2　ア・エ
3　イ・ウ
4　ウ・オ
5　エ・オ

問題36 商法上の支配人に関する次のア～オの記述のうち、商法の規定に照らし、誤っているものの組合せはどれか。

ア 商人が支配人を選任したとき及び支配人の代理権が消滅したときは、その登記をしなければならない。

イ 商人は、支配人を選任し、営業所において営業を行わせることができるが、支配人は、他の使用人を選任することができない。

ウ 商人に選任された支配人は、裁判上の行為を除き、当該商人に代わってその営業に関する一切の行為をすることができる。

エ 商人に選任された支配人は、当該商人の許可を受けなければ、他の商人の使用人となることができない。

オ 商人に選任された支配人が、当該商人の許可を受けずに自己又は第三者のためにその商人の営業の部類に属する取引をした場合、当該取引によって支配人又は第三者が得た利益の額は、当該商人に生じた損害の額と推定される。

1 ア・イ
2 ア・オ
3 イ・ウ
4 ウ・エ
5 エ・オ

問題37 株式会社の設立における出資の履行等に関する次のア〜オの記述のうち、会社法の規定に照らし、正しいものの組合せはどれか。

ア　株式会社の定款には、設立に際して出資される財産の価額又はその最低額を記載し又は記録しなければならない。

イ　発起人は、設立時発行株式の引受け後、遅滞なく、その引き受けた当該株式の出資にかかる金銭の全額を払い込まなければならない。

ウ　発起人は、払込みを仮装した場合、株式会社に対し、払込みを仮装した出資にかかる金銭の全額を支払う義務を負い、その義務は、総株主の同意があっても免除することはできない。

エ　発起人は、設立時発行株式を引き受ける者の募集をした場合、払込みの取扱いをした銀行に対し、払い込まれた金額に相当する金銭の保管に関する証明書の交付を請求することはできない。

オ　発起人は、株式会社の設立に際して、定款に別段の定めがない場合、成立後の当該株式会社の資本金の額及び資本準備金の額に関する事項を定めようとするときは、発起人の過半数の同意を得なければならない。

1　ア・イ
2　ア・ウ
3　イ・オ
4　ウ・エ
5　エ・オ

問題38　譲渡制限株式に関する次の記述のうち、会社法の規定に照らし、誤っているものはどれか。なお、法務省令の定めについては、考慮しないものとする。

1　株式会社は、当該株式会社が発行する全部の株式の内容として、譲渡による株式の取得について当該株式会社の承認を要する旨を定款で定めることができる。

2　譲渡制限株式の株主は、その有する譲渡制限株式を、当該株式を発行した株式会社以外の他人に譲り渡そうとする場合、当該株式会社に対して、当該他人が当該株式を取得することについて承認をするか否かの決定をすることを請求することができる。

3　譲渡制限株式を取得した者は、株式会社に対し、当該株式を取得したことについて承認をするか否かの決定をすることを請求するには、その取得した株式の株主として株主名簿に記載された者と共同してしなければならない。

4　取締役会設置会社が譲渡制限株式の譲渡を承認するか否かの決定をするには、定款に別段の定めがない限り、株主総会の決議によらなければならない。

5　株式会社は、相続により当該株式会社の譲渡制限株式を取得した者に対し、当該株式を当該株式会社に売り渡すことを請求することができる旨を定款で定めることができる。

問題39 株式会社の役員等の責任に関する次のア～オの記述のうち、誤っているものの組合せはどれか。

ア　取締役は、取締役会を通じて、代表取締役の業務執行が適正に行われるようにする任務を負うが、必ずしも代表取締役の業務執行全般を監視する義務を負うわけではなく、取締役会に上程された事項についてのみ監視する義務を負う。

イ　株式会社が、株主の権利行使に関して財産上の利益の供与をした場合、その利益供与を行った取締役は、会社に対し、供与した利益の価額に相当する額の支払義務を負い、その職務を行うについて注意を怠らなかったことを証明したときであっても、当該義務を免れない。

ウ　取締役が、悪意又は重大な過失により株式会社に対する任務を懈怠し、第三者に損害を被らせた場合は、その任務懈怠行為と第三者の損害との間に因果関係があれば、当該取締役は、第三者に対する加害について故意又は過失がないときであっても、第三者に対し損害を賠償する責任を負う。

エ　役員等が株式会社又は第三者に生じた損害を賠償する責任を負う場合において、他の役員等も当該損害を賠償する責任を負うときは、これらの者は、当然に連帯債務者となる。

オ　役員等は、その任務を怠ったときは、株式会社に対し、これによって生じた損害を賠償する責任を負うが、当該役員等の賠償責任については、株主総会の特別決議により、その全部を免除することができる。

1　ア・イ
2　ア・オ
3　イ・ウ
4　ウ・エ
5　エ・オ

問題40 定款に定める事項に関する次の記述のうち、会社法の規定に照らし、誤っているものはどれか。なお、社債、株式等の振替に関する法律の適用はないものとする。

1 公開会社でない株式会社は、剰余金の配当を受ける権利について、株主ごとに異なる取扱いを行う旨を定款で定めることができる。

2 株式会社は、本店の所在地を定款で定めなければならないが、支店の所在場所については、定款で定める必要はない。

3 株式会社は、当該株式会社の株式にかかる株券を発行する旨を定款で定めることができる。

4 発起人は、株式会社が発行することができる株式の総数を定款で定めていない場合、株式会社の成立時までに、発起人全員の同意によって、当該株式の総数を定款で定めなければならない。

5 株式会社は、単元株式数を定款で定めた場合、単元未満株主が当該株式会社に対し、自己の有する単元未満株式を買い取ることを請求する権利を行使することができない旨を定款で定めることができる。

[問題41〜問題43は択一式（多肢選択式）]

問題41　次の文章の空欄　ア　〜　エ　に当てはまる語句を、枠内の選択肢（1〜20）から選びなさい。

　　本件は、抗告人らが、婚姻届に「夫は夫の氏、妻は妻の氏を称する」旨を記載して婚姻の届出をしたところ、A市長からこれを不受理とする処分（以下「本件処分」という。）を受けたため、本件処分が不当であるとして、戸籍法122条に基づき、同市長に上記届出の受理を命ずることを申し立てた事案である。本件処分は、上記届出が、夫婦が婚姻の際に定めるところに従い夫又は妻の氏を称するとする民法750条の規定及び婚姻をしようとする者が婚姻届に記載しなければならない事項として夫婦が称する氏を掲げる戸籍法74条1号の規定（以下「本件各規定」という。）に違反することを理由とするものであった。所論は、本件各規定が憲法14条1項、24条、98条2項に違反して無効であるなどというものである。

　　……しかしながら、民法750条の規定が憲法24条に違反するものでないことは、当裁判所の判例とするところであり（最高裁平成26年（オ）第1023号同27年12月16日大法廷判決・民集69巻8号2586頁（以下「平成27年大法廷判決」という。））、上記規定を受けて夫婦が称する氏を婚姻届の必要的記載事項と定めた戸籍法74条1号の規定もまた憲法24条に違反するものでないことは、平成27年大法廷判決の趣旨に徴して明らかである。平成27年大法廷判決以降にみられる女性の有業率の上昇、管理職に占める女性の割合の増加その他の社会の変化や、いわゆる　ア　の導入に賛成する者の割合の増加その他の　イ　の変化といった原決定が認定する諸事情等を踏まえても、平成27年大法廷判決の判断を変更すべきものとは認められない。憲法24条違反をいう論旨は、採用することができない。

　　なお、夫婦の氏についてどのような制度を採るのが　ウ　として相当かという問題と、夫婦同氏制を定める現行法の規定が憲法24条に違反して無効であるか否かという憲法適合性の審査の問題とは、次元を異にするものである。本件処分の時点において本件各規定が憲法24条に違反して無効であるといえないことは上記のとおりであって、この種の制度の在り方は、平成27年大法廷判決の指摘するとおり、　エ　で論ぜられ、判断されるべき事柄にほかならないというべきである。

（最大決令和3年6月23日裁判所時報1770号3頁）

1	内閣	2	目的意識	3	夫婦別氏制	4　離婚後共同親権
5	内閣府	6	立法政策	7	事実婚制度	8　国会議員の認識
9	国民の間	10	法的構成	11	女性の地位	12　国会議員の構成
13	司法	14	夫婦	15	選択的夫婦別氏制	16　家族のあり方
17	法律婚制度	18	国会	19	世論	20　国民の意識

問題42 次の文章の空欄 ア ～ エ に当てはまる語句を、枠内の選択肢（1～20）から選びなさい。

　行政庁が処分をしようとする場合、通常は、行政庁に一定の裁量が認められている。裁量権の行使について、個々の行政庁の自由に委ねると、恣意的判断が行われ、判断の不統一が生じ、 ア に反するおそれがある。また、国民の側からすると、裁量権行使の基準が明らかでないと、 イ に欠けるという問題がある。例えば、申請をした場合に許可されるか否かは、裁量基準があらかじめ具体的に定められ公にされていれば、事前に判断することが容易になり、許可の見込みがないにもかかわらず申請の準備をする無駄を避けることができる。行政庁にとっても、許可の見込みのない申請を処理する手間が省けることになる。

　裁量基準は、行政庁の作成する内部基準であり、国民や裁判所を拘束するものではなく、一般には ウ と理解されている。したがって、裁判所が当該裁量基準が違法であると考える場合、裁量基準に従ってなされた処分であっても、違法として取り消すことができる。

　従前から行政庁は裁量基準を作成することが少なくなかったが、作成された裁量基準が公にされていないことが多かった。しかし、行政手続法は、行政庁に対して、申請に対する処分についての裁量基準である エ を作成し、原則として公にすることを義務づけるなどしており、裁量基準を設定し、公にすることについて、一般的な法律上の根拠が与えられることになった。

1	委任命令	2	営造物規則	3	解釈基準	4	給付基準
5	行政規則	6	行政指導指針	7	公定力	8	罪刑法定主義
9	施行規則	10	執行命令	11	職務命令	12	処分基準
13	自力執行力	14	審査基準	15	地域性	16	中立性
17	適正手続	18	平等原則	19	法令遵守義務	20	予測可能性

問題43 次の文章は、ある判例における裁判官宇賀克也の補足意見の一節である。空欄 ［ ア ］ ～ ［ エ ］ に当てはまる語句を、枠内の選択肢（1～20）から選びなさい。

　　私は法廷意見に賛成するものであるが、原審が国家賠償法1条1項の性質について ［ ア ］ を採用し、そこから同条2項の規定に基づく求償権は実質的に ［ イ ］ 性格を有するので分割債務を負うとしていることについて、補足的に意見を述べておきたい。同条1項の性質については ［ ア ］ と ［ ウ ］ が存在する。［ ア ］ の根拠としては、同法の立案に関与された田中二郎博士が ［ ア ］ を採ったことから、立法者意思は ［ ア ］ であったと結論付けるものがある。しかし、……立法者意思は ［ ア ］ であったとはいえない。

　　また、［ ア ］ と ［ ウ ］ を区別する実益は、加害公務員又は加害行為が特定できない場合……や加害公務員に有責性がない場合……に、［ ア ］ では国家賠償責任が生じ得ないが ［ ウ ］ では生じ得る点に求められていた。しかし、最高裁……は、［ ア ］ か ［ ウ ］ かを明示することなく、「国又は公共団体の公務員による一連の職務上の行為の過程において他人に被害を生ぜしめた場合において、それが具体的にどの公務員のどのような違法行為によるものであるかを特定することができなくても、右の一連の行為のうちのいずれかに行為者の故意又は過失による違法行為があったのでなければ右の被害が生ずることはなかったであろうと認められ、かつ、それがどの行為であるにせよこれによる被害につき行為者の属する国又は公共団体が法律上賠償の責任を負うべき関係が存在するときは、国又は公共団体は、加害行為不特定の故をもって国家賠償法又は民法上の損害賠償責任を免れることができないと解するのが相当」であると判示している。さらに、公務員の過失を ［ エ ］ と捉える裁判例……が支配的となっており、個々の公務員の有責性を問題にする必要はないと思われる。したがって、［ ア ］、［ ウ ］ は、解釈論上の道具概念としての意義をほとんど失っているといってよい。

　　本件においても、［ ア ］ を採用したからといって、そこから論理的に求償権の性格が実質的に ［ イ ］ 性格を有することとなるものではなく、［ ア ］ を採っても ［ ウ ］ を採っても、本件の公務員らは、連帯して国家賠償法1条2項の規定に基づく求償債務を負うと考えられる。

（最三小判令和2年7月14日民集74巻4号1305頁）

1　自己弁済説	2　損害賠償的な	3　代位関係説	4　自己過失
5　自己求償説	6　国家賠償的な	7　代位弁済説	8　代位過失
9　自己責任説	10　求償請求的な	11　代位求償説	12　自己請求説
13　代位請求説	14　組織的過失	15　自己関係説	16　必然
17　不当利得的な	18　一身専属的な	19　代位責任説	20　偶然

問題44　X県A市は、同市を横断する幹線道路（以下、「本件道路」という。）が物流等に広く利用されるとともに、周辺に店舗、公共施設が多数存在していることから、深刻な交通混雑が発生しており、本件道路が十分に機能を発揮できていない状況にあった。そこで、A市は、本件道路の拡張等を事業の種類として事業認定を受け、X県収用委員会に対して、土地収用の裁決を申請した。これを受けて、X県収用委員会は、A市の市道の用地として、3000万円の損失補償によって、A市内のB所有の甲土地を収用する旨の裁決をした（以下、「本件裁決」という。）。本件裁決書の正本は、A市及びBに対して送達された。Bは、本件裁決に不服があり、甲土地の所有権は、いまだ自己にあるものとして、その確認をしておきたいと考えている。この場合、行政事件訴訟法によれば、本件裁決の効力そのものを争う方法によるほか、民事訴訟として所有権確認訴訟を提起することができると考えられる。後者において、Bは、誰を被告として、自己に所有権があることに加えて、どのようなことを主張することになるか。また、このような訴訟は、行政事件訴訟法上何と呼ばれるか。40字程度で記述しなさい。

（下書用）

									10					15

問題45　Aは、Bとの間でB所有の甲土地について売買契約（以下「本件契約」という。）を締結し、その後、本件契約に基づいて、Bに売買代金を完済して、Bから甲土地の引渡しを受け、その旨の所有権移転登記をした。しかし、甲土地については、本件契約の締結に先立って、自らの事業の資金繰りに窮したBが、Cから借り受けた金銭債務を担保するために、Cのために抵当権を設定し、その旨の登記がなされていた。この抵当権が本件契約の内容に適合しないものである場合において、A自らが主体的にCの抵当権を抹消しようとするとき、Aは、Cに対して、どのような手段をとればよいか。また、この手段をとった後、Aは、Bに対して、どのような請求をすることができるか（損害賠償請求は除く。）。民法の規定に照らし、40字程度で記述しなさい。

（下書用）

									10					15

問題46 A（30歳）は、生活資金として、金融業者Bから1000万円を借り入れた（以下、A・B間の当該金銭債務を「本件債務」という。）。本件債務については、Aの父Cが保証人になるとともに、Aの知人Dが担保としてその所有する甲土地に抵当権を設定した。その後、本件債務の弁済期が到来したが、Aは、勤めていた会社が倒産したことにより職を失い、Bに弁済をする見通しが立たない状態となった。この場合、C及びDは、本件債務を消滅させるために、<u>各々、どのような手段をとることができるか</u>。また、C又はDは、その手段をとることにより本件債務を消滅させた場合、Bに代位（弁済による代位）するが、代位につき対抗要件を備える必要はないとされている。<u>それはどのような理由によるものか</u>。民法の規定に照らし、下線部について、40字程度で記述しなさい。

（下書用）

									10					15

一般知識等 [問題47〜問題60は択一式（5肢択一式）]

問題47　第二次世界大戦後におけるソ連・ロシアの動向に関する次のア〜オの記述のうち、妥当なものの組合せはどれか。

ア　1940年代半ば、「マルタ会談」をきっかけとして始まった東西冷戦構造は、1980年代後半に行われた「ヤルタ会談」で終結し、これにより東西ドイツは統一され、ソ連は崩壊した。

イ　アメリカと西欧の資本主義国が集団安全保障として北大西洋条約機構（NATO）を設立すると、ソ連と東欧社会主義国は、軍事同盟コメコンを形成して対抗した。

ウ　1960年代のギリシャ危機の後、偶発戦争防止などを目的として、ソ連とアメリカの間にホットラインが設置された。

エ　1980年代半ば、ソ連のゴルバチョフ書記長が打ち出したペレストロイカの影響を受けて、中距離核戦力（INF）全廃条約が締結された。

オ　2000年代に入り、ロシアがプーチン大統領のもと、中国との間で国境問題の決着について合意すると、両国間の経済関係は発展し、2010年代には、中国はロシアにとって、EU全体を除き、最大の貿易相手国となった。

1　ア・イ
2　ア・エ
3　イ・ウ
4　ウ・オ
5　エ・オ

問題48 明治以降の日本の土地政策に関する次の文章の空欄 Ⅰ ～ Ⅴ に当てはまる語句の組合せとして、妥当なものはどれか。

　　明治以降150年の間には、国政全般の改革として大きなものが2つあった。

　　一つがいわゆる明治維新であり、もう一つが第2次世界大戦後の改革である。それぞれの時期において、土地に関わる政策も改革の一環として実行された。

　　前者で言えば、我が国の経済社会の基礎を築いた土地の Ⅰ の確立や、中央集権体制の確立、地租の公平な課税のための地租改正等であり、後者で言えば、戦後の経済・社会の民主化に伴う Ⅱ や、土地収用制度の改正、民法の改正等である。

　　このほかにも、 Ⅲ による国税としての地租から市町村税としての Ⅳ への転換や、 Ⅴ 主体の都市計画制度などは、地方自治・地方分権という政策の大きな流れの一環と言える。

	Ⅰ	Ⅱ	Ⅲ	Ⅳ	Ⅴ
1	登記制度	農地改革	シャウプ勧告	特別土地保有税	都道府県
2	私的所有権	財閥解体	ドッジ・ライン	不動産取得税	市町村
3	登記制度	財閥解体	シャウプ勧告	固定資産税	都道府県
4	私的所有権	農地改革	シャウプ勧告	固定資産税	市町村
5	家督相続制度	財閥解体	ドッジ・ライン	特別土地保有税	市町村

問題49 地域経済統合に関する次の記述のうち、妥当でないものはどれか。

1 TPP11 協定（環太平洋パートナーシップに関する包括的および先進的な協定）により、日本が TPP 参加 10 か国全体に輸出する工業製品の関税撤廃率は、約 100 ％となった。

2 APEC（アジア太平洋経済協力）は、アジア太平洋地域の 21 の国と地域が参加する経済協力の枠組みであり、ロシア、中国、アメリカ等が参加している。

3 MERCOSUR（南米南部共同市場）は、南米地域内の関税撤廃等を目的に発足した関税同盟であり、ブラジル等の 6 か国が加盟国、チリ等の 6 か国が準加盟国となっている。

4 日・ASEAN 包括的経済連携（AJCEP）協定は、ASEAN10 か国と日本との経済連携の強化を目的とした多国間の経済連携協定である。

5 RCEP（地域的な包括的経済連携）協定の参加国は、ASEAN10 か国のほか、アメリカ、日本、中国、韓国、オーストラリアの 15 か国である。

問題50 現代日本の財政状況に関する次の文章について、空欄 Ⅰ ～ Ⅳ に当てはまる数値の組合せとして、妥当なものはどれか。

　「国民の命と暮らしを守る安心と希望のための総合経済対策」（2020 年 12 月 8 日閣議決定）に基づき、2021 年度当初予算と一体として、いわゆる「15 か月予算」の考え方で、2020 年度第 3 次補正予算が編成された。

　2019 年度の公債発行額は 36.6 兆円、公債依存度は 36.1 ％であった。これに対して、新型コロナウイルスへの対応等のため、2020 年度第 3 次補正後予算案によると、2020 年度の公債発行額は Ⅰ 兆円、公債依存度は Ⅱ ％となった。

　また、当該総合経済対策に基づき、第 3 次補正予算により財政投融資計画額も追加され、2020 年度の財政投融資計画額における新型コロナウイルス感染症対策等の額は約 Ⅲ 兆円となった。その結果、2020 年度の財政投融資計画額（当初計画額に補正による改定額及び弾力追加額を加えた計数）は、2019 年度の当該計画額と比較すると約 Ⅳ 倍の規模となった。

	I	II	III	IV
1	92.6	54.1	51.9	2.3
2	112.6	74.1	41.9	4.3
3	112.6	64.1	51.9	4.3
4	72.6	64.1	41.9	5.3
5	72.6	54.1	31.9	5.3

問題51 近年の日本のエネルギーや環境に関する次の記述のうち、妥当でないものはどれか。

1　日本のエネルギー自給率は、2010年には約20%であったが、近年はさらに低くなり、他のOECD諸国と比べても低水準となっている。

2　近年の日本の原油総輸入量は、その約9割をサウジアラビア、UAE、クウェート等の中東地域に依存している。

3　近年の日本の温室効果ガスの総排出量に占める二酸化炭素の総排出量は、9割を超え、その8割以上がエネルギー起源の二酸化炭素排出量となっている。

4　2020年に出された「2050年カーボンニュートラル宣言」とは、日本が2050年までに二酸化炭素の排出量をゼロにするというものである。

5　国は、2030年度の電源構成における再生可能エネルギーの比率を、LNG火力と石炭火力に次ぐものとする目標を設定している。

問題52 少子高齢化に関する次のア〜オの記述のうち、妥当なものの組合せはどれか。

ア　高齢化率とは、総人口に占める65歳以上の人口の割合であり、7%を超えた社会を高齢化社会といい、14%を超えた社会を高齢社会というが、先進諸国の高齢化率を比較してみると、日本は、最も高い水準となっている。

イ　後期高齢者医療制度では、その医療費の財源は、65歳以上の高齢者の保険料と公費負担で賄うこととされており、現役世代の支援金に頼らないことを特徴としている。

ウ　日本の2021年の合計特殊出生率は2.5であり、依然として人口置換水準を大きく下回る状況が続いており、先進諸国と比較しても低い水準となっている。

エ　共働きや一人親家庭の小学生に、家庭に代わる「毎日の生活の場」を保障するために「認定こども園」が地方自治体に設置されている。

オ　少子化と高齢化を伴う人口減少社会では、生産年齢人口（15〜64歳）が減少し、労働力が縮小する一方、高齢者が増えて、年金、医療、介護など社会保障費が増大する。

1　ア・ウ
2　ア・オ
3　イ・エ
4　イ・オ
5　ウ・エ

問題53　日本の建造物や建築物に関する次のア〜オの記述のうち、妥当なものの組合せはどれか。

ア　東京駅の丸の内駅舎と首里城の守礼門は、いずれも、復原（復元）工事を経て現在の姿になっており、2000年以降に発行（又は発行予定）の日本の紙幣の図柄として採用された。

イ　厳島神社と原爆ドームは、いずれも、広島県に所在する建造物（建築物）であり、同時期に世界文化遺産に登録された。

ウ　旧富岡製糸場と旧東宮御所（迎賓館赤坂離宮）は、いずれも、国宝に指定された建造物（建築物）であり、第二次世界大戦後の外交や貿易の復興を目的として建設された。

エ　新関門トンネルと青函トンネルは、いずれも、本州と九州又は北海道とを結ぶ海底トンネルであり、完成と同時期に新幹線が開通した。

オ　国立競技場と国立代々木競技場は、いずれも、東京2020オリンピック・パラリンピック競技大会の競技会場として使用された建造物（建築物）であり、建築家の隈研吾氏によって設計された。

1　ア・イ
2　ア・オ
3　イ・エ
4　ウ・エ
5　ウ・オ

問題54 「持続可能な開発目標（SDGs）」に関する次のア〜オの記述のうち、妥当でないものの組合せはどれか。

ア　SDGs は、「誰一人取り残さない」持続可能でよりよい社会の実現を目指す世界共通の目標であり、2030 年を達成年限とし、17 のゴールと 169 のターゲットから構成されている。

イ　SDGs は、2019 年に日本が議長国を務めた G20 大阪サミットにおいて加盟国が合意した「持続可能な開発のための 2030 アジェンダ」の中で掲げられた。

ウ　SDGs の前身の MDGs（ミレニアム開発目標）は、主として開発途上国向けの目標であったが、SDGs は、先進国も含め、すべての国が取り組むべき普遍的な目標となっている。

エ　SDGs は、未だに解決を見ない社会面の開発アジェンダ、すべての国が持続可能な形で経済成長を目指す経済アジェンダ、地球規模で取り組むべき環境アジェンダといった世界が直面する課題を網羅的に示している。

オ　SDGs の日本の取組みとして、菅義偉内閣は、2021 年 5 月、内閣総理大臣を本部長、内閣官房長官及び外務大臣を副本部長、他のすべての国務大臣を本部員とする「SDGs 推進本部」を設置した。

1　ア・イ
2　ア・ウ
3　イ・オ
4　ウ・エ
5　エ・オ

問題55 スマートシティに関する用語についての次のア～オの説明のうち、妥当でないものの組合せはどれか。

ア　都市OS

　　スマートシティを実現しようとする地域が共通的に活用する機能が集約され、スマートシティで導入する様々な分野のサービスの導入を容易にさせることを実現するITシステムの総称。

イ　Society 5.0

　　国家戦略特別区域法に基づき、住民が参画し、住民目線で、2030年頃に実現する未来社会を先行実現することを目指す構想。

ウ　DX

　　ICTの浸透が人々の生活をあらゆる面でより良い方向に変革させること、また、その産業のビジネスモデル自体を変革していくこと。

エ　PIA

　　個人のプライバシー等の権利権益を侵害する可能性、それによる影響を予測し、そのリスクを分析した上で、そのようなリスクを軽減する措置を講じていることを確認する行為。

オ　API

　　人間の思考プロセスと同じような形で動作するプログラム、あるいは人間が知的と感じる情報処理・技術といった広い概念。

　　1　ア・ウ
　　2　ア・エ
　　3　イ・エ
　　4　イ・オ
　　5　ウ・オ

問題56 近年の日本のデジタル化の動向に関する次のア～オの記述のうち、妥当でないものの組合せはどれか。

ア　デジタル社会形成基本法は、国民の幸福な生活の実現に寄与するため、デジタル社会の形成に関し、国、地方公共団体だけでなく、事業者の責務も定めている。

イ　デジタル行政推進法＊は、民間サービスを含め、複数の手続・サービスをワンストップで実現することをデジタル化の基本原則の1つとしている。

ウ　デジタル行政推進法は、申請等をする者にかかる住民票の写し及び登記事項証明書については、本人確認の重要性の観点から、必ず添付することを定めている。

エ　デジタル庁は、デジタル社会を形成するための10原則として、国家が主導して個人の情報をコントロールすることや、デジタルで生涯安全・安心して暮らせる社会を構築することを掲げている。

オ　デジタル庁は、すべての国民にデジタル化の恩恵が行き渡る社会を実現すべく、内閣総理大臣を長として、デジタル大臣、デジタル監を配置する組織体制としている。

（注）　＊　情報通信技術を活用した行政の推進等に関する法律

　　　1　ア・イ
　　　2　ア・オ
　　　3　イ・エ
　　　4　ウ・エ
　　　5　ウ・オ

問題57 改正された個人情報保護法*の用語に関する次の記述のうち、正しいものはどれか。

1 生存する個人に関する情報であって、個人情報、仮名加工情報及び匿名加工情報のいずれかに該当するものであれば、「個人関連情報」に該当する。

2 「仮名加工情報」が、他の情報と容易に照合することができ、それにより特定の個人を識別することができる状態にある場合、当該仮名加工情報は個人情報に該当する。

3 本人を被疑者として刑事事件に関する手続が行われたという事実だけでは、「要配慮個人情報」には該当しないが、その後の裁判で有罪の判決を受けこれが確定したという事実は、「要配慮個人情報」に該当する。

4 生存する個人に関する情報であって、他の情報と照合することにより特定の個人を識別することができるものであれば、その照合が容易でなくても、当該情報は「個人情報」に該当する。

5 歩行の際の姿勢や両腕の動作といった歩行の態様は、「個人識別符号」に該当しないが、発声の際の声帯の振動などによって定まる声の質は、「個人識別符号」に該当する。

（注） ＊ 個人情報の保護に関する法律

問題58 本文中の空欄　 I 　～　 V 　に入る語句の組合せとして、妥当なものはどれか。

　よく知られていることだが、十世紀の初めにできた『古今和歌集』には卓抜な序文がついていて、和歌とは何かを明確に規定している。

　　力をも入れずして天地（あめつち）を動かし、目に見えぬ鬼神（おにがみ）をもあはれと思はせ、男女（をとこをむな）の中をも和らげ、猛き武士（もののふ）の心をも慰むるは歌なり。　　　　　（「仮名序」）

　ここで説く和歌の力は四つ。天地を変える力、魂や心を感動させる力、男女の愛をつなぐ力、そして荒魂（あらたま）を鎮（しず）める力である。
　具体的には天神地祇（てんじんちぎ）に祈って雨を降らせたり、五穀をみのらせたりする力。
　影も形も見えないから、存在しないかに見えながら、もっとも強く物事を操作している体内の霊格まで感動させて、美醜、善悪を判断させる力。
　和歌を交わし合うことで愛を伝達しうる力。
　そして粗暴の者にもやさしい感情を起こさせる力、そのようなものであろう。
　しかし押しなべていえることは、和歌がもつふしぎな力である。機械力でも腕力でもいい、　 I 　的ないかなる力でも不可能なことを可能にしてしまう力を歌はもつというのである。
　ふしぎの物に訴えかけ、ふしぎの結末をもたらす、ふしぎの力。和歌はそれをもつという。
　なぜであろう。散文だって、同じ日本語だのに。
　地球上の人種にさまざまな呼吸の仕方があるなかで、そもそも五七調とは、自然な日本人の呼吸法によるものだという。
　それに従うなら、和歌はごく本質的で生命的な形で発せられるのだから、われわれの　 II 　をこえた、命そのものと響き合う形式にととのえられたことばだと、いうことになる。
　この和歌観は、本居宣長（もとおりのりなが）が、人間がもつ始原的な感動——もののあわれを述べるのが和歌だといったことと、実体がひとしい。
　いわば、生命のリズムとしてことばが　 III 　すること、それがふしぎの物との交霊に成功するというのが、『古今和歌集』序文作者の主張であった。
　神から授けられるのことばは和歌のことばで発せられ、人間は祈りを和歌のことばで捧げる。愛は命のことばによって芽生え、武士は命のことばによって荒魂を和魂（にき・たま）とすることができる。
　この意見は事例を現代ふうに変えれば、いささかも違和感がない。もっとも力強く霊魂と交信さえできることばは、生き生きとした、命あふれたことばであろう。喜びにつけ悲しみにつけ、和歌となって体から　 IV 　することばこそが逞（たくま）しい。虚飾にみちたことばは、何の役にも立たないのである。

　　　Ｖ　　な命のことばをもとう。それが美しく生きるこつである。

（出典　中西進「日本語の力」集英社文庫　から）

	Ⅰ	Ⅱ	Ⅲ	Ⅳ	Ⅴ
1	一般	想像	発露	奔流 <small>ほんりゅう</small>	真摯
2	具体	人為	発露	奔流 <small>ほんりゅう</small>	真率
3	抽象	人為	実在	昇華 <small>しょうか</small>	流麗
4	具体	常識	後発	離脱 <small>りだつ</small>	流麗
5	抽象	想像	後発	離脱 <small>りだつ</small>	真率

問題59 本文中の空欄 $\boxed{\text{I}}$ ～ $\boxed{\text{IV}}$ には、それぞれあとのア～エのいずれかの文章が入る。その組合せとして妥当なものはどれか。

　　人間は流行に弱い。人がぞろぞろ行くのを見ると、とにかくついて行きたくなる。ある奥さんが歩いていると、店先に長い列ができている。何を売っているのか知らないが、早く並ばないと人に遅れてしまいそうな胸騒ぎがする。とにかく並んでおこう。何を売るのかな、と思うと、胸がはずんでくる。それでその奥さんは列の尻尾についた。

　　すぐ前に並んでいる奥さんに、「これ何売るんでしょうか」ときいた。するとその奥さん、いわく、「わたしも知らないんですけどね、なーに、こんなに列ができるくらいなら、悪いものであるはずがないって思いましてね、並んだんですよ。わたしも知りたいと思ってたんですけど、ご存知ありません？」

　　やっと番になって買ってみたら、何でもない道具で、うちにもうあった。何だ、だまされちゃったと、その奥さんは思ったが、家族に言うと、バカにされるから、そっと戸棚の奥にしまい込んだそうだ。これは本当にあった話。これからいくらでも似たことがおこるであろう話である。

　　　　桃李もの言わず下おのずから蹊を成す

　　$\boxed{\qquad\qquad\text{I}\qquad\qquad}$ と考える人がいてもおかしくない。$\boxed{\qquad\quad\text{II}\qquad\quad}$、という論法である。

　　先の奥さんもこの論法で列の尻尾にくっついた。（中略）いまは昔、ものの不自由な時代、配給券なしで、うどんが買えるとなると、さきがかすむほど長い列ができた。列のできる所は、手に入りにくいものを売る所と相場がきまっている。

　　たまたま、長い列がある。何のために列ができているのかはわからないが、列があるのは、いいものを売るのに違いない。それが何かは、並んでから、ゆっくりきいてもいい。早くしないと、売り切れということになっては大変だ。そして、さきのような次第になる。

　　これを群集心理というのである。付和雷同とも言う。"桃李もの言わず下おのずから蹊を成す" $\boxed{\qquad\text{III}\qquad}$。$\boxed{\qquad\text{IV}\qquad}$。

　　のんきな家庭の主婦なら、列について並んでいて、いりもしないものを買わされてしまったというのも愛嬌である。

（注）「桃李もの言わず下おのずから蹊を成す」
　　　桃や李は何も言わなくても、つまり自己宣伝めいたことをしなくとも、その花や実にひかれて人が集まってくる。それで木の下に自然に道ができる。徳のある者は自分で求めなくても、徳を慕って人が集まってくるものだということの寓意。

（出典　外山滋比古「ことわざの論理」ちくま学芸文庫　から）

ア　これはよろしい。しかし、逆はかならずしも真ではない

イ　これは昔からの真理である。もし、そうなら逆も真となっていい

ウ　大きな道だと思って歩いていたら、行きどまりということもないとはかぎらない

エ　道が出来ている所には桃李のようないいものがあるに違いない

	I	II	III	IV
1	ア	ウ	イ	エ
2	ア	エ	イ	ウ
3	イ	ウ	ア	エ
4	イ	エ	ア	ウ
5	ウ	イ	エ	ア

問題60 本文中の空欄 ⬜Ⅰ⬜ 〜 ⬜Ⅳ⬜ には、それぞれあとのア〜エのいずれかの文が入る。その組合せとして妥当なものはどれか。

　　文法が、ことばの表現の実際にあたって何の力もかしてくれないこと、否、文法を意識することは、かえって自由なことばの表出をそこなうものであることは、とりわけ作家が気がついていた。

　　谷崎潤一郎は、「文章読本」の文章の上達法の章の冒頭で、まず「文法に囚われないこと」を要件としてあげたくらいである。（中略）

　　谷崎は、ほんとのところは、囚われるに足るような文法は日本語にはないと思っていたらしいふしがある。それは、日本語には「西洋語にあるような難しい文法と云うものはありません」とか「明確な文法がありません」とかくり返し述べていることからわかる。

　　こうした考え方は、しろうとっぽい先入見によるものだとするのが、ちょっとばかり言語学をのぞいてみた人の感想だろう。なにも日本語にかぎったことではなく、素朴な話し手は、自分が自然に話している母語が、その当人にとって「むずかしい文法」をそなえているなどと思うはずがないと。しかし「たとえばフィン・ウゴール諸語とか、とりわけチュルク系諸語のような比較的単純で規則的な構造の言語」がそうであるように、「明らかに体系が規範を凌駕している」（コセリウ）といえるような言語の部類に入る日本語にあっては、たしかに相対的には「むずかしい文法」はいらないのである。複雑なパラダイムを持つヨーロッパの諸語にくらべれば、日本語は、文法知識の欠如が伝達上重大な結果をもたらすような言語ではない。つまり、日本語はインド・ヨーロッパ諸語にくらべて、より規則的な言語であるという点で、「むずかしい」「明確な」文法はありませんという谷崎の指摘はまちがってはいない。

　　しかしいまは、そのような日本語の構造という特殊性をはなれて、母語についての文法知識がどういう種類のものであるかということだけに目をむけてみると、それをたとえていえば、ことばはかならず韻文か散文かのいずれかであり、自分がふだん話しているのは散文であると教えられてびっくりする、モリエールの芝居に出てくる人物の感慨に似ている。あるいは、歩行という、自分が無意識のうちにおこなっている運動を分析的に示され、左側の足が前に出ているとき右足は後にあり、左手は後にあって右手は前にあるものだと教えられたばかりに歩きにくくなってしまった子供の話に似ている。

Ⅰ

なぜか。| Ⅱ |

Ⅲ

しかし | Ⅳ |

だから、古い規範からみて破格だの誤りだのと呼んでいるものは、じつはかれの文

法の内的進化にほかならないのである。そういう点からみると、谷崎はまだ、文法の権威に気がねした遠慮ぶかい言いかたにとどまっているのである。

（出典　田中克彦「ことばと国家」岩波新書　から）

ア　知らない言語や古語の文法は、我々にとって一方的に受けとるものであり、ただひたすらにその支配に服するためにそれを学ぶ。

イ　母語にあっては、文法は話し手の外にあるのではなくて、話し手が内から作っていくものであるからだ。

ウ　母語の文法は、話し手みずからがその主人であり、かれはそれを絶え間なく創造し発展させているのである。

エ　文法の知識は、それが母語であるばあい、いい文章を書くための助けになるどころか、実際の使用をだめにする。

	Ⅰ	Ⅱ	Ⅲ	Ⅳ
1	ア	エ	ウ	イ
2	ア	エ	イ	ウ
3	ア	イ	エ	ウ
4	エ	イ	ウ	ア
5	エ	イ	ア	ウ